KB157139

디팩 초프라의
완전한 삶

THE BOOK OF SECRETS

Copyright © 2004 by Deepak Chopra
This translation published by arrangement with
Harmony Books, a division of Random House, Inc.
All rights reserved.

Korean translation copyright © 2005 by Hanmunhwa Multimedia
Korean Translation rights arranged with The Crown Publishing Group
through Eric Yang Agency

이 책의 한국어판 저작권은 에릭양 에이전시를 통한
The Crown Publishing Group 사와의 독점 계약으로 한문화멀티미디어가 소유합니다.
저작권법에 의해 한국 내에서 보호를 받는 저작물이므로
무단 전재와 무단 복제를 금합니다.

디팩 초프라의

완전한 삶

심신의학 창시자이자 세계적인 영적 마스터
디팩 초프라의 가장 탁월한 지혜와 통찰

디팩 초프라 지음 • 구승준 옮김

한문화

✤

이 책을 나의 아버지 크리샨 랄 초프라에게 바친다.

당신의 우아한 삶과 우아한 죽음은
나에게 영감을 불어넣었고 그로 인해
마침내 내 인생의 숨겨진 차원을 밝힐 수 있었습니다.

삶은 열정과 헌신을 다해 탐구할 가치가 있다

삶의 가장 큰 갈망이 음식, 돈, 성공, 지위나 섹스에 있는 것은 아니다. 사람들은 그 모든 것을 얻고 나서도 시간이 지나면 성에 차지 않는다는 걸 느낀다. 심지어는 처음보다 그 갈망의 정도가 더 심해질 때도 있다. 삶에서 가장 깊은 갈망은 삶의 비밀을 밝히는 데 있다. 그 비밀은 자기 존재의 숨겨진 부분을 찾아내려고 스스로 노력할 때만 밝혀질 것이다. 예부터 현자들은 이 일을, 자신 안으로 파고들어 가장 소중한 진주를 찾는 일에 비유했다. 다음과 같은 더욱 시적인 비유도 있었다. 당신은 얕은 시냇물에서 헤엄쳐 나와 가장 깊은 '자신'에게로 뛰어들어 값을 매길 수조차 없는 진주를 찾을 때까지 몰두해야 한다.

그 진주는 본질, 신의 숨결, 생명수, 감로수甘露水라는 이름으로 불리기도 했다. 시적인 표현을 즐기지 않는 요즘에는 그저 변혁이라고 부를 수도 있을 것이다. 변혁이란 애벌레가 나비가 되듯이 급격한 변화를 의미한다. 인간적인 관점에서 보자면 두려움, 공격성, 의심, 불안, 증오와 공허함이 그 반대로 바뀌는 것이다. 정말 그럴 수 있을까? 한 가지는 확실히 말할 수 있다. 사람들이 마음에 품고 있는 그 간절한 갈망을 돈이나 지위, 안락함과 같은 외부의 조건으로는 해소할 수 없다는 것이다.

사람들이 그토록 갈망하는 인생의 의미나 고통의 이유, 그리고 사랑, 죽음, 신, 영혼, 선과 악의 수수께끼에 대한 답은 우리 안에 있다. 겉으로 보이는 삶에만 집착한다면 이런 질문에 대답할 수도, 대답을 충족시킬 수도 없다. 가장 깊은 갈망을 충족시키려면 자신에게 감추어진 다른 차원을 발견하는 길밖에 없다.

　과학의 시대가 열린 이후로 앎에 대한 이런 갈망은 시들었어야 마땅하지만, 오히려 더 커지고 있다고 할 수 있다. 삶의 숨겨진 차원에 대해서 밝혀진 '사실'은 없다시피 하다. 임사체험을 하고 있는 환자를 컴퓨터단층촬영(CT)을 하거나 깊은 명상에 빠져 있는 요기들을 자기공명단층촬영사진(MRI)을 찍어 조사해볼 필요는 없다. 그러나 그런 측면을 밝히기 위한 과학적 실험은 이루어지고 있다. 의식이 어디를 향하든 인간의 뇌가 따라간다는 데는 의심의 여지가 없기 때문이다. 우리의 뉴런이 지고한 영적 체험을 할 수 있다는 것을 밝히기 위해서다. 그러나 어떤 의미에서 우리는 우리의 선조들보다 삶의 비밀에 대해 더 모르고 있다.

　우리는 고등뇌의 시대에 살고 있다. 불과 몇 천 년 사이에 대뇌피질은 엄청나게 커져, 오래되고 본능적인 저등뇌를 무색하게 했다. 대뇌피질은 흔히 신뇌라 불리지만, 구뇌가 수백만 년 동안 인간을 지배했고, 오늘날 많은 생물들도 마찬가지다. 구뇌는 생각을 짜내거나 읽을 수 없다. 그저 생존하기 위한 과정을 처리할 뿐이다. 그러나 바로 그 구뇌 때문에 우리 선조들은 자연에 깃든 신비한 존재를 친근하게 느낄 수 있었다.

　그 존재는 피조물의 모든 조각조각에 깃들어 있고, 우리의 삶 자체에도 깃들어 채우고 있다. 당신이 완전히 다른 견지에서 자신을 본다면, 당신 자신이 바로 '비밀의 책'이며, 그 책은 언제나 자신의 비밀이 열리기를 기다리고 있다. 지금 당신은 직장인이거나, 아버지 또는 어머니이거나, 남편 또는 아내이거나, 새로운 게 없나 하고 쇼핑몰을 찾아다니는 소비자이거나, 다음엔 어떤 재미있는 공연이 나올까 하고 기다리는 관객일 것이다.

당신이 유일한 실체의 진실을 알고자 한다면, 모든 비밀은 수고나 싸움 없이 스스로 그 모습을 드러낼 것이다. 결국 이 문제는 오래 전부터 사람들이 해온 것처럼 분리된 개체를 선택하는가, 전체를 선택하는가에 귀착된다. 당신은 빛과 어둠에서 파생된 강제의 어떤 힘 때문에 분열되고 갈등하면서 전체에서 괴리된 삶을 살고 싶은가? 아니면 개체성에서 벗어나 전체성으로 한 걸음 들여놓을 것인가? 당신은 행동하고 사고하며 느끼는 존재다. 신성 혹은 영성은 이 세 가지를 하나로 통합시킨다. 사고와 감정이 "이게 옳아"라고 하는 일이 진행된다면 사고는 감정을 이길 수 없고, 감정 또한 고등뇌에서 하는 말에 저항할 수 없을 것이다.

당신이 장애나 저항 없는 삶의 흐름이 어떤 것인지를 경험했다면, 그리고 그 곳에 당신이 있었다면 당신은 그 유일한 실체를 인식할 것이다. 당신이 그런 흐름 안에 있다면, 존재의 본질적인 속성으로서의 영성, 사랑, 진리, 미와 지혜를 만날 것이다. 그 유일한 실체는 정신인데 좀처럼 알아차리기 어렵다. 우리 삶은 표면적으로는 무엇이 진실인지 발견하지 못하도록 방해하는 수천 개의 가면으로 위장되어 있기 때문이다. 천년 전만 하더라도, 이런 식의 이야기는 논쟁의 여지없이 받아들여지곤 했다. 삶의 진정한 근원이 정신이라는 것은 어디에서든 받아들여졌다. 그러나 오늘날 우리는 존재의 비밀을 새로운 시선으로 바라보아야 한다. 우리는 과학과 이성의 아들이라는 걸 자랑스러워하면서 우리 자신을 지혜의 고아로 만들어버렸다.

따라서 이 책은 두 가지 측면에서 힘을 싣게 될 것이다. 첫째, 삶의 숨겨진 다른 차원에 비밀이 숨어 있다는 진실을 당신이 이해하도록 설득할 것이다. 둘째, 그곳에 도달하려면 열정과 헌신이 필요하다는 것을 느끼도록 당신을 북돋울 것이다. 준비만 된다면 이 계획은 즉시 실행되기 시작할 것이다. 당신이 누구인지, 왜 존재하는지 잊기 시작한 바로 그날부터 이미 당신은 준비하고 있었다. 슬프게도, 우리들 대부분은 유일한 실체를 체험할 수 있는 수천 가지 경험으로부터 우리 스스로를 차단시키고 있다. 거부하고, 억압하고, 의심하는 데 그렇게 엄청난 수고를 하지 않았다면, 모든 사람들이 불변의 실체를 알아차렸을 것이다.

궁극적으로 당신의 삶은 열정과 헌신을 다해 탐구해볼 가치가 있다는 것을 믿어야 한다. 이 책을 무시하려면 수천 번 결심해야 하겠지만, 이 책을 열어보려면 한순간이면 족하다. 신약성경에 이런 구절이 있다. "구하라! 그러면 얻을 것이요, 두드리라! 그러면 열릴 것이다." 아주 간단하지 않은가! 당신이 "나는 알아야만 한다. 단 한 순간도 늦추지 않겠다"라고 진실로 말하는 순간, 삶의 모든 비밀을 알게 될 것이다. 보리수나무 아래 앉아 있던 붓다나 황야에서 악마와 싸우던 예수는 당신이 태어나서 반복해야만 하는 영혼의 드라마를 상징하고 있다. 이 사실을 의심하지 말라. 당신은 이 세상에서 가장 중요한 존재다. 왜냐하면 더 높은 차원에서는 여러분 자신이 바로 세계이기 때문이다. 특별한 능력이나 도구도 필요 없다. 지금 당신의 사고, 감정 또는 행동은 가장 깊숙한 영적인 지혜를 밝히기 시작할 것이다. 그 영적인 지혜는 봄날 숲 속의 냇물처럼 깨끗하고 자유롭게 흐른다. 자신이 스스로에게 비밀을 영원히 봉인하는 것은 불가능하다. 우리가 제아무리 다른 것을 믿도록 길들여졌다 하더라도 말이다.

차 례

삶의 비밀이야말로 실체다

The mystery of life is real

당신이 아는 삶이란, 보다 깊은 실체 바깥의 얇은 표피를 이루는 사건들일 뿐이다. 당신은 보다 깊은 실체 안에서 지금 일어나는 사건과, 일어났던 사건, 그리고 일어날 사건의 한 부분일 뿐이다. 유일한 실체와 합일되면, 당신은 자신이 누구인지, 그리고 삶의 목적이 무엇인지 알 것이다. 지구상의 어떤 누구와도 갈등이나 혼란이 없을 것이다. 당신의 삶의 목적은 창조의 폭을 더 넓히고 확장하기 위한 것이다. 당신이 자신을 관조하면 오직 사랑만 보일 것이다.

그러나 이런 것들이 삶의 비밀은 아니다. 이들은 겨우 그 표피를 만질 수 있게 할 뿐이다. 진실로 삶의 비밀이 존재하는지 누가 묻는다면, 가장 간단한 증거는 깊은 차원의 실체와 일상의 존재 간의 큰 분리감이라 하겠다. 당신과 나는 태어난 이후로 끊임없이 우리 안에 또 다른 세계가 존재함을 암시하는 힌트를 받고 있다. 경이로운 순간을 경험해본 적이 있는가? 아름다운 음악을 듣거나, 우리를 전율케 하는 자연의 풍경을 보고도 그런 순간을 느낄 수 있다. 떠오르는 아침 해, 바람에 나부끼는 나뭇잎, 사랑하는 이의 잠든 모습처럼 일상적이고 익숙한 풍경들이 스쳐지나갈 때도 당신은 그 순간 인생에는 보이는 것보다 더 놀라운 것이 도사리고 있음을 안다.

셀 수 없이 많은 실마리가 스쳐가지만 그냥 지나치기 십상이다. 왜냐하면 그것들은 명확한 메시지로 전달되지 않기 때문이다. 나는 놀라운 사건을 겪은 후 영적인 탐구를 시작한 사람을 꽤 많이 알고 있다. 어렸을 때 할머니가 돌아가시자 혼이 빠져나가는 걸 보았다거나, 생일날 자신을 둘러싼 빛의 존재들을 보았다거나, 유체이탈을 했다거나, 학교에서 돌아오니 아버지가 현관에 서 있었는데 알고 보니 그 전에 끔찍한 교통사고로 죽었다든지 하는 일을 겪은 사람들이었다. (어떤 사람은 열살 때까지 자신이 '거품 소년'이었다고 했다. 거품 속에 들어가 도시 위를 날아 알지 못하는 곳으로 날아다니곤 했다는 것이다.) 수백만 명의 사람들이 때때로 형언할 수 없는 흰 빛 속에 있었다고 말했다. 이는 전혀 과장이 아니라 조사 결과 나타난 증언이다. 아니면 신의 목소리를 들었다거나, 어릴 적 잠이 들면 그들을 지켜주던 보이지 않는 천사가 있었다고도 했다.

결국 그런 경험을 한 사람들, 즉 불신이라는 얇은 베일로 분리된 진정한 실체 속으로 신비한 여행을 떠난 사람들은 그렇지 않은 사람보다 많은 것이 분명하다. 베일을 벗겨낸다는 것은 자신의 인식을 바꾼다는 것을 의미한다. 개인적이며 완전히 주관적이지만 정말로 바뀐다.

모든 곳에 존재하는 그 비밀을 풀려면 어디서부터 시작해야 할까? 셜록 홈즈 같은 훌륭한 탐정이라면 다음과 같은 아주 기초적인 추론에서부터 탐구를 시작할 것이다. '알려지지 않은 것은 알려지길 원한다.' 알려지고 싶지 않은 비밀은 당신이 가까이 다가갈수록 더 뒤로 물러날 것이다. 그러나 삶의 비밀은 그렇지 않다. 삶의 비밀은 당신이 어디를 들여다봐야 할지만 알면 즉각 드러난다. 그런데 그 '어디'란 도대체 어디란 말인가?

삶의 숨겨진 차원으로 들어가기 위해서는 몸의 지혜를 활용하는 것도 좋다. 왜냐하면 삶의 신비는 눈에 전혀 안 보이지만, 몸에서 거부할 수 없는 진실을 찾을 수 있기 때문이다. 1980년대 중반부터 이루어진 의학적인 조사에서 이런 사실들을 밝혀냈다. 앞서 말한 대로 뇌의 지적인 능력은 인간만이 지녔다. 그러나 지성의 징후는 면역 체계에서도 볼 수 있으며 소화 시스템에서도 볼 수 있다. 이들 시스템에서 모든 기관을 오가는 특수한 전달 물질이 있는데, 뇌에서 정보를 가져오기도 하고 뇌의 정보를 가져가기도 하지만, 그들 스스로 기능을 하기도 한다. 이를테면 백혈구는 뇌와 전혀 별개로 혈액 속을 떠다니면서도 바깥에서 침투한 해로운 박테리아와 무해한 균을 구별한다.

십 년 전, 내장이 지능적이라고 말했다면 웃음거리가 되었을 것이다. 소화관 내벽에는 수천 개의 신경종말이 있었지만, 단지 신경 체계의 원격 전초기지 역할을 한다고 알려졌다. 음식물에서 영양분을 흡수하기 위해 서로 연락을 취하는, 낮은 단계의 일을 하는 방법으로 말이다. 근래에 와서야 내장 기관의 신경 체계가 낮은 단계의 일을 처리하는 것만은 아니라는 사실이 밝혀졌다. 내장 기관에 흩어져 있는 신경세포들은 정교하게 조화를 이루어 외계의 사건에 반응한다. 이를테면 상사에게 잔소리를 들었거나, 외부로부터 어떤 위협을 느끼거나, 가족 중의 누군가가 죽었을 때의 반응처럼. 위胃의 반응은 뇌의 사고만큼이나 안정적이고 복잡하다. 당신의 대장, 당신의 간, 당신의 위 세포 역시 사고한다. 다만 뇌에서처럼 언어적인 사고가 아닐 뿐이다. 사람들이 흔히 말하는 '본능적인 반응(gut reaction)'은 수조 개의 세포들이 복합적으로 엮어내는 지능적인 작업으로 밝혀졌다.

전면적인 의학 혁명 중에서, 과학자들은 지금까지 의심해본 적 없는 숨겨진 차원 속으로 한 걸음 내디뎠다. 세포들은 수백만 년 동안 우리보다 뛰어난 생각을 해내고 있다. 사실상 인간의 대뇌에서 나오는 것보다 오래된 세포들의 지혜를 통해, 세포들보다 오래된 유일한 존재인 우주(cosmos)의 속성을 가장 잘 이해할 수 있다. 아마 우주(universe)는 우리보다 훨씬 뛰어난 사고를 하고 있을 것이다. 나는 어디를 둘러보더라도 우주의 지혜가 스스로를 완성하기 위해 애쓰고 있는 것을 느낀다. 나 스스로가 자라고 확장하고 창조함으로써 완성되고 있는 것과 같다. 우리 몸은 우주와 보조를 맞출 때 더욱 잘 관리할 수 있다.

세포들은 완벽하게 삶의 신비에 동참하고 있다. 그들의 지혜는 온전한 열정과 헌신의 지혜 그 자체다. 그러니 우리가 밝히고자 하는 숨겨진 차원과 몸의 지혜에서 볼 수 있는 특징들을 연결할 수 있는지 살펴보자.

삶이 지닌 지혜
☙ 몸의 지성으로 확인하기

1. 당신의 삶에는 더 높은 수준의 목적이 있다.
2. 당신은 사람들과 교감하고 있다.
3. 당신의 지각은 변화에 대해 언제나 열려 있으며, 매 순간 당신의 환경에서 모든 것을 느끼고 있다.
4. 당신은 섣불리 판단하거나 편견을 가지지 않고 모든 사람을 당신과 대등한 존재로서 수용한다.
5. 당신은 이미 지나가고 낡은 것에 매달리지 않고, 매 순간을 새로운 창조성으로 채운다.
6. 당신의 존재는 우주의 리듬에 맞춰 요람처럼 부드럽게 흔들린다. 당신은 안락하고 보살핌을 받는 듯한 느낌을 받는다.
7. 당신은 효율적으로 사고하여 인생의 흐름 속에서 당신이 원하는 것을 자연스럽게 얻는다. 강요하고 통제하고 싸우는 것은 당신의 방법이 아니다.

8. 당신은 근원에 **연결**되어 있다는 것을 느낀다.

9. 당신은 풍요로움을 주는 근원으로서 **베푸는 태도**를 견지한다.

10. 당신은 태어나고 죽고 변화하는 모든 것의 배경에는 **영원함**이 있다는 것을 안다. 당신에게는 변하지 않는 것이 가장 실체에 가까운 것이다.

위의 목록은 영적인 거창한 열망이라기보다는 세포 수준의 일상적인 사실이다.

더 높은 수준의 목적 : 당신의 몸속에 있는 모든 세포들은 전체의 행복을 위해 일하고 있다. 세포 개개의 행복은 그 다음 일이다. 필요하다면 몸을 보호하기 위해 개개의 세포가 죽을 수도 있으며, 그런 일은 종종 벌어진다. 어떤 세포의 생명이든 우리 생명의 부분이다. 피부세포는 면역세포들이 외부에서 침입한 세균들과 싸우는 동안 한 시간에 수천 개씩 죽는다. 세포의 생명에 비해 몸 전체의 생명이 더 높은 수준의 목적인 것이다. '자기중심적'이라는 말은 세포의 사전에 없다. 심지어 세포자신의 생존에 관계되는 일에서조차도 말이다.

교감 : 세포는 나머지 모든 세포와 연락을 취하고 있다. 인체의 가장 먼곳에서 아무리 미미하게 요구할지라도 전달 물질은 전속력으로 달린다. 세포는 교감하기를 거절하거나 물러서는 법이 없다.

지각 : 세포는 매 순간 환경에 순응한다. 즉각적인 상황에 대비하기 위해 늘 유연함을 잃지 않는다. 고집스럽게 뭔가를 고수하려 들지 않는다.

수용 : 세포들은 서로를 똑같이 중요한 존재로 인식한다. 인체에서 모든 작용은 상호 의존적이다. 혼자 내버려두는 법은 없다.

창조성 : 모든 세포에 각각의 기능이 있지만(간에 있는 세포만 해도 50가지의 다른 역할을 해낼 수 있다) 서로 힘을 합쳐 창조성을 발휘한다. 사람은 한 번도 먹은 적 없는 음식을 소화해내고, 한 번도 하지 않은 생각을 해내고, 한 번도 보지 못한 춤을 출 수 있다. 세포는 오래된 습관에 집착하지 않는다.

존재 : 세포는 휴식하고 활동하는 우주적인 순환의 법칙을 따른다. 이 순환의 법칙은 여러 가지로 나타난다. 호르몬 수치나 혈압이 들쑥날쑥한다든지 소화 기관의 리듬도 그렇지만 가장 확실한 증거는 수면이다. 사람이 수면을 취해야만 한다는 사실은 의학적인 미스터리다. 그러나 우리가 잠이 주는 수혜를 즐기지 않는다면 몸의 기능에 어떤 장애가 일어날 것이다. 잠들어 있는 그 침묵의 시간 동안 우리 몸의 미래가 싹트고 있다. 생명은 결코 강박적으로 활동하거나 공격하려 들지 않는다.

효율성 : 세포들은 에너지의 소비를 가능한 한 최소화한다. 대표적으로, 세포는 그 세포벽 내부에 단지 3초 동안만 음식과 산소를 저장한다. 음식과 산소를 반드시 다시 공급받으리라고 확신하는 것이다. 세포는 과도한 음식과 공기, 물을 소비하는 법이 없다.

연결 : 세포는 공통의 유전 형질을 지녔기 때문에, 기본적으로는 서로가 같다는 것을 알고 있다. 간세포와 심장세포가 다르고, 근육세포와

뇌세포가 다르다고 해서 공통적으로 지닌 형질이 달라지는 것은 아니다. 어떤 실험에서 세포의 공통적인 근원을 활용해 근육세포를 심장세포로 전환할 수 있었다. 건강한 세포는 아무리 많이 분열됐더라도 그 근원과의 연결성을 유지한다. 그들에게 소외란 없다.

베풂 : 세포가 가장 우선하는 활동은 다른 세포들이 온전하도록 아낌없이 베푸는 것이다. 완전히 헌신함으로써 자신은 자동적으로 돌려받을 수 있다. 자연적인 순환의 법칙에 따르면 그렇다. 세포가 몰래 축적하는 일이란 없다.

영원함 : 세포는 그들의 지식, 경험과 능력을 전해주기 위해 재생산하고, 그 자손들에게 고스란히 전해준다. 이것은 실용적인 영원성이며, 물리적인 죽음을 비물리적으로 극복하는 것이다. 여기에 세대 차는 없다.

세포가 하는 일은 모든 면에서 영적이라고 말할 수 있지 않은가? 첫째 특징인 '더 높은 수준의 목적'을 따르는 것은 자신을 포기하고 사심을 버리는 것과 같다. '베풂'은 신의 것은 신에게로 돌리는 것과 같다. '영원함'은 죽은 후에 다시 삶을 믿는 것과 동일하다. 마음에서 무엇이라고 이름붙이든 몸의 관심은 그게 아니다. 내 몸에서 이런 특징들은 그저 삶이 지속되는 방식일 뿐이며, 수백만 년 동안 생물학적으로 자신을 표현하고 있는 우주적 지성의 결과다. 삶의 신비는 그 잠재력을 100퍼센트 펼쳐 보이기에는 조심스럽고 신중하다. 지금 이 순간에도 나의 몸을 휘감고 있는 보이지 않는 법칙은 겉으로 보기에는 전혀 존재하지 않는 것 같다. 이백오십 가지가 넘는 종류의 세포들이 그들의 일상 업무를 한다. 오십 가지 기능을 하는 간세포는 아주 독특하지만, 근육, 신장, 심장이나 뇌세포가 하는 일에 주제넘게 끼어들지 않는다. 만약 그런 일이 일어난다면 큰 사건이 벌어질 것이다. 삶의 신비는 나를 통해 그 자신을 완벽하게 표현하는 방법을 찾았다.

앞에서 말한 특징들을 꼼꼼히 읽어보고 "자기중심적, 교감하기를 거부하기, 소외, 과소비, 행위에 집착하기, 공격성 등은 없다"라는 말에 주목하기 바란다. 우리 세포가 그런 식으로 행동하지 않는데 우리는 왜 그럴까? 세포의 수준에서 욕심은 파괴를 초래한다. 세포의 수준에서 욕심이란 암세포나 만들어내는 실수에 불과하다. 그런데도 왜 인간은 욕심을 부릴까? 우리 세포들이 얼마나 열량을 소비해야 하는지 분자의 수준까지 정확히 계산하는 동안 우리는 왜 비만해지도록 과소비를 해야만 할까? 우리가 인간인 이상 우리 몸을 죽이고 있는 그런 행동은 계속될 것이다. 우리는 우리 몸의 지혜를 배제하고 있을 뿐 아니라, 한술 더 떠서 우리 안에 있는 완벽히 영성적인 삶의 모델을 무시하고 있다.

이 책은 사람들이 영적으로 약하고 무기력해서 쓰인 것은 아니다. 오히려 나의 가족이 위기를 맞은 순간, 나에게 새로운 희망을 준 바로 그때 잉태되었다. 우리 아버지는 몇 년 전에 돌아가셨는데 아무도 예상하지 못했다. 81세였음에도 원기왕성해서 그해 1월에 미국 대통령 취임식을 보기도 했다. 심장의학 전문의로 긴 세월을 일하고 현역에서 은퇴한 후에도 직업적인 끈을 놓지 않으셨고, 그날 밤도 제자들과 함께 의학적 사례에 대해 토론하셨다.

건강이 나빴던 어머니는 다른 방에서 주무시는 바람에 아버지가 침실로 가는 것을 보지 못했다. 한밤중이 지나서도 어머니는 잠들지 못했는데, 그때 아버지가 잠옷 바람으로 발치에 나타났고 어둠 속에서 아버지의 윤곽만 간신히 보았다고 한다. 아버지는 어머니에게 떠난다고 말했고 어머니는 금방 그 뜻을 알아들었단다. 아버지는 어머니에게 작별의 키스와 함께 사랑한다고 말한 후 조용히 그의 방으로 돌아갔다. 바깥에서는 크리켓 경기하는 소리, 새가 우는 소리, 델리 시내의 자동차들이 지나가는 소리가 들렸다. 아버지는 자리에 누웠고, 신의 이름을 세 번 부르신 다음 숨을 거두셨다.

우리 가족은 혼란에 빠졌다. 미국에 있던 남동생과 나는 가능한 한 빨리 인도로 달려갔다. 몇 시간 만에 도착해 장례식을 준비하면서 아버지에게 전통 수의를 입히고, 그 위에 국화를 뿌렸다. 우리는 시신을 아래층으로 옮겼다. 비통에 찬 여인들의 울음소리에 성스러운 장송곡 소리가 묻혔다. 얼마 후, 나는 강변 화장대의 잿더미 위에 서 있었다. 불타고 남아 있는 뼈들을 부수어 땅에 남아 있는 생명의 끈을 상징적으로 해방시켜주는 의식은 장남의 의무다.

나는 아버지가 완전히, 철저하게 사라졌다는 느낌에서 벗어날 수 없었다. 아버지는 내가 가장 사랑하던 사람이었는데 그렇게 순식간에 떠나버린 것이다. 그러나 그때 그는 우리에게 명료하고 고요한 앎(awreness)을 가져다주었다. 그 덕분에 우리는 큰 슬픔의 고통을 피할 수 있었다. 죽는다는 것은 육체와 개체성의 형태로 이루어진 '크리션 초프라(아버지)'가 세상을 떠나는 것에 불과하다고 확신했다. 그럼에도 나는 감격에 벅차올라 그가 무엇으로 화化했는지 가능한 한 상세하고 분명하게 느낄 수 있었다. 신비는 그를 어떤 상태에서 다른 상태로 바꾸었고, 나는 모든 사람들의 내면에서 나와 똑같은 변화가 일어나고 있다는 것을 깨달았다. 우리는 모두 하나가 되었으며, 신비로움으로 녹아들었다. 다른 어떤 것도 없었다.

삶의 밀접한 부분으로서의 신비를 연구하는 대신, 사람들은 마치 그런 것은 존재하지 않는 양 행동한다. 그 신비를 무시한 결과, 사람들은 현재 고생하고 있으며 내일이면 더 큰 고난을 겪을 것이다. 아버지는 이 어두침침한 심연의 세상에서 떠났다. 오늘 밤 뉴스를 보면, 항상 그래왔듯이 또 지구상 어느 곳에선가 시끄러운 일이 벌어질 것이다. 사람들은 해결책을 내놓겠지만 세포 하나가 주는 지혜에 비하면 어림 반 푼어치도 없는 것일 테다. 어떤 사람들은 그들이 찾는 것에서 벗어나 아직 갖지 못한 다른 것을 찾아 나서야 한다고 말한다. 새로운 관계, 새로운 직장, 새로운 종교, 새로운 스승을 얻으면 그들이 살아 있음을 다시금 확인시켜줄 거라고 생각한다.

당신의 몸 안에 있는 세포가 그런 패배주의적인 논리를 받아들일까? 만약 지금 당신이 있는 곳이 불만족스럽다면, 사랑과 치유, 그리고 신은 영원히 당신의 손에 닿지 않는 곳에 머물 것이다. 우리는 혼돈 속에서 세대를 거듭해 살아오고 있다. 지금 당장 신비가 우리를 구원하도록 준비되어 있는가? 다른 방법은 없단 말인가?

✻연습 1 자신의 현실을 바꾸어 첫 번째 비밀에 적응하기

각각의 비밀을 당신에게 적용하기 위해서 그에 상응하는 연습문제가 주어질 것이다. 아래의 글을 읽어나가면, '사고(thinking)'의 수준에서 당신에게 영향을 줄 것이다. 아직까지 감정이나 행위는 건드리지 않는다. 당신의 개인적인 실체를 바꾸기 이전에 세 개의 연습문제를 소화하라.

첫째 진실에서는 몸의 지혜로써 길을 찾아나간다. 오늘, 앞서 말한 지혜의 특징 열 가지를 적어보라. 그리고 적은 것마다 당신이 그 특징 대로 살 수 있는 방법을 생각해보라. 그것을 적어두고 그 날의 지침으로 삼아라. 당신은 하루에 한 가지 특징에 대한 지침을 추구할 수도 있고, 가능한 한 많이 적어두고 따르려고 노력할 수도 있다. 자기 계발을 위해 자신을 긴장시키지 마라. 당신이 약하거나 무기력하다는 느낌으로 적지 마라. 여기서의 목적은 당신의 몸이 누리는 편안함을 행위와 감정으로까지 확장하는 것이다. 당신이 마치 진아眞我를 찾은 듯한 느낌으로 가슴에서부터 나오는 열망을 단어로 표현하라.

더 높은 수준의 목적 : 나는 공헌하기 위해 여기에 존재한다. 나는 영감을 주기 위해 여기에 존재한다. 나는 사랑하기 위해 여기에 존재한다. 나는 진리의 삶을 살기 위해 여기에 존재한다.

교감 : 나는 나와 다른 방식으로 느끼는 사람에게도 감사하겠다. 나는 나를 무시하는 사람에게도 친절하고, 거기에서 오는 긴장을 너그럽게 넘기겠다. 나는 죄의식을 갖게 하거나 부끄럽게 만드는 감정을 적어도 한 가지는 표현하겠다.

지각 : 나는 말하는 대신 관조하는 데 10분을 쓰겠다. 나는 내 몸의 느낌을 알아채기 위해 고요히 앉아 있어 보겠다. 누군가 나를 짜증나게 한다면, 그 화의 밑바닥에서 진정으로 느낀 것은 무엇인지 나 자신에게 묻겠다. 그리고 화가 누그러질 때까지 주의를 기울이는 데 소홀하지 않겠다.

수용 : 나는 내가 정말로 싫어하는 사람의 가장 좋은 점에 대해 5분 동안 생각하겠다. 나는 도저히 이해할 수 없었던 집단을 이해하고, 그들의 세계관을 그들처럼 이해하려고 애쓰겠다. 나는 거울을 보고 내 부모가 그랬으면 좋을 법한 완벽한 어머니나 아버지가 된 것처럼 나를 묘사한다. ('내 눈에 나는 더 이상 아름다울 수 없다'는 문장으로 시작한다.)

창조성 : 나는 가족들이 절대 예상하지 못했던 일 다섯 가지를 생각해내고, 적어도 한 가지 이상은 할 것이다. 나는 내 삶을 주제로 한 소설을 쓰겠다. (모든 사건들은 실제로 일어날 테지만, 아무도 내가 그 주인공인지는 모를 것이다.) 나는 세상이 절실히 원하는 것을 내 마음 속으로 발명해낸다.

존재 : 나는 평화로운 곳에서 그저 존재한다는 것을 느끼기 위한 것 외에는 아무것도 하지 않고 1시간 반을 보낼 것이다. 나는 풀밭에 몸을 완전히 이완하고 누워 내 밑으로 자전하고 있는 지구를 느낄 것이다. 나는 셋 셀 동안 숨을 들이마시고 가능한 한 부드럽게 내쉰다.

효율성 : 나는 적어도 두 가지 이상을 그냥 되는 대로 내버려두고 어떤 일이 일어나는지 지켜볼 것이다. 나는 장미를 응시하며 평소보다 장미가 더 빨리, 더 아름답게 피어나도록 영향을 미칠 것이다. 그리고 나는 내 인생도 그처럼 효율적으로 꽃을 피우도록 염원할 것이다. 나는 해변의 조용한 곳에 눕거나, 아니면 파도소리가 나는 테이프를 틀어놓고 그 리듬에 맞춰 숨을 쉴 것이다.

연결 : 내가 사람이 아닌 먼 산을 보고 있을 때도 나는 사람의 눈을 쳐다보는 걸 잊지 않겠다. 누군가 다른 이에게 사랑스러운 눈길을 보내는 걸 당연히 여기겠다. 나는 누군가 특히 낯선 사람이 소외되고 싶어하지 않는다면, 그에게 연민을 표현하겠다.

베풂 : 점심이 필요한 사람이 있다면 거리에서 음식을 사서 그에게 주겠다. (아니면 식당에 들어가 그와 함께 점심을 먹겠다.) 내가 아는 사람의 개인적인 장점을 칭찬해주겠다. 나는 오늘 절대 한눈팔지 않고 성의를 다해 아이들이 원하는 만큼 함께 시간을 보내겠다.

영원함 : 나는 영혼에 대해 쓴, 죽음 뒤의 삶을 약속한 경전을 읽을 것이다. 내 삶이 무엇으로 기억되기를 원하는지 다섯 가지를 적겠다. 나는 앉아서 숨을 들이쉬고 내쉬는 동안의 간격을 조용히 경험하고, 이 순간에서 영원을 느끼겠다.

✸ 연습 2 우연일까? 아니면 지적 행위일까?

이 책에서 말한 모든 신비는, 삶에서 겉으로 보이는 표면 아래에서 작용하는 보이지 않는 지성의 존재로 돌아간다. 삶의 신비는 우연한 사건이 아니라 모든 곳에 존재하는 지성의 표현이다. 그런 지성이 존재한다는 걸 믿을 수 있을까? 아니면 모든 사건들은 우연히 일어나며 결과조차도 우연이라는 것을 계속 믿어야만 할까?

아래에 나열한, 아직까지 이유가 밝혀지지 않은 사실들을 읽어보라.

그리고 당신이 그런 신비한 존재를 이미 알고 있었는지의 여부를 예, 아니오로 표시하라.

예 □ 아니오 □ 그랜드캐니언 주변 사막의 들새들은 협곡 언저리를 따라 방대한 지역 군데 군데에 수천 개의 잣을 묻어둔다. 그들은 이렇게 저장해 둔 음식들을 겨울에 꺼내는데, 잣이 묻힌 장소를 정확히 찾아가서, 엄청난 두께의 눈더미 아래에 묻힌 잣을 일일이 찾아낸다.

예 □ 아니오 □ 작은 시냇물에서 태어난 연어는 콜롬비아 강을 거쳐 태평양 북서쪽으로 헤엄쳐 나가서 산다. 세월이 흘러 광활한 바다를 헤젓고 놀다가, 산란할 때가 되면 그들은 정확히 태어난 곳으로 돌아온다.

예 □ 아니오 □ 여러 나라에서 온 꼬마들에게 일본어를 들려주었다. 그후 그들에게 말이 안 되는 단어들과 아름다운 일본의 시를 들려주고 나서 처음에 들은 일본어로 된 것이 둘 중 어떤 건지 골라내라고 했다. 일본에서 온 아이들은 모두 정답을 골라냈다. 그런데 이전에 일본어라고는 한 번도 들어보지 못한 다른 나라에서 온 아이들도 절반 이상이 정답을 맞췄다.

예 □ 아니오 □ 일란성 쌍둥이는 수백 혹은 수천 마일 떨어져 있어도 한쪽이 사고로 죽는 순간 그 사실을 느낀다.

예 □ 아니오 □ 인도네시아의 반딧불이 수백만 마리는 직경 수 마일에 걸쳐 똑같이 맞추어 불빛을 낼 수 있다.

예 □ 아니오 □   아프리카에서 어떤 나무들이 너무 심하게 남획당하면 수 마일 떨어진 다른 나무들에게 신호를 보낸다. 그러면 다른 나무에서는 나뭇잎의 탄닌 함유량을 증가시켜 동물들이 남획하지 못하게 만든다. 멀리 떨어진 나무들이 서로 신호를 주고 받으며 그 신호에 따라 나무에 화학적 변화가 일어난다는 것이다.

예 □ 아니오 □   태어나자마자 헤어졌던 쌍둥이가 세월이 흐른 후 다시 만났는데, 둘 다 성이 같은 여자와 같은 해에 결혼해 자녀의 수도 같았다.

예 □ 아니오 □   어미 신천옹(거위와 비슷한 슴샛과의 바닷새)은 부리에 먹이를 물고 서식처로 돌아올 때, 해변에 똑같이 생긴 수십만 마리의 새끼들이 있어도 금방 자기 새끼를 찾아낸다.

예 □ 아니오 □   1년에 한 번 보름달이 뜰 때, 수백만 마리의 투구게(킹크랩)가 짝짓기를 하기 위해 해변으로 올라온다. 그들은 불빛이라고는 한 번도 비치지 않았던 심해에서부터 한결같이 그 부름에 응한다.

예 □ 아니오 □   공기 분자들이 고막을 떨리게 하는 것은 스틱으로 심벌즈를 때리는 것과 비슷하다. 그런 과정을 거쳐야 다른 사람이 말하는 목소리를 들을 수 있다.

예 □ 아니오 □   나트륨과 염소는 그 자체로는 치명적인 맹독이지만, 소금으로 결합하면 우리 몸을 이루는 가장 기본적인 화학물질이 된다.

예 □ **아니오** □   이 문장을 읽기 위해서 당신의 대뇌에 있는 수백만의 뉴런이 즉각적인 패턴을 이루는데, 이것은 당신의 삶에서 지금껏 한 번도 나타난 적 없는 독특한 것이다.

이 연습문제에는 점수가 없지만 이 책을 다 읽을 때까지 곁에 두라. 당신의 믿음이 변해 영적인 관점으로 그 신비를 설명할 수 있다면 다시 한번 들여다보라.

당신 안에 세상이 있다

The world is in you

삶의 비밀을 풀기 위해서는 단 한 가지의 계명만 지키면 된다. 세포를 본받아 그렇게 살라. 그러나 우리는 그러지 않는다. 그 이유를 찾기란 어렵지 않다. 우리는 우리 마음대로 하려는 경향이 있다. 우리 세포는 수십억 년 전부터 아메바에게 공급되는 것과 같은 산소와 포도당을 연료로 사용한다. 그러나 우리는 고지방, 당분, 인스턴트 음식에 이끌리곤 한다. 매년, 매달, 우리는 새로운 적을 발견하고 있다. 우리에게는 우리 몸이 지닌 정확하고, 완전하며, 거의 완벽한 지혜에서 일탈하려는 경향이 있다.

우리의 고집스러운 타락은 반복적인 패턴이 되고 말 것이다. 세포의 지혜로 돌아가려면, 우리 각자는 누군가의 지난 선택의 결과를 바탕으로 삶을 살고 있다는 것을 알아야 한다. 우리는 삶의 신비를 무시하는 습관과 믿음을 따르도록 교육받아왔다. 겹겹이 포장된 상자 속에 들어 있는 것처럼 다른 믿음 안에도 그런 믿음이 들어 있다.

- 물질 세계가 있다.
- 물질 세계는 사물, 사건과 사람들로 가득 차 있다.
- 나는 그 사람들 중 하나이며 나도 다른 사람들과 별반 다를 것 없다.
- 내가 누군지 알려면, 나는 물질 세계를 탐험해야만 한다.

이것은 우리에게 강요되고 있는 일련의 신념 체계다. 이에 따르자면 우리는 영혼을 찾을 여지가 없으며, 심지어는 영혼 자체가 존재하는지도 미지수다. 그런데 왜 삶의 신비는 모두가 실체라고 이미 알고 있는 물질세계 안으로 우리를 인도했을까? 오히려 나는 우리가 실체라고 알고 있는 물질세계가 실제로 존재하는지 자신에게 물어보아야 한다고 생각한다. 현대 과학을 당혹하게 하는 문제가 있다. 물질세계는 명명백백하게 그 존재가 확실해 보이지만, 사실은 그 누구도 물질세계가 실재한다고 증명할 수 없다는 것이다. 보통 사람들은 과학계의 동향에 촉각을 곤두세우고 있지 않기 때문에, 과학계에서는 너무나 잘 알려진 문제를 모를 수도 있다. 그러나 어떤 신경학자들이라도 외부 세계가 실재한다는 증거가 없으며, 외부 세계가 존재하지 않는다는 힌트도 많다고 단언할 것이다.

사실상 뇌가 하는 것은 신경 자극의 즉각적인 흐름에 따라 화학적 균형, 체온, 산소 소비 등 몸의 상태를 나타내는 신호를 끊임없이 수용하는 것이다. 이 처리되지 않은 데이터들은 전기적 신호를 동반한 화학적 폭발을 일으킨다. 이 데이터는 레이더의 영상과 같이 거미줄처럼 복잡하게 얽힌 신경 세포에서 오르락내리락하는데, 제국의 변방에서 로마까지 달려서 소식을 전하는 전령처럼 뇌에 도달하고, 대뇌는 이 가공되지 않은 데이터를 종합하여 전기적이고 화학적인 신호를 보다 복잡하게 뇌의 적절한 위치에 배열한다.

대뇌는 신경종말에서 일어나는 데이터의 처리 과정, 즉 회색 물질(뇌) 안에서 일어나는 일에 대해서는 우리에게 알려주는 법이 없다. 대신, 대뇌는 바깥세상에 대해 알려준다. 그것으로 인해 우리는 보고 듣고 냄새 맡고, 맛보는 등 모든 창조적인 배합을 짜맞춘다. 뇌는 훌륭한 책략을 써서, 실로 엄청난 솜씨로 우리를 속인다. 왜냐하면 육체에서 받아들인 가공되지 않은 데이터와 바깥세상에 대한 우리의 주관적인 감각 사이에는 직접적인 연관이 없기 때문이다.

바깥세상이 모두 꿈일 수도 있다는 말이다. 자면서 꿈을 꿀 때, 나는 깨어 있을 때와 같이 생생한 사건들과 세상을 겪었다. (우리 대부분은, 꿈에서 네 가지 감각을 제대로 발휘하지 않지만, 어떤 사람들은 잘 때도 만지고 맛보고 듣고 냄새 맡는 것을 깨어 있을 때와 똑같이 할 수 있다.) 아침에 눈을 떴을 때, 나는 이 모든 생생한 사건들이 내 머릿속에서 창조되었음을 안다. 나는 이런 속임수에 빠져드는 실수를 하지 않는데, 이미 그 모든 것이 꿈임을 알기 때문이다.

뇌는 꿈 속의 세계를 만들 때는 한 쪽의 기능만 작용하고, 깨어 있는 세상에서는 다른 쪽이 전념할까? 그렇지 않다. 대뇌의 기능으로 보자면, 꿈꿀 때의 뇌 기능과 깨어 있을 때의 뇌 기능이 휙 바뀌어버리는 건 아니다. 모두 두개골 뒤의 시각 피질이 같은 작용으로 나무, 얼굴이나 하늘과 같은 대상을 보게 만든다. 내가 기억 속에서 보든, 꿈 속에서 보든, 사진 속에서 보든 말이다. 그때마다 활동하는 뇌세포의 위치가 미세하게 다르기 때문에, 우리는 꿈인지, 사진인지, 아니면 실제인지 구별할 수 있다. 하지만 기본적으로는 모두 같은 처리 과정이 벌어지고 있는 것이다. 거미줄처럼 마구 얽힌 신경망에서 화학적, 전기적 폭발이 일어나면 비로소 나무나 얼굴이나 하늘을 보게 되는 것이다. 아무리 노력해도 나무나 얼굴이나 또는 다른 모양에서 화학적인 패턴을 찾을 수는 없지만 그것은 그저 소용돌이 치는 전기적 활동일 뿐이다.

바깥세상의 존재를 증명할 수 없다는 것은 유물론의 근간을 뒤흔드는 참으로 난처한 문제다. 그리하여 우리는 두 번째 영적인 비밀에 도달한다. 당신이 세상에 있는 게 아니라, 당신 안에 세상이 있다.

바위가 단단한 이유는 뇌가 후다닥 쏟아지는 전기적 신호를 감각으로 등록했기 때문이다. 햇살이 쏟아지는 이유는 뇌가 후다닥 쏟아지는 전기적 신호를 시각으로 등록했기 때문이다. 바깥세상이 아무리 밝다 해도 어두컴컴한 석회암 동굴 속과 같은 뇌에는 햇빛이 쏟아지지 않는다.

세상은 내 안에서 창조된다는 말을 하고 나서, 나는 당신도 똑같이 말할 수 있다는 것을 깨달았다. 내가 당신의 꿈 속에 있는가, 당신이 내 꿈 속에 있는가, 아니면 우리 모두 각자의 입장에서 겪은 사건들의 기묘한 칵테일 속에 갇혀 있는가?

나에게 그것은 문제라기보다는 영성의 핵심이다. 모든 사람은 창조자다. 어쨌거나 모든 개인적인 관점이 어떻게 그물망처럼 엮여서, 당신의 세계와 나의 세계가 조화를 이룰 수 있는지의 미스터리 때문에 사람들은 영적인 대답을 찾으려고 한다. 그런데 실체는 갈등으로 가득 차 있을 뿐 아니라 조화로도 가득 차 있다. 우리는 창조자로서 좋은 것이든 나쁜 것이든 경험의 일부로 창조해낸다는 것을 깨달음으로써 해방감을 느낀다. 이런 식으로 우리 각자는 모두 창조의 중심에 있다.

사람들은 이런 생각을 아주 자연스럽게 찾아내곤 했다. 수세기 전, 영적인 삶들의 중심에는 '유일한 실체'라는 원칙이 자리를 차지하고 있었다. 종교와 인종과 전통은 광범위하게 분화했지만 하나의 지혜, 하나의 창조적인 생각이 숨을 불어넣어 창조한 것이 바로 천의무봉天衣無縫의 세상이라는 보편적인 동의가 있었다. 그 유일한 실체를 인도에서는 브라흐만, 중국에서는 도道라고 불렀다. 이름이야 무엇이든 간에, 모든 사람들은 이 조물주의 지혜 속에 거했고, 우리가 무엇을 하든지 이 창조주의 거대한 계획의 일부에 포함되는 것이었다. 사람들은 유일한 실체를 찾기 위해 영적인 탐구자가 될 필요가 없었다. 모든 사람의 삶은 그것에 이미 맞추어져 있었다. 창조주는 모든 창조물에 고루 충만해 있었고, 신성의 불꽃은 모든 형태로 존재에 생기를 불어넣었다.

현재의 우리는 이런 견해를 미신이라고 부를 것이다. 왜냐하면 보이지 않는 것에 대해 말하고 있기 때문이다. 그러나 우리는 지금 세포들이 어떤 식으로 작용하는지 뻔히 보고서도 믿지 않으려고 한다. 모든 것을 감싸 안는 실체를 믿음으로써 우리는 존재의 중심에 설 수 있다. 이 신비스러운 상징을 다음과 같이 예를 들어 말할 수 있다. 동그라미가 있고, 그 중심에 점이 있다고 가정해보자. 이것은 각각의 개인(점)이 불가사의하게도 무한(동그라미)하다는 것을 의미한다. 이것은 마치 작은 세포의 가운데 있는 DNA가 몇십억 년 동안의 진화에 연관되어 있는 것과 같다.

그런데 유일한 실체라는 개념이 뭐가 신비스럽다는 걸까? 겨울철에 나는 창 밖 너머로 나뭇가지에 고치가 매달려 있는 것을 본다. 그 안에서는 유충이 성충으로 변할 테고, 봄이 되면 나비로 변할 것이다. 우리는 어릴 때부터 이런 변태 과정을 지켜봐 왔다.

그러나 그 고치 안에서 벌어지고 있는 보이지 않는 변화야말로 진정 신비롭다. 유충의 기관과 조직은 융해되어 수프처럼 형태가 없는 조직이 된다. 그러고는 유충과 전혀 닮지 않은 형태의 나비의 조직으로 재구성되는 것이다.

과학에서는 왜 이런 조직의 융해가 일어나는지 모른다. 그런 곤충들에게 우연히 그런 일이 벌어졌다고 생각하기도 어렵다. 나비로 변하는 수천 가지 단계의 1분 1초의 과정마다 그 화학적 변화가 믿기 힘들 정도로 복잡하고 정교하기 때문이다. (이것은 마치, 당신이 자전거를 고치려고 수리점에 맡긴 후 볼일을 보고 돌아와 보니, 그 부품이 제트기가 되어 있는 것과 같다.)

그러나 우리는 이런 정밀한 일련의 사건들이 어떻게 이루어지는지 약간은 알고 있다. 여기에는 두 가지의 호르몬이 관여한다. 하나는 유충 호르몬이고, 다른 하나는 탈피 촉진 호르몬이 그 과정을 진행시키는데, 맨눈으로만 보면 유충이 수프로 변하는 것처럼 보인다. 이 두 가지 호르몬 때문에 알에서 나비로 변하는 세포들이 어떻게 변하며, 어디로 변하는지 알 수 있다. 어떤 세포들은 죽기로 예정되어 있고, 다른 것들은 스스로를 양분으로 섭취하는 반면에, 또다른 것들은 눈이나 더듬이 또는 날개와 같은 기관으로 변한다.

이런 과정 안에는 창조와 파괴가 정밀하게 조화를 유지해야만 이루어질 수 있는, 아주 민감하여 깨지기 쉬우면서도 기적적인 리듬이 있다. 그 리듬은 태양을 따라 자전하는 지구상의 낮 길이에 영향을 받는 것으로 드러났다. 따라서, 우주의 리듬은 수백만 년 동안 나비의 탄생에 밀접하게 연관되어 있는 것이다.

또한 분자는 스스로의 의도를 달성하기 위한 도구로서 자기 자신인 분자를 사용한다. 지적인 작업의 눈에 띄는 본보기로서, 과학은 분자에 관심을 집중시키고 있다. 오래 된 기본 구성 요소는 허비되는 법 없이 새로운 피조물로 창조된다. (그런데 만약 유일한 실체만이 존재한다고 해도, 우리는 과학자들이 말하듯 낮의 길이가 번데기의 호르몬 작용을 촉진시켜 조직을 융해시키고 마침내 나비를 만드는 데 관여한다고 말할 수는 없다. 낮의 길이 뿐 아니라 호르몬 또한 같은 창조적 근원에서 나와 유일한 실체를 이루고 있다. 그 근원은 적합한 용도에 들어맞게 우주적 리듬이나 분자들, 그리고 모든 것들을 사용한다. 낮의 길이와 호르몬은 양쪽의 변화를 한 번에 일으키는, 보이지 않는 지혜에 연결되어 있다. 꿈에서든 그림에서든, 어떤 소년이 야구 배트를 휘둘러 공을 친다면, 그 배트 자체가 공을 날아가게 하는 것은 아니다.)

또다른 예를 들 수 있다. 액틴(근육과 다른 세포들의 수축 작용에 중요한 역할을 하는 단백질의 일종—역자 주)과 미오신(주로 근육을 구성하는 수축성 단백질의 일종—역자 주)은 아주 오래 전에 진화하여, 나비의 날개가 수축하고 이완하도록 했고, 나비는 나는 법을 배웠다. 만약 이 한 쌍의 분자 중 하나가 없으면, 날개는 자라긴 하지만 펄럭이지 못하므로 무용지물이 되고 만다. 오늘날 똑같은 단백질이 인간의 심장을 고동치게 하고 있다. 만약 둘 중 하나가 없다면 인간의 심장 박동이 무력해지고 약해져, 결국 심장의 기능이 멈추고 말 것이다.

또 다시 말하건대, 과학자들이 수백만 년 동안 분자가 적응하는 방법에 대해 놀라고 있긴 하지만, 그게 보이지 않는 지혜의 심원한 의도가 있다는 것과 무슨 상관인가? 우리는 속박하고 있는 것으로부터 자유로워지기 위해 날고 싶은 충동을 느낀다. 자연은 곤충이 날 때와 같은 충동을 표현하고 있는 것은 아닐까? 어머니의 가슴에서 젖을 만들어내는 호르몬인 프로락틴은, 산란하기 위해 바닷물에서 담수로 물살을 거슬러 오르게 만드는 연어의 몸에서 분비되는 프로락틴과 다르지 않다. 소에서 분비되는 인슐린과 아메바에서 분비되는 인슐린은 정확히 똑같다. 둘 다 탄수화물의 신진대사에 관여하는데, 소의 것이 아메바의 것보다 수백만 배 복잡하긴 하다. 이런 예들로 볼 때 모든 것은 서로 연관된 유일한 실체라는 것을 믿는 것은 전혀 미신이 아니다.

그런데 유일한 실체에 대한 믿음이 어째서 그렇게 무너져 내린 것일까? 사람들은 스스로가 그 자신의 세계의 중심에 있을 수도 있었다. 하지만 유일한 실체 안에 포함되어 영혼을 공유하며 함께하는 삶을 사는 대신, 외로워하고 분리되고 개인의 욕심을 좇았던 것이다. 그렇게 쾌락을 추구함에 따라 카르마에 속박되고, (종교적 표현을 빌리자면) 천국에서 추방당한 것인데, 다른 이름으로도 불리겠지만 이럴 때 그 선택을 에고라고 한다. 에고를 따르는 것은 우리 문화에 철저하게 배어들어 이제는 더 이상 선택이 아닌 필수가 되어버렸다.

우리는 어려서부터 나(I), 나를(me), 나의 것(Mine)이라는 관점으로 길들여져 왔다. 또한 원하는 것을 얻으려면 경쟁해야 한다고 배웠다. 에고는 무슨 일을 할 때 우리가 고립되고 외로운 것처럼 느끼도록 위협한다. 그래서 다른 사람들이 나보다 앞서 나가면 우리 심사는 뒤틀린다.

그렇다고 해서 에고를 타파해야 하는 것은 아니다. 에고를 타파해야 한다고 주장하는 사람들은 이렇게 말한다. 에고로부터 일어나는 행위 때문에 사람들이 불행하며, 에고야말로 사람들이 고생하는 근원적인 이유고, 그래서 사람들은 진아眞我나 신이나 영혼을 찾지 못한다고. 에고는 끊임없이 요구하고, 탐욕을 부리고, 끝없는 이기주의와 걱정으로 우리를 눈멀게 하는 게 사실이다. 상식적으로는 그렇지만, 우리가 놓치고 있는 측면이 있다. 에고를 어둠 속으로 던져버린다면 에고를 적으로 만들어서 분열과 파편화를 더욱 가중시킬 뿐이다. 만약 유일한 실체만이 존재한다면 그 실체 안에는 모든 것이 포함되어야만 한다. 욕망을 떨쳐버릴 수 있을지는 몰라도 에고를 떨쳐버리는 것은 있을 수조차 없는 일이다.

유일한 실체에서 분리된 삶을 사는 선택은 특정한 종류의 신화를 만들어냈다. 모든 문화권에는 희미한 과거에 묻힌 황금기에 대한 설화가 있다. 완전함을 잃었다는 이런 종류의 설화는 인류를 고양시켰다기보다는 타락시켰다. 사람들이 말하기를, 인간은 태어날 때부터 결함이 있다고 한다. 모든 사람은 원죄를 갖고 태어나며, 신은 죄 지은 자의 자식들을 이미 그르게 본다는 것이다. 신화는 사람들에게 그런 선택을 하게 하고, 그것이 마치 자신의 운명인 양 받아들이게 할 만한 힘을 지녔다. 분리된 채로 살기는 쉽다. 그렇다면 유일한 실체로 살아갈 수 있으려면 어떻게 해야 할까?

유일한 실체라는 것을 다시금 받아들이려면, '세상이 내 안에 있다'는 것을 인정해야 한다. 이것은 매 순간마다 세상을 창조해내는 뇌의 본질에 근거한 영적 신비다. 친구가 티벳에서 전화를 한다면, 당신은 그가 먼 곳에 있다는 것을 당연하게 받아들일 것이다. 하지만 그의 목소리는 당신의 뇌에서 일어나는 감각의 작용일 뿐이다. 만약 친구가 현관에서 전화를 한다 해도 그의 목소리는 가깝게 들리지 않는다. 그 또한 당신의 뇌 일부에서 일어나는 감각일 뿐이다. 그리고 친구가 떠나고 난 후에도 그의 목소리는 여전히 당신 안에서 맴돌고 있을 것이다. 당신이 꽤 먼 거리의 별을 볼 때, 그것 또한 여전히 당신의 뇌의 또 다른 곳에서 일어나는 감각으로 존재한다. 그리하여 별은 당신 안에 존재한다.

당신이 오렌지 향기를 맡거나 벨벳을 만지거나 모차르트의 음악을 들을 때, 모든 경험이 당신 안에서 창조되고 있다는 것은 진실이다.

이 순간에도 에고에 뿌리를 둔 삶은 아주 그럴 듯하다. 고통과 아픔을 겪어도 사람들이 에고를 버리지 못하는 이유는 그 때문이다. 그러나 아무리 아파해도 벗어나는 길을 보여주지는 않는다. 이를테면 전쟁을 어떻게 끝낼지에 대한 토론은 완전히 쓸모없는 일임을 증명한다. 왜냐하면 나 자신을 분리된 개체로 인식하는 즉시, 나는 '그들'과 대적하게 되고, 셀 수 없는 많은 개인들 역시 나의 몫을 두고 싸우게 될 것이다.

폭력이란 '우리 대 그들(us vs them)'의 대결 구도에서 생긴다. '그들은' 절대 그만두지 않을 것이며 '그들은' 절대로 포기하지 않을 것이다. 그들은 언제나 이 세상에서 그들의 이해관계를 보호하기 위해 싸울 것이다. 당신과 내가 각각의 이해관계를 가지는 한, 폭력의 순환 고리는 영원히 끊어지지 않을 것이다. 이런 비참한 결과는 몸에서도 볼 수 있다. 건강한 몸에서, 모든 세포들은 다른 세포에서도 자기 자신을 인식한다. 만약 이런 인식 과정이 틀어져버리면, 특정한 세포들이 '다른 세포'가 되고, 인체는 스스로를 공격한다. 이러한 상태를 자가면역 장애(auto-immune disorder)라고 하는데, 관절 류머티즘과 낭창 등이 그 예들이다. 자신이 자신에게 폭력을 휘두르는 것은 순전히 인식상의 착오 때문이며, 그 전쟁으로 찢겨진 몸에 의약이 어느 정도 고통을 덜어줄 수는 있지만, 이 잘못된 인식을 우선적으로 수정하지 않고는 절대 치유할 수 없다.

정말로 진지하게 폭력을 끝내고자 한다면, 단호하게 '자신의 밥그릇 챙기기'를 포기하면 된다. 그것만으로도 폭력을 뿌리째 뽑을 수 있다. 이런 이야기는 깜짝 놀랄 결론으로 들릴 수도 있다. 혹자는 다음과 같이 반응할 수도 있다. "이 세상에 내가 있으므로 나의 이해관계가 있는 것 아닌가?" 그러나 실상은 그렇지 않다. 이 세상에 내가 있기보다는 내 안에 이 세상이 있다. 이 말은 예수가 "모름지기 이 땅의 재물에 미련을 갖지 말고 하느님의 왕국을 먼저 구하라"고 말한 의미와 일맥상통한다. 하느님은 모든 것을 창조함으로써 모든 것의 주인이다. 우리는 우리가 실체라고 여기는 모든 인식을 창조하고 있으며, 그렇다면 우리도 그 창조물의 주인이라 할 수 있다. 인식이 곧 세상이며 세상은 곧 인식이다.

위와 같은 비밀로서, '우리 대(vs) 그들'이라는 드라마는 붕괴된다. 우리 모두는 실체가 만들어내고 있는, 사실은 유일한 실체가 만들어내는 변화없이 변화하는 계획 아래에서 살고 있다.(유일한 실체가 만들어내는 표피적인 물질 세계는 사실상 실체와 별 차이가 없다. 그러므로 표피의 삶은 변화하고 있지만 실체의 차원에서 보면 아무 변화가 없다. 따라서 '변화없이 변화하는' 인 것이다.-역자 주) 돈, 재산, 소유물이나 지위와 같은 바깥에 있는 것이 반드시 필요하다면 그것들을 꼭 지켜야 한다. 하지만 물질세계는 여파일 뿐이다. 그 안에 있는 것 중 필수적인 것은 없다. 물질세계는 실체의 변화하는 모습일 뿐이다. 그러므로 사실상 실체는 변화하지 않는다. 유일하게 자신이 챙겨야 할 의미있는 것은 실체가 어떻게 작용하는지 온전하게 안 이후에 자신의 세상을 자유롭게 창조하는 것뿐이다.

나는 에고를 들여다보고 그 모순을 알고는 에고 없는 사람이 되고자 하는 이들에게 매우 측은함을 느낀다. 결국 에고를 공격하는 것은 자신을 공격하는 것이기 때문이다. 설령 가능하다 할지라도 에고를 파괴하는 것은 덧없는 일이다. 사람이라는 창조적인 한 세트의 기계 장치를 온전하게 유지하는 것은 생명 유지에 아주 중요하다. 당신이 에고는 추하고, 불안하고, 폭력적이라고 느끼는 막을 걷어버린다면, 에고는 더 이상 추하고, 불안하고, 폭력적이지 않다. 그때 에고는 신비의 일부로서 그 본질적인 상태로 돌아온다.

유일한 실체는 이미 깊은 신비를 드러냈다. 창조자가 되는 것은 온 세상보다 중요하다. 잠시 하던 일을 멈추고 한순간에 거하는 것은 충분히 가치 있다. 사실상 그것이 세상이다. 한 사람의 삶을 바꿀 수 있는 자유로운 생각 중 이것이 가장 자유로울 것이다. 그럼에도 불구하고 진정으로 그런 삶을 살기 위해서, 진정한 창조자가 되기 위해서는 엄청난 양의 '조건'을 무너뜨릴 필요가 있다. 바깥의 조건이 모든 것을 결정한다는 믿음 말이다. 이 물질계를 믿으라는 말을 곧이 들어서는 안 된다. 우리는 스스로를 제한된 존재로 받아들이도록 배워왔다. 바깥세상은 훨씬 강력한 것임에 틀림없다. 그것은 당신이 아니라, 줄거리를 불러올 뿐이다. 세상이 먼저 나왔고, 당신은 훨씬 이후다.

그러나 바깥세상은 당신이 실체의 제조자로서의 새로운 역할을 맡을 때까지 어떤 영적인 대답도 만들지 못한다. 바깥세상은 창조자인 당신 없이는 존재하지 않는다. 그런 느낌은 처음에는 낯설겠지만, 우리는 이미 새로운 신념 체계가 어떻게 맞아떨어지는지 알고 있다.

- **내가 경험하는 모든 것은 나 자신의 반영이다.** 그래서 나는 노력하거나 도망갈 필요가 없다. 그리고 실체의 창조자로서 나 자신을 보는 한, 도망 갈 곳이 없다. 설령 할 수 있다 하더라도 나는 도망가지 않을 것이다.

- **나의 삶은 다른 모든 삶의 일부다.** 나는 모든 살아 있는 것에 연결되어 있으므로 내가 원수를 진다는 건 불가능하다. 나는 반대, 저항, 지배, 또는 파괴할 필요를 못 느낀다.

- **나는 다른 누구든, 다른 어떤 것이든 지배할 필요를 느끼지 않는다.** 나는 다른 어떤 것도 대신할 수 없는, 지배해야 할 유일한 실체를 변화시키는 데 영향을 미칠 것이다. 그것은 바로 나 자신이다.

🌱연습 1 자신의 현실을 바꾸어 두 번째 비밀에 적응하기

진실로 두 번째 비밀을 알려면, 당신에게 일어나는 모든 일들에서 당신이 공동 창조자라는 걸 알기 시작해야 한다. 간단한 연습을 할 수 있다. 당신이 있는 곳에서 앉아서 주위를 보라. 당신은 의자로, 그림으로, 그리고 당신 방에 있는 벽지 색깔로 시선을 옮길 것이다. 당신에게 말하라. "이것은 나를 상징한다. 저것도 나를 상징한다." 당신의 앎이 모든 곳에 거하게 하고 나서 스스로에게 물어보라.

- 나는 순리를 보는가? 혼란을 보는가?
- 나는 나의 유일무이함을 보는가?
- 나는 내가 진정으로 어떻게 느끼는지 아는가?
- 내가 진정으로 원하는 것을 아는가?

당신의 환경을 이루고 있는 것들 중에서 특정한 것에서 당신은 즉시 답을 얻을 것이다. 밝고 활기찬 색의 페인트를 칠해 빛이 잘 드는 아파트는 어두운 지하실과 아주 다른 마음의 상태를 상징한다. 반면, 책상에 산더미처럼 쌓여 있는 서류 더미는 몇 가지를 상징할 가능성이 있다. 내적인 혼란, 자신의 의무를 만족시키는 데 대한 두려움, 지나친 책임감을 떠안고 있음, 일상의 사소한 업무들에 대한 무시와 같은 것 말이다. 이러한 불일치는 타당하다. 왜냐하면 우리는 우리가 누구인지 표현하는 동시에 숨기고 있기 때문이다.

어떤 때, 당신은 당신이 누구인지 표현하지만, 또 어떤 때는 당신의 진실한 감정으로부터 도망가거나, 거부하거나, 사회적으로 용인되는 다른 출구를 찾으려고 한다. 소파가 싸다는 이유만으로 구입했거나, 색깔이 뭐든 상관 않기에 벽이 흰색이거나, 당신의 장인이 선물했다는 이유로 벽에 걸린 그림을 던져버리고 싶거나, 당신은 여전히 당신이 느끼는 방식을 대변하는 상징을 보고 있는 것이다. 너무 시시콜콜하게 이야기할 것도 없이, 개인이 머무는 공간을 보면 그가 삶에 만족하는지, 아닌지 자신의 정체성이 확고한지 약한지, 체제순응주의자인지 아닌지, 질서를 존중하는지 아닌지, 낙천주의자인지 비관주의자인지 구별할 수 있다.

이제 당신의 사회적 세계로 들어가보라. 당신이 가족이나 친구와 함께일 때, 무슨 일이 일어나고 있는지 내면의 소리에 귀를 기울여보라. 당신 자신에게 물어보라.

- 나는 행복을 듣고 있는가?
- 이 사람들이 나를 살아 있다고 느끼게 하는가? 겁을 주는가?
- 피곤함이 잠재되어 있는가?
- 그냥 익숙한 일상인가? 아니면 이들과 진정으로 서로 교감하는가?

당신이 어떤 질문을 어떻게 던지든, 당신은 당신의 세계와 당신 안에서 일어나는 일을 평가하고 있다. 당신을 둘러싼 환경에서의 물건들과 마찬가지로 사람들도 거울이다. 이제 저녁 뉴스를 틀어놓고 마치 사건들이 '저기'에서 일어난 것처럼 당신 내면의 주파수에 귀를 기울여보라. 그리고 스스로에게 물어보라.

- 나는 이 세상을 편안하게 느끼는가? 불안하게 느끼는가?
- 나는 언젠가 재앙이 닥칠지도 모른다는 공포와 어쩔 줄 모르는 불안에 사로잡혀 있는가? 아니면 그저 즐겁고 느긋한가?
- 나쁜 뉴스도 여전히 기본적으로는 즐기고 있는가?

- 이 프로그램은 나의 어떤 문제를 반영하는가? 한 사건이 끝나면 또 다른 사건이 일어나지만 여전히 같은 문제를 반복하는 식인가? 아니면 어떤 문제의 해답을 찾기 위해 스스로 만든 프로그램인가?

이 연습은 새로운 종류의 앎을 발전시킨다. 당신은 당신 자신을 고립되고 분리된 개체로 보는 습관을 깨버리기 시작한다. 온 세상을 밝히는 깨달음은 세상 어디에도 없으며 바로 자신 안에 있다.

❧연습 2 집 안에 세상을 갖다놓기

당신이 창조자라고 말하는 것은 당신의 에고가 그렇다는 것과 다르다. 에고는 언제나 당신의 개체성과 결합되어 있으며, 당신의 개체성은 당신 주위의 모든 것을 창조하지 않는다. 창조란 그 수준에서 일어나는 것이 아니다. 당신 안에 있는 진정한 창조자에 더 가까이 다가갈 수 있도록 주의 깊게 보자. 장미에 대한 명상을 해보자.

아름다운 붉은 장미를 가져다가 당신 앞에 꽂아두라. 향기를 들이마시고 스스로에게 말하라. "내가 없다면 이 꽃의 향기도 없다." 황홀하도록 검붉은 색을 보고 다음과 같이 말하라. "내가 없다면, 이 꽃의 색깔도 없다." 벨벳처럼 부드러운 꽃잎을 쓰다듬고 다음과 같이 말하라. "내가 없다면 이 꽃의 조직도 없다." 시각, 청각, 촉각, 미각, 후각과 같은 감각과 스스로를 분리해보라. 그 장미는 허공에서 진동하고 있는 원자들일 뿐이라는 것을 자각하라.

이제 장미 안에서 각각의 세포를 이루는 DNA를 생각해보자. 이중

나선 구조로 배열된 수십억 개의 원자를 눈에 떠올리고 스스로에게 말하라. "나의 DNA가 이 꽃의 DNA를 보고 있다. 이 경험은 관찰자가 대상을 관찰하는 것이 아니다. 하나의 형태를 갖춘 DNA가 다른 형태를 갖춘 DNA를 보고 있는 것이다." 이제 DNA가 가물거리기 시작하고 보이지 않는 에너지의 진동을 하게 된다. 스스로에게 말하라. "이 장미는 사라져서 원초적 에너지로 돌아간다. 나는 사라져서 나의 원초적 에너지로 돌아간다. 이제 한 에너지 장場이 다른 에너지 장을 보고 있을 뿐이다."

마침내 한 물결이 다른 물결 속으로 포개지듯 당신의 에너지와 장미의 에너지의 경계가 희미해진다. 마치 바다의 파도가 일어났다가 사라져 끝없이 바다의 표면을 장식하듯이 말이다. 스스로에게 말하라. "모든 에너지는 하나의 근원에서 나와 그것으로 돌아간다. 내가 장미를 볼 때, 그 근원으로부터 스스로를 표현하기 위해 무한성이 한 번 펄럭인 것이다."

이렇게 더듬어오다 보면, 당신은 진정한 실체에 도달하게 된다. 무한하고 조용한 에너지 장이 한순간 펄럭여, 다른 곳이 아닌 바로 그 자리에서 객체(장미)와 주체(관찰자인 당신)를 경험하고 있다. 앎은 그 자신의 영원한 아름다움의 한 측면을 보았다. 그 앎의 유일한 목적은 기쁨의 순간을 창조하는 것이었다. 당신과 장미는 그 순간의 서로 반대 극極에 있었으며, 분리란 사실상 존재하지 않았다. 유일하고 창조적인 한 움직임이 일어나 그 둘을 융합시켰다.

전체성으로 가는 네 가지 길

Four paths lead to unity

영적 비밀은 대다수에게 유일한 실체의 존재를 수용하는지의 여부에 따라 의미를 지닌다. 당신이 여전히 그건 몇몇 사람들의 그럴 듯한 생각이라고 여긴다면, 당신의 삶은 바뀌지 않을 것이다. 유일한 실체는 생각이나 개념이 아니다. 삶에 참가하는 완전히 새로운 방식으로 들어가는 입구다. 비행기 여행이 실제로 존재한다는 것을 모르면서 비행기에 타고 있는 승객이 있다고 상상해보자. 비행기가 이륙할 때 그는 공포에 질려 생각할 것이다. "우리를 떠받치는 게 뭐지? 만약 이 탈 것이 너무 무거우면 어떻게 하지? 공기 위에 떠 있는 이 탈 것이 무거운 금속으로 만들어졌다니!" 자신의 인식에 의지한다면, 겁에 질린 그 승객은 이성을 잃고 말지도 모른다. 그는 자신만의 경험의 덫에 걸려 있고 그 때문에 참사를 겪을 수도 있다.

반면, 조종사는 비행술 훈련을 받았기 때문에 자신을 잘 조절할 수 있을 것이다. 그는 비행체와 자신이 조종하는 비행기의 조종술에 대해 알고 있다. 그러므로 겁먹을 이유가 없다. 마음 속 깊은 곳에 기계 결함으로 추락할 위험에 대한 두려움은 숨기고 있겠지만 말이다. 참사가 일어날 수는 있지만, 이미 그것은 그의 손을 벗어난 일이다.

이제 제트기의 설계자에게 눈을 돌려보자. 그는 비행의 원리에 근거하여 그가 만들고자 하는 어떤 비행체라도 만들 수 있다. 그가 다양한 종류의 비행기를 만들어 왔다면 그는 비행기 조종사보다 조종을 잘 할 수 있는 위치를 점하고 있다. 왜냐하면 어떻게 해야 비행기가 추락하지 않는지 원리를 잘 알기 때문이다.

승객에서 조종사로, 그리고 설계자로 이어지는 진보는 영적 여행의 상징과도 같다. 승객은 오감五感의 세계에 갇혀 있다. 그는 공기에 비해 금속이 무거우면 추락할 것이므로 비행은 불가능하다고 인식한다. 조종사는 비행의 원칙을 안다. 따라서 곡선의 표면 위로는 공기가 흘러 떠오를 수 있다는, 보다 깊은 자연의 법칙(베르누이의 법칙을 말함—역자 주)에 따라 오감을 초월할 수 있다. 설계자는 자연의 법칙을 응용하여 의도하는 효과를 달성하여 더욱 먼 곳까지 초월할 수 있다. 다시 말해, 그는 실체의 근원에 가장 가까우며, 오감의 희생자가 되거나 자연의 법칙에 소극적으로 참가하는 것이 아니라 자연과 함께 공동으로 창조한다.

당신은 이 여행을 스스로 할 수 있다. 그 여행은 상징적인 것 이상이다. 왜냐하면 우리 뇌는 이미 보고, 듣고, 만지고, 맛보고 냄새맡는 등 당신이 경험하는 모든 것을 만들어내고 있는 요술상자이기 때문이다. 그 원자들은 자연의 법칙과 직접 연결되어 있고, 의식의 마술과 통한다. 당신이 욕구를 느끼는 순간, 당신의 뇌는 자연법칙의 바로 그 근원에 신호를 보낸다. 의식(consciousness)의 가장 명료한 정의는 앎(awareness)이다. 그 둘은 동의어다.

한 번은 어떤 비즈니스 회의에서 한 기업의 중역이 내게 의식을 실제적이고 구체적으로 정의해 달라고 했다. 나는 구체적으로 정의할 수 없는 의식에 대해 설명하다가 나도 모르게 불쑥 뱉어버렸다. "의식이란 모든 창조 행위에 대한 가능성입니다." 그의 얼굴은 밝게 빛났고, 그는 불현듯 그 뜻을 알았다. 당신이 더 많이 의식할수록 창조할 가능성은 더욱 많아진다. 순수의식은 모든 것을 이루는 요소이므로 모든 것에 대한 순수한 가능성이다.

당신은 스스로에게 다음 질문을 할 필요가 있다. 당신은 오감의 희생자인가, 아니면 공동 창조자인가? 다음의 갈래들을 살펴보자.

창조의 여정

* **오감에 의지** : 분리, 이중성, 에고에 의지함, 두려움의 지배를 받음, 근원에서 분리됨, 시간과 공간에 제한됨.

* **자연의 법칙에 의지** : 창조적, 자기 통제가 가능함, 두려움에 거의 지배를 받지 않음, 자연의 법칙에 친숙함, 이해심이 있음, 시간과 공간의 한계를 탐험함.

* **자각에 의지** : 창조적, 자연의 법칙에 밀착됨, 근원에 가까움, 한계가 없음, 시간과 공간을 초월함.

앎이란 분리에서 유일한 실체로 가는 여정 중에 겪는 모든 변화다. 당신이 오감에 의지할 때 물리적인 세계를 근본적인 실체로 알 것이다. 이세상을 진짜라고 믿는다면, 당신은 부차적인 존재가 될 수밖에 없다. 자신을 원자와 분자들로 구성된 견고한 객체로 여기기 때문이다. 당신의 앎이 하는 유일한 역할은 '저기'에 있는 세상을 보는 것밖에 없다.

오감은 인간을 극도로 잘 현혹시킨다. 오감에 따르면 해는 동쪽에서 떠서 서쪽으로 지고, 지구는 평평하며, 쇠로 만든 것은 공중에 뜰 리가 없다. 앎의 다음 단계는 생각하고 실험해서 이른 자연의 법칙에 따른다. 관찰자는 더 이상 현혹당하는 피해자의 입장이 아니다. 그는 수학과 상상의 실험을 사용해 중력의 법칙을 이해할 수 있다.(뉴턴은 사과나무 아래에 앉아 머리에 떨어지는 사과를 맞은 게 아니다. 그는 숫자와 추론을 사용해 그 상상력을 충족시키는 가상의 실험을 했다. 마치 아인슈타인이 상상력을 통해 상대성원리를 발견해낸 과정처럼 말이다.)

인간의 뇌로 자연의 법칙을 생각할 때, 물질적 세계는 여전히 탐험해야 할 대상일 뿐이다. 자연을 통해 더 많은 앎을 얻게 되겠지만, 이 단계의 앎이 궁극적이라고 한다면(실제로 많은 과학자들이 그렇게 생각하지만) 유토피아는 기술적으로 만들어낸 업적이 되어버릴 것이다.

그러나 뇌가 스스로를 저버리는 일은 영원히 있을 수 없다. 대기에 비행기를 뜨게 하는 자연의 법칙은 뇌 안의 전자에도 마찬가지로 적용된다. 마침내 누군가는 물어보아야만 할 것이다. "이 모든 생각을 하고 있는 그 나는 도대체 누구란 말인가?" 그 질문은 순수한 앎으로 이끄는 것이다. 당신이 뇌 안의 모든 생각을 비운다면(명상할 때의 상태와 같이), 앎은 허하지 않고, 공하지도 않고, 활기없는 것도 아닌 것으로 드러날 것이다. 시간과 공간의 한계 너머 진실로 오직 하나만 존재할 것이다. 창조는 앎을 도구로 하여 그 자신을 창조한다. 의식은 객체화된 세계 속의 물질로 화하는데, 인간 각자의 주관적인 세계에서 보자면 그 물질세계는 '경험'에 불과하다. 어떤 경험이라도 가장 최소 단위까지 쪼개보면, 당신이 아는 그 어떤 것이라도 양자장(quantum field)에서의 보이지 않는 작은 파동에 불과하기 때문이다. 마찬가지로 어떤 물질이라도 가장 최소 단위까지 쪼개보면, 역시 양자장에서 일으키는 작은 파동에 불과하다. 양쪽은 전혀 차이가 없다. 지고한 마술의 숨결을 빌리면, 인간의 뇌로서 바깥에서 일어나는 창조의 과정을 견디고 있을 필요가 없다. 그저 주의를 기울이고 의도를 지니기만 하면, 창조의 스위치를 딸깍 하고 켤 수 있다.

당신은 그 스위치를 켤 수 있다. 당신이 무엇을 하고 있는지 안다면 말이다. 오감의 피해자들(과학적으로 탐구하기 전의 사람들)과 자연법칙의 탐험자들(과학자와 철학자들)은 순수의식을 체험하고 있는 사람들[현자, 성자, 샤먼, 시다Siddha(자이나교에서 완전함을 성취한 사람을 일컫는 말-역자 주), 마법사]과 마찬가지로 창조적이다. 그러나 그들은 스스로가 스스로에게 한계를 지어놓고도 그것이 실상이라고 믿고 있다. 그리고 그들이 그렇게 믿기 때문에 그 한계는 실제 상황이 되어버린다. 영적 여행에서 얻는 영광은 그 자신이 지닌 모순과 같다. 당신이 스스로를 제한하는 데 자신의 힘을 쓰고 있음을 깨닫기만 한다면 완전한 힘을 얻을 수 있다. 당신은 잠재적인 죄수이자 간수며 감옥을 여는 영웅이지만, 원래 이 모든 것은 하나였기 때문이다.

우리는 직관적으로 그것을 알고 있다. 동화에서 희생자와 영웅은 마법적으로 연관되어 있다. 개구리는 자신이 왕자인 줄 알고 있으며, 그의 진면목을 회복하기 위해서 마법적인 접촉이 있기만 하면 된다는 것도 안다. 대부분의 동화에서 희생자는 위험에 처해 있으며, 외부에서 마법이 행해지지 않는다면 저주를 풀 수 없다. 개구리는 키스가 필요하다. 잠자는 공주는 가시로 만든 벽을 부수어줄 누군가가 필요하다. 신데렐라는 요술 지팡이를 든 대모代母가 필요하다. 동화는 우리 뇌의 가장 오래된 부분에 고여 있는 마술에 대한 믿음을 상징한다. 그것들 역시 우리가 이 마술의 주인은 아니라고 슬퍼한다.

이런 딜레마는 유일한 실체를 받아들이려는 모든 이들을 미혹해 왔다. 지혜를 얻고 내 주위의 모든 것들은 나의 뇌가 만든 산물일 뿐이라는 것을 깨닫는다 하더라도, 창조할 수 있는 조절 스위치를 찾는 것은 손에 잡힐 듯 잡히지 않는 어려운 일이다. 그러나 방법은 있다. 경험의 이면을 살펴보면 무슨 일이 일어나고 있는지 당사자가 알 수 있는 순간이 있다. 경험자가 경험하기를 멈추고 그 곳에 서 있을 수 있는 방법을 안다면, 바로 그 순간 온 세계가 변하는 지점에 있을 것이다. 그 곳에 도달하는 것은 '지금 여기'로 가는 길이다.

모든 경험은 네 가지 중의 한 가지로 다가온다. 느낌, 생각, 행동이나 단순한 존재의 느낌이다. 생각지도 못했던 그 순간, 경험자는 이 네 가지에 속하는 경우가 생길 수 있다. 그 일이 일어나면, 우리는 일상이라고 믿는 가짜 실체와 약간 다른 변화를 느낀다. 아래에 지난 몇 주 동안 나에게 일어났던 미묘한 변화를 적어놓은 메모가 있다.

느낌

- 몸이 가벼워짐
- 몸 속에서 뭔가가 흐르는 느낌
- 안도감을 느끼며, 모든 것이 좋다는 느낌
- 완벽한 평화의 느낌
- 쏜살같이 달리던 차가 미끄러져 서듯, 쉬러 가는 느낌
- 내가 편하고 부드러운 곳에 안착한 느낌
- 진짜 내가 아닌 내 역할을 하고 있으며, 보이는 내가, 내가 아닌 듯한 느낌
- 하늘이나 거울 너머에 무언가가 있는 느낌

생각

- 내가 하고 있는 것에 대한 생각보다 더 많은 것을 안다.

- 무엇이 진실인지 찾을 필요가 있다.
- 진정한 내가 누구인지 찾을 필요가 있다.
- 내 마음은 점점 불안하지 않게 된다. 내 마음은 쉬기를 원한다.
- 나의 내부의 목소리는 아주 조용하다.
- 나의 내부에서 일어나던 대화는 갑자기 멈췄다.

행위

- 나는 갑자기 내 행동이 내가 하는 것이 아닌 양 느낀다.
- 나는 나를 통해 행동하는 위대한 힘을 느낀다.
- 나의 행동은, 내가 누구이며 왜 여기에 존재하는지 상징하려는 듯이 보인다.
- 나는 완벽한 통합성에서 기인한 행위를 한다.
- 나는 통제하기를 멈췄고 그저 내가 하고 싶은 행위를 한다.
- 내가 발버둥 치기를 멈추자 실패하는 대신 오히려 일이 더 잘 되었다.
- 나의 행동은 내가 간신히 힐끗 볼 수 있는 그 계획의 일부다. 하지만 나는 그것이 확실히 존재한다는 것을 안다.

존재

- 나는 보살펴지고 있다는 것을 깨달았다.
- 나는 내 삶에서 반드시 이루어야 할 목적이 있다는 것을 깨달았다.
- 나는 우연히 일어나는 사건은 그저 우연이 아니라 미묘한 패턴이 있다는 것을 느낀다.
- 나는 내가 유일무이한 존재라는 것을 알았다.
- 나는 삶이 스스로를 유지하게 하는 능력이 있다는 것을 깨달았다.

- 나는 모든 것의 핵심에 들어 있는 것을 느낀다.
- 나는 삶이란 이루 말할 수 없이 가치가 있다는 것을 경이감과 함께 깨달았다.

이 목록은 아주 추상적으로 보일 것이다. 왜냐하면 이 모든 것은 앎에 대한 것이기 때문이다. 나는 우리와 분리되어 바깥 세상의 근간을 이루는 수천 개의 다른 생각, 느낌, 행위에 대한 느낌은 기록하지 않았다.

물론 나도 다른 사람들과 마찬가지로 다음 약속에 대해 생각하거나, 갑자기 뛰쳐나가거나, 교통 체증에 짜증을 내거나, 기분이 좋거나, 풀이 죽거나, 혼란스러워 하거나, 확신에 차거나, 집중하거나, 산란한 것은 같다. 그 모든 것은 마음의 가방에 담긴 내용물과도 같다. 사람들은 많은 물건들로 자신의 가방을 채운다. 그러나 앎은 가방이 아니고, 그 내부를 채우는 물건도 아니다.

앎은 그냥 그 자체다. 그것은 순수하고, 생생하고, 기민하고, 조용하고, 가능성으로 가득 찬 것이다. 때때로 당신은 그 순수함에 매우 가까운 상태를 체험한다. 그 상태는 내가 목록으로 만든 것들 중 하나거나, 그와 유사한 것이거나, 또는 눈에 보이지 않는 것이 아니라 일상적인 것일 수도 있다. 어떤 힌트는 만져지는 것이기도 하다. 그런 것들은 몸에서 절대 부인할 수 없는 감각을 일으킨다. 다른 것들은 말로 표현하기 힘든 미묘한 차원에서 일어나기도 한다. 예상치 못한 순간, 당신의 주의를 기울이게 만드는 어떤 것에 대한 전율 말이다. 만약 당신이 작은 하나의 힌트에라도 주의를 기울였다면, 당신은 생각, 감정, 행위의 범위를 넘어 당신을 이끌 실마리를 손에 쥐게 될 것이다. 만약 하나의 실체만이 유일하다면, 모든 실마리는 앎 그 자체가 있는, 창조의 법칙이 자유롭게 행해지는 곳으로 당신을 이끌 것이다.

당신이 믿을 만한 힌트를 가지고 시작한다면, 어떻게 에고의 억센 품에서 빠져나올 수 있을까? 에고는 세상에 대한 자신의 견해를 거의 맹렬하게 보호하려 할 것이다. 우리는 자신에게 뿌리 깊게 스며 있는 신념 체계와 맞지 않는 체험을 할 때 그것이 얼마나 덧없고 허망한지를 경험했다. 영국의 예술 사학자로 유명한 케네스 클락Kenneth Clark경은 그의 자서전에서 말했다. 그는 교회에서 불현듯 자신을 둘러싼 모든 존재가 자신을 가득 채우고 있다는 것을 직관적으로 명료하게 깨달았다. 그는 생각 너머 빛과 사랑과 신성함으로 가득 찬 지고한 실체가 존재한다는 것을 느꼈다.

그 순간이 그에게는 선택의 갈림길이었다. 그는 초월적인 실체를 좇을 수도, 예술로 돌아갈 수도 있었다. 그는 주저하지 않고 예술을 선택했다. 예술은, 지고한 실체가 결여되어 있다 하더라도, 클라크가 하는 방식의 세속적인 사랑이었다. 그는 아름다운 대상에서 무한성을 찾고 나서 보이지 않는 앎에서 무한성을 찾듯, 하나의 무한성을 찾고 나면 그 다음 대상을 찾아 나섰다. (갈림길의 이정표를 보여주는 재치 넘치는 만화가 있다. 한 방향의 표지판에는 '신'이라고 쓰여 있고, 다른 방향에는 '신에 대한 토론'이라고 쓰여 있었다. 클라크의 경우에 그 표지판은 '신'과 '신을 그린 그림'으로 바꿀 수 있겠다.)

많은 사람들이 똑같은 선택을 한다. 당신이 이미 알고 있는 물리적인 세계에서 벗어나려면, 이미 얻은 힌트를 키워 나가는 것이 좋을 것이다. 경험에서 얻은 실마리로 새로운 패턴을 만들어 나가야 한다. 왜냐하면 한 가닥의 경험은 우리를 움켜쥐고 있는 고락의 익숙한 드라마와 경쟁하기에는 너무나 미약하기 때문이다.

앞서 말한 목록을 생각해보라. 각각의 범주 사이의 경계는 희미하다. 예를 들어, 나는 편안하다는 감정과 나는 편안하다는 것을 아는 앎에는 아주 미묘한 차이만 있을 뿐이다. 지금부터 나는 마침내 그것을 깨달아버릴 때까지 마치 내가 편안한 것처럼 행동할 수도 있다. 한 점의 의심도 없이, 마치 내가 태어날 때부터 나는 온전한 존재라는 듯 말이다. 실제적인 관점에서, 이것은 새로운 패턴을 엮는 것을 의미한다. 만약 그 목록 중에서 다른 것을 가져오더라도, 나는 유사한 상호 연관성을 엮을 수 있다. 내가 생각, 감정, 행위와 존재를 끌어올 때, 경험자는 더욱 실체에 가까워진다. 나 자신이 그런 식의 바꿔치기를 배우면 나는 이 새로운 실체가, 나의 오래되고 낡은 그림을 대체할 정도로 힘이 있는지 테스트해볼 수 있다.

잠깐 멈추어 쉬면서 한번 해보자. 당신에게 해당되는 감각이든 생각이든 어떤 것이든 당신의 기억 중 하나를 골라 다른 세 가지 범주에 연결해보라. 당신이 "나는 내가 유일무이한 존재라는 것을 알았다."라는 것을 골랐다고 가정해보자. 유일무이함이 의미하는 것은, 당신과 정확하게 같은 사람은 이 세상에 아무도 없다는 뜻이다. 그런 사실을 깨닫는다면 어떤 느낌이 들까? 힘과 자부심을 느낄 수 있다. 또는 독특한 향기, 형태와 색깔을 지닌 꽃이 된 듯한 감각을 느낄 수도 있다. 군중들 사이에서 두드러져 보인다는 감정이나 자랑스럽다는 감정이 생길 수도 있다. 그러면 이런 생각을 하게 될 수도 있다. "나는 그 누구도 모방할 필요가 없다." 이 생각을 하는 것만으로도 당신은 다른 사람들이 당신에 대해 말하는 견해에서 자유로워지기 시작할 수 있다. 이것으로부터 당신이 누구인지 세상에 알리려는 완벽한 행동을 하기 위한 욕구가 생긴다. 그리하여 하나의 작은 감각으로부터 새로운 패턴이 출현한다. 당신은 앎을 확장하는 길을 찾았다.

만약 당신이 앎을 경험하는 눈깜짝할 순간을 추구하기만 해도, 그것은 순식간에 확대될 것이다. 실마리 한 가닥이 복잡다단한 융단으로 변할 것이다. 그러나 이 은유가 실체 그 자체를 어떻게 변화시킬지는 설명하지 못한다. 순수한 앎의 주인이 되려면, 어떻게 그 안에 거하는지 스스로 배워나가야 한다.

어떤 경험이 너무나 강력해서 사람들의 삶의 패턴을 완전히 바꾸어버릴 때, 우리는 그것을 약진(breakthrough)이나 현신(epiphany)이라고 한다. 통찰의 진정한 의미는 그것이 새롭다거나 흥분되는 식견이어서가 아니다. 당신은 길을 걷다가 낯선 사람을 지나칠 수 있다. 당신은 그 사람과 눈을 마주치고 알 수 없는 이유로 그와 연결된다. 그것은 성적인 것도, 로맨틱한 것도 아니며, 그 사람이 당신 인생에 뭔가 의미가 있을 가능성도 없다. 오히려 그 대신, 당신은 그 낯선 사람이 된다. 그와 당신의 경험이 하나로 녹아드는 현신을 경험하게 된다. 이것을 느낌으로 부르든, 생각으로 부르든 상관없다. 그것은 어쨌든 중요한 의미가 있는 돌연한 의식의 확장이다. 아주 잠깐이지만 당신은 스스로의 좁은 경계선을 빠져나왔고, 그것이 모든 차이를 만든다. 당신은 숨겨진 차원을 맛본 것이다. 에고의 벽 속에 당신을 가두는 습관과 대비해, 이 새로운 차원에서 당신은 더 자유롭고 더 밝아진다. 당신의 몸이 더 이상 당신을 가두지 못하리라는 것을 지각한다.

또다른 예가 있다. 놀이에 완전히 빠져 태평스럽게 놀고 있는 어린아이를 볼 때, 마음이 끌리기 십상이다. 그 순간, 아이의 순진무구함이 만져질 듯하지 않은가? 당신은 스스로의 내부에서 아이가 놀 때와 같은 기쁨을 느끼거나 느끼고 싶지 않은가? 아이의 작은 몸은 비누 방울처럼 약해보이지만, 거대하고 영원하며 절대 좌절하지 않을 것 같은 삶으로 피어나고 있는 것 같지 않은가? 〈시바 수트라Shiva Sutras〉는 인도의 오래된 경전인데, 여기에서도 똑같은 현신의 장면들을 볼 수 있다. 각각의 경우는 피경험자가 방해받지 않고, 불현듯 자유의 순간을 직접적으로 대면한다. 어떤 사람이 아름다운 여인을 보았는데 불현듯 아름다움 그 자체를 본다든지, 누군가가 하늘을 보았는데 갑자기 그 너머의 무한성을 자각한다든지 하는 일들이다.

그러나 당신이 아무리 사랑하고 숭배하는 그 누군가라 할지라도, 그 누구도 당신의 개인적인 현신이 지닌 진정한 중요성을 알아보지 못할 것이다. 그 신비는 철저히 당신만의 것이며, 당신과 함께 있는 것이며, 당신 안에 있는 것이다. 〈시바 수트라〉라는 제목에서 '시바'는 '신'을, '수트라'는 '실'을 의미한다. 그래서 아주 의도적으로 독자들은 영원한 근원으로 들어가는 작은 실마리를 따라가게 된다.

〈시바 수트라〉와 맥락은 같지만 보다 넓은 길도 있는데, 현신에 대해 열려 있는 길을 따르는 것이다. 베다의 전통에 따르면, 사람들은 감정, 생각, 행동과 존재로부터 일어나는 네 가지 길을 선택할 수 있다. 각각의 길은 '요가'라고 부르며, 산스크리트어로 '합일(union)'을 뜻한다. 하나의 실체로 녹아들어가 하나되는 것이 궁극의 목표이기 때문이다. 수세기에 걸쳐 추구하는 사람의 기질에 따라 네 가지의 길이 정의되었고, 이들 중 몇 개를 따를 수도, 모두 한꺼번에 따를 수도 있다.

- 박티 요가Bhakti Yoga는 신을 사랑함으로써 합일에 이른다.
- 카르마 요가Karma Yoga는 사욕 없는 행위를 통해 합일에 이른다.
- 갸나 요가Gyana Yoga는 지식을 통해 합일에 이른다.

• 라자 요가Raj Yoga는 명상과 금욕을 통해 합일에 이른다.

네 번째 요가인 라자 요가는 문자 그대로 풀이하면 '합일에 이르는 최상의 길'이다. 명상을 통해 나머지 다른 세 가지 길을 초월할 수 있다는 믿음 때문에 라자 요가는 최상의 것인 동시에 다른 모든 요가를 포함하기도 한다. 라자 요가의 길을 따름으로써 실제로 네 가지 요가의 길을 동시에 따르는 것이기도 하다. 당신은 명상을 통해 당신 존재의 정수에 직접 다가갈 수 있다. 그 정수란 다른 나머지 것들이 추구하는 신의 사랑이며, 사욕 없는 행위이며, 지식이다.

네 가지 요가를 하는 게 꼭 인도 사람처럼 되는 것이라고 생각할 필요는 없다. 이런 요가들은 합일에 이르게 하는 근원적인 씨앗이다. 모든 사람에게는 감정이 있기에, 모든 사람이 감정의 길을 가고 있는 것이라고 할 수 있다. 생각이나, 행위, 존재의 경우도 마찬가지다. 그래서 요가에서는 당신이 어디에서 시작했든지 누구나 합일을 이룰 수 있다고 본다. 진실로, 합일은 일상의 모든 순간에 비밀스럽게 현존하고 있다. 하나의 실체 밖에서는 아무것도 이루어지는 일이 없다. 모든 것이 유일한 실체며, 또 유일한 실체 안에서 모든 것이 이루어진다. 이 우주는 어떤 것도 버리거나 우연히 이루어지는 일이 없게 설계되어 있다.

각각의 길이 어떻게 구현되는지 살펴보자.

감정 : 언제든 당신이 사랑을 경험하고 표현한다면, 감정은 길을 가리켜줄 것이다. 이 길에 오르면, 당신의 감정은 모든 것을 감싸안을 수 있도록 확대된다. 자신과 가족에 대한 사랑은 인류에 대한 것으로 승화된다. 감정이 가장 지고한 표현에 이르면, 사랑의 힘이 너무 강해져서 신

을 보여달라고 청하게 될 것이다. 그 갈망하는 마음은 창조의 마음과 합일되어 궁극적인 평화를 찾아내고야 말 것이다.

생각 : 언제든 당신이 정처없고 끊임없이 생각하는 것만 멈춘다면, 생각은 길을 가리켜줄 것이다. 이 길에 오르면, 당신은 맑음과 고요함을 찾을 수 있도록 내면의 대화들을 침묵시킬 것이다. 당신의 마음은 맑아져서 지금껏 그래왔던 것처럼 마구 마음을 몰지 않아도 된다는 것을 깨달을 것이다. 생각은 사람들이 지혜라고 부르는 앎으로 바뀔 것이다. 보다 명료해진 지혜로움으로 어떤 문제라도 해결책을 내놓을 수 있다. 당신의 앎이 확대되면, 개인적인 질문은 사그라진다. 당신의 마음이 진정으로 원하는 것은 존재의 신비가 될 것이다. 그 질문은 오직 창조자만이 대답할 수 있는 영원함의 문을 두드릴 것이다. 당신의 마음이 신의 마음과 합일될 때 이 길의 완전한 성취는 이루어질 것이다.

행위 : 언제든 당신이 포기한다면 행위는 길을 가리켜줄 것이다. 이 길에 오르면 에고가 행위를 좌지우지하는 것이 느슨해질 것이다. 당신의 행위는 더 이상 사적인 욕심이나 바람에 좌우되지 않는다. 처음에 당신은 자신을 위해 행동할 수밖에 없다. 왜냐하면 아무리 자신의 욕심 없이 행한다 해도 자신의 만족을 채울 것이기 때문이다. 그러나 그런 행위를 하는 동안, 그 노력 때문에 에고에서 벗어날 수 있게 된다. 행위는 당신보다 큰 힘으로 인해 목적을 얻는다. 이런 보편적인 힘을 산스크리트어로 '다르마Dharma'라고 한다. 행위의 길은 다음의 한 문장으로 요약할 수 있다. "카르마Karma는 다르마에 굴복하고야 만다." 풀어서 말하자면, 당신 자신에 대한 개인적인 집착은 신의 행위를 함으로써 무집

착으로 바뀐다는 것이다. 당신이 완전하게 포기하여 당신이 하는 모든 행위에 신이 거할 때 이 길의 완전한 성취는 이루어질 것이다.

존재 : 언제든 당신이 에고 너머에 있는 자신을 갈고 닦는다면 존재는 길을 가리켜줄 것이다. 바깥에 있는 '나'라고 느끼는 것은, 진정한 실체가 아니라 집착이라는 느낌을 가진다. '나'라는 것은 내가 태어났을 때부터 생겼던 모든 것의 총합이다. 이 얄팍한 정체성은 훨씬 위대한 '나'를 가리는 가면을 쓰고 있다. 당신의 진정한 정체성은 깨끗하고 순수한 존재의 느낌이며, 우리는 그것을 "나는 존재한다"라고 표현한다. 모든 피조물은 똑같이 "나는 존재한다"를 공유한다. 당신의 존재가 신조차도 포용할 정도로 포용력이 크다면 존재는 충만해질 것이다. 합일이란 "내가 존재한다"는 것만 빼놓고는 아무것도 없는 상태다.

요가란 수도자의 길이라서 가족과 재산을 포기해야만 되는 삶의 방식처럼 보인다. 동냥통을 들고 여기저기를 떠돌아다니는 요기들은 인도 어느 곳에서나 볼 수 있는데, 그들이 그런 삶을 상징한다. 그러나 겉으로 보이는 것을 포기하는 것이 중요한 것은 아니다. 물질적인 재산이 아무리 많든 적든 상관없이 내면에서 포기해야 한다. 중요한 결정은 내면에서 이루어진다. 당신의 재산을 포기하는 게 아니라 당신의 오래된 편견을 포기하라는 말이다.

당신이 가슴 속에서 세상의 폭력과 분열에 대해 염증이 커져만 간다면 당장 시작하라. 눈에 비치는 것만을 보지 말고, 그 근원으로 눈을 돌려라. 우주는 거울과 마찬가지로 있는 그대로를 비춘다. 우주는 그 앞에 무엇이 있든지, 심판이나 왜곡 없이 그대로 비추어준다. 당신이 그 사실을 믿을 수 있다면, 이미 포기의 중대한 한 발을 디딘 것이다. 바깥 세상이 당신에게 영향을 미친다는 믿음을 버린 것이다. 다른 모든 합일의 길과 마찬가지로, 이 진리를 받아들이는 것만으로도 당신에게 이 진리는 실현될 것이다.

✾ 연습 1 자신의 현실을 바꾸어 세 번째 비밀에 적응하기

근원으로 돌아가 당신이 나아갈 바를 찾는 것은 인생이 스스로 원하는 바대로 흘러가도록 놔두는 것과 같다. 모든 경험에는 조잡한 것과 심오한 차원이 있으며, 심오한 차원은 조잡한 것보다 더욱 예민하며, 깨어 있고, 의미 있다. 연습 삼아 당신이 알고 있는 것 중에서 심오한 차원을 언제 만나는지 관찰해보라. 이런 것들이 조잡한 차원과 비교해서 어떤지 살펴보라. 예를 들면, 심오한 감정이 조잡한 감정과 어떻게 다른지 유심히 비교해보라.

- 누군가를 사랑하는 것은 화를 내거나 닦달하는 것보다 심오하다.
- 누군가를 수용하는 것은 비난하는 것보다 심오하다.
- 평화를 고무하는 것은 화와 폭력을 고무하는 것보다 심오하다.
- 타인을 편견 없이 보는 것은 비난하는 것보다 심오하다.

스스로의 느낌에 맡겨버리면, 각각의 경험 중 더 심오한 쪽이 마음을 편하게 할 것이고, 스트레스를 줄이며, 마침내는 마음이 정처없는 불안에 떠는 것을 덜어주어 감정적 수준에서 억압을 덜 받게 될 것이다. 심오한 경험은 조용하고 조화롭다. 당신은 안정감을 느낀다. 다른 누구와도 갈등 상태에 놓이지 않는다. 도가 지나칠 일도 없고 그럴 필요도 없다.

일단 당신이 그것이 뭔지 확실히 알았다면, 당신의 삶에서 심오한 측면을 소중히 여기라. 이런 차원의 앎을 소중히 하라. 당신이 소중히 할 때만 그것은 자란다. 당신이 조잡한 측면을 소중히 여긴다면, 세상은 당신의 인식을 당신에게 반영해서 되돌려줄 것이다. 그것은 언제나 분열시키고, 불안하게 하고, 스트레스를 쌓이게 하고, 위협한다. 어떤 의식 차원에 이를지는 당신의 선택이다. 이루 셀 수 없는 무한한 차원에서 일어나는 다양한 창조 중에서, 모든 지각은 세상에 그 스스로를 반영하게 만드는 근원이기 때문이다.

☀연습 2 명상

당신을 앎의 고요한 차원으로 이끄는 어떤 경험이든지 명상이라고 부를 수 있다. 당신은 일상적인 삶 속에서 우연히 마음이 깊은 고요함에 빠져드는 사건을 겪은 적이 있을 것이다. 아직 그런 일이 없다면 여러 영적인 전통에서 볼 수 있는 정해진 명상법 중 하나를 취하여 직접 해볼 수도 있다. 가장 간단한 것은 호흡 명상인데, 그 방법은 다음과 같다.

전화기나 노크 소리로 방해받아 정신이 흩어지지 않도록 하고 은은한 조명을 켜둔 방에 조용히 눈을 감고 앉아라.

몇 분 동안 눈을 감아라. 그러면 당신의 호흡을 인지할 수 있을 것이다. 부드럽고 자연스럽게 숨을 들이마시며 호흡에 마음을 집중하라. 숨을 내쉴 때도 똑같이 하라. 어떤 리듬에 따라 호흡을 하려고 들지 말며,

너무 깊게도 너무 얕게도 하지 말고 그냥 내버려두라.

호흡에 집중하면서 몸과 마음을 연결시키라. 호흡에 담긴 에너지와 생각을 심오하게 조절하라. 어떤 이들은 내쉴 때 한 음절, 들이쉴 때 한 음절, 소리를 내면서 호흡하는 것을 더 편하게 느끼기도 한다. '아-훔 Ah-Hum(인도의 요가에서 사용하는 만트라 중 하나–역자 주)'은 이런 경우에 유용하게 쓰이는 전통적인 소리다. [동양의 가르침을 담은 경전에 적혀 있는 종자 만트라(Seed mantra, 창조의 종자 소리를 담은 만트라로 우주 창조의 씨앗이라고 불린다.)나 주문을 외울 수도 있다.]

이 명상을 10~20분 하루 두 번씩 행하면 몸이 이완되는 것을 느낀다. 대부분의 사람들은 극심한 피로와 스트레스에 절어 있기 때문에, 이 명상을 하다가 곯아떨어질 수도 있다. 그렇더라도 걱정하지 마라. 마음이 고요하게 가라앉는 동안 어떤 감각이나 생각이 생기더라도 걱정하지 마라. 스트레스를 줄이려는 몸의 자연스러운 흐름에 스스로를 맡기라. 건강한 사람이라면 누구에게나 부작용이나 위험이 없는 순한 명상법이기 때문이다. (어딘가에 통증이 있거나 반복적으로 불편함을 느낀다면, 지금까지 진단되지 않던 숨어 있던 병일 가능성이 있다. 그런 경우 통증이 지속될 수 있으며, 의사에게 문의해보는 것이 좋다.)

계속하다 보면 이완의 효과가 지속되는 동시에 스스로를 더욱 더 자각할 수 있게 될 것이다. 당신은 불현듯 통찰이나 영감을 얻을 수도 있다. 집중력이 점점 강해지기 시작하면서 에너지가 갑자기 분출된다든지, 처음 겪는 현상을 겪을 수도 있다. 이런 현상들은 사람에 따라 모두 다르지만, 어떤 것에든 마음을 열어두길 바란다. 그러나 명상의 총체적인 목적은 모든 이들에게 같다. 당신은 앎 그 자체, 가장 순수함에 합일되는 경험을 연습하고 있다.

당신이 찾는 것은
이미 당신에게 있다

What you seek, you already are

뉴델리에서 의대를 다녔던 스물한 살 때를 회상해보면, 당시에는 두 가지 부류의 친구들이 있었다. 하나는 물질주의자였는데, 한낮이 돼서야 일어나서는 비틀즈의 음악에 맞춰 코카콜라를 마시며 밤새 춤추고 놀았다. 그 친구들은 담배와 여자가 주는 즐거움을 알았고, 심지어는 수입 스카치 위스키보다 싼 밀주도 즐겼을 것이다. 다른 부류는 영적인 친구들이었다. 그들은 물질주의자들이 숙취에 취해 정신없이 헤매고 있을 새벽에 일어나 사원에 갔다. 또 수행자들이 하는 것처럼 발우 하나로 밥을 먹고 물을 마시며 차를 즐겼다.

그 당시 물질주의자들은 죄다 인도인들이고, 영적인 사람들은 서양인이라는 건 전혀 낯설지 않았다. 인도인들은 주저 없이 숙소를 나와 코카콜라와 담배, 위스키를 즐겼다. 서양인들은 언제나, 공중부양을 하거나 만지기만 하면 문둥병이 낫는 성인이 어디 있는지 묻곤 했다. 우리 학급의 내 주위에는 언제나 물질자의자들이 있었는데, 우연히 나는 그들과 함께 시간을 보내게 됐다. 인도인인 그들은 절대 스스로를 탐구자라고 생각하지 않았다.

오늘날 나는 사람을 두 종류로 나누지 않으며, 오히려 내 주위의 모두가 탐구자처럼 보인다. 내 생각에, 탐구한다는 것은 뭔가를 좇는다는 말과 같다. 나의 인도 급우가 선택한 탐구는 더 쉬웠다. 돈을 벌고 물질적인 것을 구하는 일은 언제나 쉬워 보였다. 그러나 영적인 것을 추구한 서양인들은 그들이 찾던 성인을 좀처럼 만날 수가 없었다. 나는 그런 성인이 실제로 존재한다는 게 얼마나 드문 일일까를 생각하곤 했다. 지금에 와서 나는 지고한 삶에 대한 그들의 갈증을 채워준 것은 뭔가를 탐구하는 행위 그 자체이며, 그들은 그 행위에 매여 있었다는 것을 깨달았다.

이 이야기에 영적인 신비를 적용하면 다음과 같이 말할 수 있다. 당신이 찾는 것은 이미 당신에게 있다. 당신의 앎의 근원은 합일됨 속에 있다. 당신 외부에서 무엇인가를 찾지 말고, 근원으로 돌아가 당신이 누구인지 깨달으라.

탐구는 영적인 길에 적용되는 단어이며, 많은 사람들이 스스로 탐구자라고 부르기를 자랑스러워 한다. 그런 사람들은 한때 돈, 섹스, 알콜, 일에 중독됐던 사람일 가능성이 많다. 그들은 중독의 다른 대상으로 이제는 신, 영혼이나 지고한 존재를 찾고 있는 것이다. 추구하는 것이야 괜찮지만, 문제는 그들이 잘못된 선입관을 가지고 시작한다는 것이다. 나는 물질주의는 썩었고 영성주의는 순수하다는 선입관을 말하는 것이 아니다. 물질주의는 소모적일 수도 있지만 정말 중요한 것은 그것이 아니다.

당신이 바깥에서 뭔가를 찾으려고 한다면 탐구는 실패하게 마련이다. 그 대상이 신이든 돈이든 차이가 없다. 생산적인 탐구를 하려면 무엇인가 얻어야 할 대상이 있다는 선입관을 버려야만 한다. 이 말은, 당신이 어떤 이상적인 자아에 이르도록 성장한다든지, 당신이 출발한 곳보다 더 나은 곳에 도달하겠다는 소망을 버리는 행동을 의미한다. 당신은 자신에서부터만 출발할 수 있으며, 그 안에 모든 답이 들어 있다. 그리하여 당신은 A에서 B로 가야만 한다는 생각에서 벗어날 수 있다. 외부의 어느 곳에 목표가 없다면 그런 직선적인 길도 존재하지 않는다. 당신은 높고 낮음, 선과 악, 성聖과 속俗 같은 고정된 편견 또한 폐기처분해야 한다. 유일한 실체는 모든 것을 포함하고 있으며, 그것들은 모든 혼재된 경험으로 드러나곤 한다. 그러므로 실체는 유일한 것이며, 좋고 나쁜 것으로 분리하는 것은 개체의 입장에서 본 관점이다.

어려운 점이 여기에 있다. 전체성의 입장에서 보면 개체의 관점이나 전체의 관점 또한 없다. 하나의 실체만 존재한다면 '분리'는 존재하지 않기 때문이다. 하나의 실체만 존재한다면 주체와 대상이 따로 없다. 그리고 우리가 추구하는 것은, 어떤 경험이든 자신이 현존한다는 것을 경험하는 일이다.

선善의 모델이 되고자 동분서주하는 이들을 보며 누군가가 그럴듯한 용어를 만들어냈는데, 그것이 바로 '영적 물질주의'다. 물질적인 세계에서 작용하는 가치를 정신적인 세계로 옮긴 것을 말한다.

영적 물질주의

🕎 **탐구자가 빠질 수 있는 함정**

진정한 탐구자가 되려면 아래에서 설명하는 함정들을 피해야만 한다.

당신이 어디로 가고 있는지 알려고 들지 마라 : 영적인 성장은 무의식적이고 자발적으로 일어난다. 큰 사건은 예상치 못한 순간에 다가오며, 작은 것들도 그렇다. 말 한 마디가 당신의 가슴을 열 수도 있으며, 한 번의 응시로 당신이 누군지 알 수도 있다. 각성(awakening)은 계획에 따라 일어나는 게 아니다. 그것은 완성된 그림이 무엇인지 모르는 상태에서 하는 모자이크 게임과 같다. 불교에는 이런 속담도 있다. "부처를 만나면 부처를 죽이고, 조사를 만나면 조사를 죽여라." 이 말은, 당신이 이미 문자로 쓰인 영적인 가르침을 따르고 있다면, 과감히 그것을 버리라는 뜻이다. 당신이 깨닫기 전에 상상할 수 있는 것은 모두 상상에 지나지 않으며, 그 상상은 당신이 다다른 곳에서 찾은 것과 결코 같을 리가 없다.

그곳에 이르기 위해 투쟁하지 마라 : 당신이 길의 끝자락에 이르러, 황금 단지나 천국으로 가는 열쇠 같은 것을 받을 수 있다고 치면, 모든 이들은 이 보상을 위해 최대한 노력할 것이다. 그렇다면 어떤 투쟁이든 가치가 있을 것이다. 하지만 두 살짜리 어린아이가 세 살이 되는 데 투쟁이 필요한가? 그렇지 않다. 아이의 발달은 아이 안에서부터 드러나는 것이다. 마찬가지로, 당신이 상을 받는 게 아니라, 당신이 변해 다른 사람이 되는 것이다. 영적인 드러냄에서도 원리는 같아서 아이가 자연히 커나가는 것처럼 일어날 뿐이다. 물론 생리학적인 측면이 아니라 앎의 측면에서다.

다른 누군가의 지도를 사용하지 마라 : 한때 나는 내 남은 생에서 깨달음에 이르는 길은 특정한 만트라를 외며 명상을 하는 것이라고 믿었다. 나는 인도의 가장 위대한 영적 전통에 속한 덕높은 현자의 수천 년 전 가르침을 지도地圖로 삼아 따랐다. 그러나 언제나 주의해야 한다. 당신이 누군가 다른 이의 지도를 따른다면, 생각하는 방식이 특정하게 고정되어버릴 수도 있다. 아무리 영적인 길일지라도 고정된 방식은 자유로운 것과는 거리가 멀다. 당신 내면에서 진전을 가져다주는 것에 진실하면서도 항상 변화에 열려 있으려면, 다양한 지침에서 이삭을 줍듯 가르침을 긁어모아야 한다.

자기 개선 프로그램으로 만들지 마라 : 자기 개선은 현실적인 것이다. 곤경에 처한 사람들은 거기서 빠져나오는 법을 배울 수 있다. 우울함, 외로움과 불안은 개선할 수 있는 확실한 경험들이다. 그러나 당신이 우울함이나 불안함을 떨치고 싶어서, 또는 자존심을 세우거나 외로움을 덜고자 신과의 합일이나 깨달음을 얻으려 한다면, 당신은 끝내 원하는 바를 얻지 못할 것이다.

깨달음의 차원을 이해하는 건 누구나 쉽게 할 수 있는 평범한 것이 아니다. 어떤 사람들은 그들의 앎의 폭이 확대됨에 따라 엄청난 자기 개선 효과를 느낀다. 동시에 그 곳에 도달하는 동안 자아는 수많은 도전과 장애물을 마주쳐야만 한다는 느낌을 받는다. 당신이 약하거나 무너지기 쉬운 사람이라면, 당신 내면의 그늘진 측면에서 나오는 에너지와 마주칠 때 더욱 약해지거나 무너지기 쉽다. 앎의 폭이 확대되려면 많은 수고와 대가를 치러야 하며 스스로의 한계를 넘어야 한다. 그 과정에서 번민하고 고통스러워 하는 사람은 아주 견고하게 스스로의 한계를 정해두고 있기 때문에 영적인 진전이 매우 느리다. 의식의 확장을 위해서는 내면에서 더욱 심원한 갈등을 느낄 것이고, 그 길을 가는 동안 큰 장애물이 앞을 가로막을 것이다. 문제 지점에서 도움을 요청하는 것이 현명하다.

스스로를 시간표로 구속하지 마라 : 나는 스스로의 목표에 빨리 도달하지 못했다는 이유로 영성을 포기한 수많은 사람들을 만났다. "공부하느라 10년을 바쳤는데 뭘 더 어떻게 할까요? 인생은 기니까 언젠가는 되겠죠." 그러나 그보다 더 많은 사람들이 작심하고 1년 동안 자신을 바치거나 한 달 동안 공부를 한다. 하지만 곧 벼락치기로 풀이 꺾였다가 만족스럽지 못한 결과에 낙담하여 포기하고 만다. 최종 한계선이 없이는 동기를 잃지 않고 이 일을 밀고 나가기가 어렵지만, 낙담하지 않는 가장 좋은 방법은 최종 한계선을 정해놓지 않는 것이다.

그렇다고 해서 동기만 있으면 깨달음에 이를 수 있는 것은 아니다. 매일 명상하고, 요가 수업을 듣고, 영적인 글을 읽는 등의 규율을 정해 따를 수도 있다. 그런 식으로 영적인 훈련을 습관화하려면 먼저 당신을 던져버리고 헌신하지 않으면 안 된다. 언제나 비전을 상기하고 스스로를 채찍질하지 않으면 언젠가는 나가떨어질 것이다. 스스로를 시간표로 구속하는 대신, 영적으로 성장할 수 있도록 스스로를 도우라. 개인적인 스승을 모시거나, 토론 그룹에 나가거나, 그 길을 함께 갈 수 있는 사람을 만나거나, 정기적으로 명상 여행을 떠나거나, 매일 일기를 쓰는 편이 나을 것이다. 그편이 낙담하는 확률을 훨씬 줄일 것이다.

기적을 기다리지 마라 : 당신이 기적을 어떻게 정의하든 상관없다. 완전한 사랑이 갑자기 발현된다거나, 삶을 위협하던 질병이 치유되거나, 영적 지도자가 성유聖油를 발라주는 등의 권능을 내리거나, 영원히 지속되는 지복과 같은 것들 중 어떤 것이든 말이다. 기적이란 '신'에게 모든 일을 시키는 것이다. 초자연적인 세계가 어느 날 갑자기 당신을 주목할 거라고 기대한다면, 이 세계로부터 초자연적인 세계를 분리하고 있는 것이다. 그러나 하나의 실체밖에 없기 때문에, 당신은 분리되고 분열된 것의 경계를 허물어야만 한다. 기적을 기다리는 일은 그 경계선을 지속시킨다. 당신이 기적을 바란다면 신에게서 영영 멀어질 뿐이다.

이런 유형들의 영적 물질주의에 숨어 있는 함정을 피할 수 있다면, 불가능한 목표를 좇도록 유혹당할 일이 훨씬 줄어들 것이다. 우리 내부에서 뭔가를 찾기를 거부하고 특정한 이상적인 신을 받아들이도록 강요하는 믿음을 가진다면, 역시 실현 불가능한 탐구는 시작된다. 우리는 인간의 부족한 점에 대해 실망하고, 화내고, 복수하고, 역겨워하는 신을 쉽게 상상할 수 있다. 그러나 역사상 가장 영적인 인물들은 수용하고 용서했다. 그들 또한 인간이기에 완전히 선하기만 한 건 아니었지만 그들은 속단을 내리는 법이 없었다.

가장 높은 차원의 용서란, 모든 피조물에게는 실현 가능한 모든 속성이 다 있어서 자신을 표현할 수 있다는 것을 받아들이는 것이다. 사람들에게는 한 번의 삶만 주어지며, 그 삶은 우리의 선택으로 만들어진다는 것을 받아들일 필요가 있다. 모든 피조물의 속성은 혼란을 품고 있기에, 그 혼란을 떠나서 뭔가를 탐구한다는 것은 있을 수 없다. 유일하게 맑고 순수한 것이 있다면 그것은 당신의 자각뿐이다.

선과 악, 성과 속, 우리와 그들을 나누어 싸우는 것은 훨씬 쉽다. 그러나 앎이 확대됨에 따라 이런 반대의 성질들이 충돌하더라도 침착해지며, 지극히 편안한 세상 안에 있다는 느낌이 생긴다. 자각은 충돌을 초월하는 대안을 제시하기 때문이다. 에고는 당신을 대립의 세계에 던져넣어 엄청난 폐를 끼쳤다. 대립은 언제나 갈등을 초래한다는 것이 상식인데, 그 투쟁의 가운데에서 어떻게 편안할 수 있겠는가?

지난 밤, 나는 꿈을 꾸었다. 여느 꿈에서 보던 것과 같은 장면들이 오고 갔지만 그게 뭐였는지는 기억나지 않는다. 그러다가 갑자기 나는 꿈속에서 누군가가 숨 쉬는 소리를 들었다. 몇 초가 지나지 않아 나는 옆에서 자던 아내의 소리라는 걸 알았다. 나는 아내의 소리를 듣고 있는 동시에 내가 꿈을 꾸고 있다는 것도 알았다. 그 짧은 시간 동안 양쪽 세계에 모두 존재하는 경험을 한 후 나는 일어났다.

침대에 앉아서, 나는 꿈이 현실적이지 않다는 것은 더 이상 중요하지 않다는 기이한 느낌을 가지게 되었다. 깨어 있는 것이 꿈보다 더 현실적인 이유는 단지 우리가 그렇게 생각하기로 동의했기 때문이다. 실제로 내가 꿈꾸든, 꿈꾸지 않든 아내의 숨 쉬는 소리는 내 머릿속에 있었다.

그러면 나는 어떻게 전자와 후자를 구별할 수 있었을까? 다른 누군가가 지켜보고 있었던 것이다. 깨거나, 자거나, 꿈꾸는 상태에 빠져들지 않은 관찰자가 모든 것을 인식하고 있었다. 대부분의 시간 동안 나는 깨어 있거나, 자거나, 꿈꾸는 상태에 빠져 있어 다른 관점이 없었던 것이다. 그 조용한 관찰자는 나의 가장 단순한 버전(version)인 '그저 존재함'이다.

삶의 모든 혼란을 다 걷어낸다 하더라도, 여전히 '당신의 존재'는 남는다. 당신의 가장 단순한 버전은 생각하거나 꿈꿀 필요가 없다. 쉬고 있다고 느끼기 위해 잠잘 필요도 없다. 이 버전의 당신은 언제나 편안한 상태에 있기에, 그것을 찾는 일은 진정한 기쁨이다. 그것은 대립물들이 싸움으로써 빚어지는 혼란을 초월하여 존재한다. 사람들이 탐구한다고 말할 때, 스스로의 내부에서 조용하고 편안한 방식으로 부름에 응하는 것이 바로 가장 단순한 버전의 '나'인 것이다. 탐구는 마침내 당신 자신을 찾는 것일 따름이며 다른 무엇도 아니다.

당신 자신을 되찾으려면 가능한 한 주의력을 집중해야만 한다. 그 중심에 실체는 순수한 존재로 거한다. 그곳에서 당신 자신을 만나면, 당신은 현존하는 무엇이든 창조할 수 있을 것이다. "나는 존재한다"는 것은 세계를 만드는 데 필요한 모든 것이다. 비록 그 자신은 고요한 목격자 이외에 아무 구성 물질도 가지지 않았지만 말이다.

당신은 이미 물리적인 수준에서 장미 꽃잎이 부스러져 허공의 에너지 차원으로 진동하는 것을 관찰하는 연습을 했다. 그 연습으로 당신의 뇌도 똑같은 방식으로 이해될 수 있다는 것을 알 수 있다. 그렇다면 당신이 장미를 보고 있다면, 무無가 무無를 보고 있는 것인가?

그럴 듯해 보인다. 그러나 실제 현상은 더욱 놀랍다. 당신은 당신 자신을 보고 있는 것이다. 당신이 자신이라고 여기는 앎의 한 부분이 장미라는 형태를 갖춘 그것을 응시하고 있는 것이다. 대상이나 관찰자 모두에게는 견고한 실체가 없다. 당신의 머리 속에는 출렁이는 물, 염분, 당분과 칼륨, 나트륨 같은 화학물질이 들어 있을 뿐, 사람이 있는 것은 아니다. 뇌의 소용돌이는 언제나 흘러가고 있으며, 마치 산에서 흘러오는 시냇물처럼 모든 경험들도 그 흐름과 소용돌이를 따라 휩쓸려간다. (하늘의 구름을 바라보면 토끼나 나비 등 갖가지 형상들을 관찰할 수 있다. 그러나 이 구름의 모양들은 실제로는 수증기 분자와 공기 분자의 응집력과 결합력으로 만들어지는 현상에 불과하다. 그 구름에 '토끼구름', '나비구름'과 같은 개념을 만들지만 이 모델은 하위 개념인 공기 분자가 있어야 존재한다. 우리가 상식적인 개념으로 생각하는 기쁨, 슬픔, 사랑 등의 감정들도 신경 세포가 만들어내지만 사실상 그 개념 또한 경계가 분명하지 않다. 그저 뇌에는 소용돌이가 생겼다가 사라지는 것뿐이다.―역자 주)

그러면 뇌가 아니라면 도대체 어디에 그 조용한 관찰자가 있단 말인가? 신경학자들은 모든 종류의 마음 상태에 따른 뇌의 활동 위치를 찾으려고 했다. 우울, 의기양양, 창조적인 활동, 환각, 건망증, 중풍, 성적 갈망 등 어떤 것을 경험하더라도, 뇌에서는 아주 넓은 영역에 걸쳐 소용돌이가 생겼다가 사라지곤 했다. 이런 경험들을 할 때, 인간의 뇌에는 활발히 활동하는 특정 장소나 패턴이 없었다. 관찰자가 이곳에 있다고 과학이 점찍을 만한 어떤 위치도 없었다.

이는 우리를 흥분시킬 수 있는 놀랄 만한 근거다. 당신의 머리 속에 진짜 당신이 없다면, 당신은 앎 그 자체와 같이 자유로울 수 있다. 이 자유는 한계가 없다. 당신은 무엇이든 창조할 수 있다. 당신은 창조물의 모든 원자 안에 거하고 있기 때문이다. 당신의 앎이 어디로 가고 싶어하든 물질은 따라간다. 당신이 처음이자 마지막이요, 우주는 그 다음이다.

여기에서 혹자들은 불평할 수도 있다. 실제로 '자신이 신보다 위대하다' 는 가치를 맹종하는 사람들은, 자연의 질서에 순응하기보다는 오만하게도 삶이란 자신이 원하는 대로 되는 것이라고 규정짓고 싶어 한다. 이런 주장에도 진실이 없는 것은 아니지만, 맥락에 따라 수정되어야 한다. 몇 달 동안 엉금엉금 기기만 하다가 마침내 걷기라는 새로운 종류의 이동 방법을 찾아낸 어린아이를 상상해보라. 아장아장 걷다가 자기의 다리를 보게 된 아이의 얼굴은 불안함과 단호함, 불안함과 기쁨의 조합을 보여준다. "내가 이걸 할 수 있을까?" "도저히 안 되면 하던 대로 다시 무릎을 꿇고 기어야 할까?"

그 아기의 표정은 영적인 갈림길에 선 사람의 혼란한 경험과 같다. 양쪽 모두, 모든 것은 새로운 방향으로 진행 중이다. 뇌는 몸에 자극을 주고, 몸은 뇌에 새로운 정보를 전해준다. 무無로부터 예상치 못한 행동이 발현되기 시작한다. 모든 것이 혼란해서 두려울 수도 있지만, 우리는 알 수 없는 흥분에 앞으로 나아간다. "나는 어디로 가는지 모르지만, 그곳에 가야만 한다."

펄펄 끓는 창조의 가마솥 속에서 모든 경험들이 발생하기 시작한다.

마음, 감정, 인식, 행동, 그리고 외부의 사건들이 빚는 불특정한 조화로 삶의 모든 순간을 휩쓸고 간다. 여기저기에서 당신의 주위를 끈다. 각성의 순간, 뇌는 아이가 자신의 다리를 발견하듯 혼란스럽고, 즐겁고, 불안하고, 불편하면서도 놀랍다. 그러나 관찰자의 수준에서 이런 정신 없는 혼란은 완벽하게 명료하다. 모든 것은 하나다. 이제 다시 아이를 살펴보자. 비틀거리며 마룻바닥을 걸어다닐 때, 온 세계가 아이를 향해 비틀거린다. 서 있을 만한 견고한 곳은 없으며, "내 마음대로 할 수 있어. 내가 시키는 대로 하고 있는 거야."라고 말할 수도 없다. 아기는 이제 막 새로운 차원으로 꽃을 피우려는 세계에 그의 온 존재를 던져버릴 수밖에 없다.

언제나 이렇게 새로운 차원으로 몸을 던지며 살 수 있을까? 그렇지 않다. 안정된 상태를 찾으려 할 것이다. 어릴 때부터 우리 모두는 에고를 통해 안정적인 지점을 찾았다. 우리는 적어도 고정된 '나' 를, 가능한 한 혹은 최대한 통제할 수 있다고 생각한다. 그러나 그것과는 다른 안정감이 있다. 더욱 안정적인 지점이 있다. 에고가 아닌 관찰자가 있다.

고요한 관찰자와 만나기
❦ 내 안에서 찾아내기

1. 삶의 흐름을 따라가라.
2. 일어나고 있는 일에 저항하지 마라.
3. 미지의 것에 개방적으로 대처하라.
4. 당신의 느낌을 검열하거나 거부하지 마라.

5. 당신 자신을 넘어 발돋움하라.
6. 진지하라.
7. 중심을 잡아라.

앎의 흐름을 따라가라 : "지복至福을 따르라."는 말은 많은 사람들의 경구가 되었다. 그 경구에 숨은 원칙은, 무엇이든 사람에게 심오한 기쁨을 가져다주는 것은 미래를 향한 지침이 되기에 믿을 만하다는 것이다. 이보다 더욱 믿을 만한 지침은 당신의 앎이 확대될 때 그 앎을 따르라는 것이다. 때로는 앎이 기쁨이나 지복과 일치하지 않을 때도 있다. 당신은 드러나지 않은 의도 때문에 삶에 대한 슬픔이나 끈끈하게 달라붙은 불편함이나 불만족을 감수해야 할 때도 있다. 사람들 대부분은 그런 신호를 따라가지 않는다. 그들은 행복의 근원을 바깥에서 찾으며, 지복이 거기서 나온다고 생각한다.

그러나 당신이 스스로의 앎을 따라가면, 앎이 시간과 공간 사이로 길을 낸다는 것을 알게 될 것이다. 스스로를 바깥세상으로 펼쳐보여줄 거울이 없다면, 앎은 펼쳐질 수 없다. 그리하여 욕구와 목적이 연결되는 것이다. 당신이 욕구를 가지면, 그 목적이 스스로를 실현시킨다. 연결되지 않은 사건들을 연결시키는 흐름이 있는데, 바로 당신 자신이 그 흐름이다. 당신이 아이였을 때 다음 발전 단계인 성인으로 이끌었듯, 그 흐름은 그와 같은 일을 한다. 당신을 포함해서 아무도 다음 단계에 무엇이 전개될지 예측할 수 없다. 그러나 그 흐름을 따르고자 한다면, 자신이 가진 모든 욕구의 근원에 거하는 고요한 관찰자에게 근접할 수 있도록 틀림없이 당신을 이끌 것이다.

일어나고 있는 일에 저항하지 마라 : 새것이면서 동시에 옛것일 수 없음에도 불구하고, 우리는 욕심 때문에 변화하는 와중에도 어떤 상태에서 멈추기를 원한다. 그런 식의 태도는 완벽하게 덫에 걸리기 쉬운 공식과도 같다. 당신이 누구인지를 탐구하려면, 당신은 스스로에 대한 오래된 상像들을 흘려보내야 한다. 자신이 스스로를 좋아하든 말든 그건 전혀 별개의 문제다. 자존심이 강하고 성취도에 대한 자부심이 높은 사람이라고 해도 역시 대립하는 것들의 투쟁 속에 발이 묶여 있을 수 있다. 사실상, 그런 사람들은 '좋은' 편에 서서 싸워 이겼다고 생각하는 경향이 강하다.

어떤 투쟁이든 그 속에서 평화를 찾는 당신의 일면이 바로 관찰자다. 관찰자를 만나고 싶다면 미리 준비하라. 이기든 지든, 받아들여지든 거절당하든, 감정을 조절하든 혼란스럽든 그런 것에 연연하던 오랜 습관을 바꾸어야 한다. 변화에 저항하지 마라. 당신은 에고의 덫에서 빠져나와 당신의 새로운 의식으로 이동할 것이다.

미지의 것에 개방적으로 대처하라 : 이 책의 모든 내용은 삶의 신비에 대한 것이며, 당신이 알지 못하던 미지의 사실에 대해 여러 번 언급할 것이다. 당신이 자신이라고 생각하는 당신은 과거의 사건, 욕망과 기억이 합쳐진 '날조'에 불과하다. 이 날조는 그 자체의 삶이 있다. 날조는 시간과 공간 속에서 스스로가 알고 있는 것만을 경험하면서 살아간다. 이 사기꾼이 새로운 경험이라고 말해도 정말 새로운 것은 아니다. 이미 익숙한 지각들을 미묘하게 꼬아놓은 것에 불과하다. 미지의 것에 개방적으로 대처하라는 말은 이미 익숙한 반응과 습관의 계획에 휘말리지 말라는 뜻이다. 당신의 입에서 같은 단어가 얼마나 나오는지 살펴보라.

당신이 좋아하는 것과 싫어하는 것은 늘 똑같기 때문에 언제나 같은 일을 하면서 시간을 보낼 수도 있다. 똑같은 사람들이 똑같은 나날들로 삶을 채우고 있다. 이 모든 익숙함은 조개껍데기와 같다. 미지의 것은 조개껍데기 밖에 있기 때문에, 껍데기를 활짝 열어 환영해야 받아들일 수 있다.

당신의 느낌을 검열하거나 거부하지 마라 : 겉으로 보기에 일상의 삶은 예전 어느 때보다 더욱 편해졌다. 그러나 사람들은 자포자기의 삶을 침묵 속에 영위하고 있을 뿐이다. 이 자포자기의 근원은 억압이다. 스스로가 원하는 사람이 될 수 없다는 느낌, 내가 느끼고 싶은 것을 느낄 수 없다는 느낌, 내가 하고 싶은 것을 할 수 없다는 느낌 같은 것들 말이다. 창조주는 결코 이런 식의 덫에 걸리지 않는다. 자신에게 억압을 강요해야 할 어떤 근거도 없다. 전적으로 스스로 가하는 자기억압일 뿐이다. 당신 안의 어떤 부분이라도 제대로 대면하지 않는다면 당신과 실체 사이에는 장벽이 생긴다. 그럼에도 불구하고 감정은 전적으로 개인적이다. 오직 자신만이 스스로가 어떻게 느끼는지 안다. 당신이 스스로의 감정에 대해 검열하기를 멈춘다면, 기분이 좋아지는 것 이상의 효과를 얻을 것이다. 긍정적인 감정을 경험하는 데 목적이 있는 것은 아니다. 자유에 이르는 길은 기분을 좋게 함으로써가 아니라 당신 자신에게 진실한 느낌을 통해서 도달할 수 있다.

우리는 모두 과거에 대해 감정적인 빚이 있다. 우리 스스로 감히 그것을 표현하지도 못할 정도로 말이다. 만약 이 빚을 갚지 않는다면, 그 과거는 지나간 것이 아니다. 과연 그 과거가 무엇이었는지 돌아보고자, 무엇이 당신을 화나게 하거나 두렵게 했는지 과거의 자신으로 돌아갈 필요는 없다. 과거의 나는 내가 아니라 '그 사람'일 뿐이다. '그 사람'에 대해 뭔가를 하는 것보다 지금 자신에게 집중하는 것이 효과가 더 크다. 감정적인 빚을 없애는 목적은 현재에서 당신의 자리를 찾기 위해서다.

에고는 감정적으로 자유로운 것을 방해하며 다음 목록과 같이 이성적이 되라며 우리를 꼬드긴다.

- 나는 그렇게 느끼는 사람이 아니다.
- 나는 그것을 넘을 수 없다.
- 이런 느낌을 듣고 싶어 할 사람은 없을 것이다.
- 나는 마음이 아플 자격조차 없다.
- 나는 오래된 상처만 공개하겠다.
- 과거는 과거다.

뭔가를 이야기하면서 아픈 느낌과 직면하기를 피한다면, 당신은 지속적으로 감정을 억압하고 있는 것이다. 그러나 숨겨지고 차단된 감정은 꽁꽁 언 의식 덩어리와 같다. 당신이 아무리 거부하더라도, 그것이 녹기 전까지 당신은 "나는 이렇게 아파"라고 말할 것이다. 그 감정 덩어리는 당신을 손아귀에 쥐고 있다. 이것은 그 감정을 반드시 해결해야만 하는 당신과 고요한 관찰자 사이의 또다른 장애물이다. 마땅히 시간과 관심을 기울여 당신의 감정과 마주 앉아 속 시원히 다 말하게 하고 응어리를 풀어라.

당신 자신을 넘어 발돋움하라 : 제자리에 고정되고 정착된 자아 속에 거하고 있다면, 당신은 뭔가 긍정적인 것을 얻었다고 생각할 수도 있다. 사람들은 "이제 내가 누군지 알겠어." 라고 흔히 말하곤 한다. 그들이 알고 있는 '진정한 나'는 진아(real self)의 모조품이다. 즉 습관이나 특징처럼 순전히 지나간 시간 속에서 오는 선택들의 집합에 불과하다. 당신은 새로운 에너지의 근원을 찾기 위해 자아가 만들어낸 정체성을 넘어설 필요가 있다. 고요한 관찰자는 제2의 자아가 아니다. 옷장 속 당신의 손이 닿는 곳에 걸려 있다가 당신의 낡은 옷을 대신할 새 옷 같은 것이 아니라는 뜻이다.

그 관찰자는 경계선을 넘어 존재하는 자아의식이다. 여기에 벵골의 시인 라빈다나스 타고르의 잊을 수 없는 시 한 편이 있다. 그는 돌이 그의 가슴에서 녹는 것 같은 깊은 직관을 지니고 있었다.

돌이 눈물에 녹을 것이네
나는 영원히 당신 가까이 머물 수 없으니
당신에게 정복당하지 않고서야 탈출할 수 없네

푸른 하늘에서 눈이 굽어보네
침묵 속으로 나를 소환하기 위해서
나는 당신의 발치에서 기꺼이 죽음을 받아들이리

나는 이 시가 자신을 넘어서는 것에 대한 완벽한 묘사라고 생각한다. 당신의 가슴 속에 단단한 것을 지니고 살면서도, 여전히 당신은 진아를 피해갈 수 없다. 진아는 당신을 굽어보고 있는 고요한 눈이다. ("나는 죽음을 받아들이리" 라는 말 대신, 시인은 "나는 자유를 받아들이리" 또는 "나는 기쁨을 받아들이리"라고 말할 수도 있겠다.) 당신을 넘어선다는 말은 단호한 결심으로 당신의 고정된 정체성이 거짓이라는 것을 깨닫는다는 의미다. 에고가 당신에게 "내 안에 뭐가 들어 있지?"라고 물으며 통찰력을 가지라고 속일 때, 당신은 다음과 같이 대답함으로써 자유로워질 수 있다. "나는 더 이상 나라는 역할을 하지 않을 거야."

진지하라 : 진리가 너희를 자유롭게 하리라는 말은 왜 하는 것일까? 사람들은 진리를 말한다는 이유로 언제나 단죄받고 추방당한다. 거짓이 승리할 때가 많다. 사람들과 잘 어울리고 문제를 일으키지 않겠다고 동의하면 많은 사람들이 돈과 권력을 얻을 수 있다. "진리가 너희를 자유롭게 하리라."는 것은 실용적인 조언은 아니다. 그 말 속에는 영적인 의도가 있다. 본질적으로는 "당신은 스스로를 자유롭게 하지 못한다. 그러나 진리는 그렇게 할 수 있다."라고 말하는 것이다. 진리는 그른 것을 부수어버림으로써 우리를 자유롭게 할 힘이 있다. 에고는 그저 지금 이대로 계속 앞으로 나아가고자 한다. 그러나 진리는 중요한 순간에 진정한 실체가 무엇인지 나에게 말한다. 영원히도 아니고, 모든 사람에게도 아닌 바로 그 순간, 오직 나만을 위해서.

당신이 자유롭기를 소망한다면 그 욕구는 영광스러운 것이다. 진리의 번쩍임이 어떤 것인지 생각할 때면, 다음과 같은 보기가 떠오른다.

- 당신이 누군가를 아무리 사랑한다 하더라도, 그 누군가가 당신이 원하던 그런 사람은 될 수 없다는 것을 알기
- 그렇다고 말하기에 무서울 때조차도 당신이 사랑하고 있다는 것을 알기
- 다른 누군가의 투쟁이 당신의 것이 아니라는 것을 알기

- 당신이 겉으로 보이는 것보다 낫다는 것을 알기
- 당신은 죽지 않으리라는 것을 알기
- 어떤 대가를 치르더라도 자신의 길을 가야만 한다는 것을 알기

각각의 문장은 알기로 끝난다. 고요한 관찰자는 다른 누군가가 그들이 아는 것에 대해 뭐라고 생각하든 아랑곳하지 않고, 당신이 스스로를 아는 그 차원에서만 존재한다. 당신의 진리를 말할 때 당신은 너무 겁내거나 예의만을 차리면서 분출하지는 않을 것이다. 그런 식으로 분출한다면 그 배후에는 언제나 압박과 긴장의 감정이 숨어 있는데, 그 뿌리에는 좌절감이 있다. 그것들은 분노와 아픔을 지니고 있다. 알고 있는 자에게서 나오는 진리는 고요하다. 그들은 다른 사람들이 어떻게 행동하는지에 대해서는 언급하지 않는다. (깨달은 이들은 다른 사람의 행동에 대해 말하기보다는 단지 '내가 누구인가'라는 문제에 집중한다.-역자 주) 단지 당신이 누구인지 명확해지면 그뿐이다.

그 순간의 번쩍임을 존중하라. 당신이 그 불꽃을 눈에 보이도록 할 수는 없지만, 고무시킬 수는 있다. 진실해짐으로써, 그리고 단지 자신에게 안정감과 안도감을 주기 위해 만들어진 페르소나에 자신을 빠뜨리는 것을 허용하지 않음으로써. (자신이 깨달았다고 착각하면서 스스로가 만든 거짓 에고인 페르소나에 빠지는 이들도 다수 있다. 앞에서 말한 영적 물질주의의 경향이 바로 그렇다.-역자 주)

중심을 잡아라 : 중심을 잡는다는 것은 매우 바람직하다고 생각된다. 사람들은 혼란하거나 산만해지면 "내 중심을 잃었나봐."라고 말하곤 한다. 그러나 당신의 머리에 사람이 들어 있는 것도 아니고, 나, 나의

것, 나를 위한 것이라는 감각 모두가 에고의 환상이라면, 중심이 과연 어디에 있단 말인가?

그 중심이 모든 곳에 있다는 것은 참으로 역설이 아닐 수 없다. (불교의 〈원각경〉 〈반야심경〉 등에서는 내 안에도 없고, 내 밖에도 없으며, 안과 밖에 모두 있는 것도 아니고, 안과 밖에 모두 없는 것도 아니라고 말한다.-역자 주) 그것은 열린 공간이며 경계선이 없다. 사람들이 영혼의 근원을 심장으로 지적하는 것처럼 당신의 중심을 어떤 정의된 점으로 생각하는 대신에 경험의 중심이 돼라.

경험은 장소가 아니다. 그것은 주의의 집중이다. 중심을 잃는 것은 주의를 집중하는 않는 것이며, 경험에서 눈길을 돌리거나 그 경험을 차단해버리는 것이다. 중심을 잡는다는 것은 "나는 창조물 안에서 내 집을 찾고 싶다."라는 말과 같다. 긴장을 풀고 당신 자신의 리듬에 맞추라. 그러면 더 심원한 수준의 당신 자신과 만날 장이 생긴다. 어떤 이유로 너무 빛이 바래고 어두워진 나 자신을 발견했을 때, 몇 가지 쉬운 단계를 밟아 예전으로 돌아갈 수 있다.

- 나는 스스로에게 다짐한다. "이 상황은 나를 흔들 수 있다. 하지만 나는 어떤 상황 그 이상의 존재다."
- 숨을 깊이 들이마시고 내 육체에 어떤 느낌이 오는지 주의를 기울인다.
- 다른 사람이 나를 보듯 물러서서 나를 본다.(내가 저항하거나 반응하고 있는 사람이 되어 나를 바라보면 더 바람직하다.)
- 나는 내 감정이, 무엇이 영원하며 진실인지에 대한 믿을 만한 지침이 아니라는 것을 깨달았다. 감정은 순간의 반응들일 뿐이며, 그 대부분은 습관에서 온다.

- 만일 내가 통제가 불가능할 정도로 폭발하려 한다면, 나는 거기에서 거리를 둔다.

나는 기분을 좋게 하려고 하거나, 더 긍정적이 되려 하거나, 사랑의 말을 한다거나, 내가 머물러 있는 상태를 바꾸려고 하지 않는다. 우리 모두는 개체성의 틀에 갇혀 있고, 에고에 끌려 다닌다. 에고의 개성은 습관과 지나온 과거에 의해 훈련된다. 만약 그것에 휘둘리지 않고 작용하는 메커니즘을 관찰할 수 있다면, 당신은 제2의 통찰을 지니고 있다는 것을 알게 될 것이다. 그 하나는 언제나 고요하고, 눈을 부릅뜨고, 사심 없고, 균형 있지만 결코 너무 어두워지지 않는 것이다. 그 두 번째가 바로 당신의 중심이다. 그것은 결코 특정한 장소가 아니며 고요한 관찰자와의 근접한 조우다.

🌟연습 1 자신의 현실을 바꾸어 네 번째 비밀에 적응하기

이 네 번째 비밀은 당신의 진아와 만나는 것에 대한 이야기다. 말로 진아를 설명하려면 한계가 있지만, 말은 당신이 누구인지 깨닫기 위한 실질적인 만남의 수단이 될 수는 있다. 진아의 특징들이란, 바로 당신이 일상에서 매일 체험하고 있는 것들이다. 지적임, 깨어 있음, 조화로움, 앎 등. 이들 중 어떤 것이든 제 역할을 한다면, 당신은 진아에 더 가까이 다가선 삶을 살고 있는 것이다. 반대로 말하면, 당신이 분리감, 상실감, 혼란, 두려움, 산만함이나 에고에 발목이 잡힌다면 진아에 다가선 삶을 살고 있는게 아니다.

이러한 양 극단의 경험 사이에서 우리는 시소게임을 한다. 진아를 만나기 위한 한 가지 방법은, 당신이 그곳에 서 있다는 것을 인식할 때마다 그 반대쪽으로 자신을 밀어내는 것이다. 자신이 그런 순간에 있다는 것을 포착하고, 그곳에서 빠져나오라. 아래에 열거한 아주 부정적인 경험 중 자신에게 해당하는 것을 골라보라. 가능하면 여러 번에 걸쳐 반복적으로 겪고 있는 것을 골라라.

- 운전 중의 분노
- 배우자와의 말다툼
- 직장 상사에 대한 분개
- 아이들에게 자제력을 잃고 화내기
- 거래나 매매에서 속았다고 느끼기
- 절친한 친구에게 배신당함

위의 상황에 자신을 대입해보고, 자신이 느끼는 것을 살펴보라. 눈을 감고 상상해볼 수도 있다. 도로에서 당신 앞으로 차가 끼어들거나, 배관공이 턱도 없이 비싼 청구서를 내밀었다고 시각화해보라. 그런 상황을 당신의 마음속에서 생생하게 만들어보라.

당신이 분노, 아픔, 불신, 의심이나 배신으로 통증을 느낄 때면, 스스로에게 선언하라. "그게 바로 에고가 느끼는 방식이야. 나는 왜 그런지 이유를 알지. 나는 나를 살펴보는 데 아주 익숙해. 이런 감정이 지속되는 한 나는 이 연습을 계속할 거야." 이제 그 감정들을 내버려두라. 에고가 원하는 대로 상상력을 불러일으켜라.

복수나 자기 연민, 아니면 에고가 생각하는 것들 중 적당한 환상을 마음에 그려보라. 당신의 감정으로 당신이 한껏 부풀어오른다고 상상하라. 마치 슬로우 모션으로 폭발하는 충격파처럼 당신으로부터 허공으로 퍼져나갈 것이다. 이때 파장을 느끼기 위해 필요하다면 깊은 숨을 쉬어라. 결코 서두르지 마라. 그 느낌이 완전히 확대될 때까지는 한참이 걸릴 정도로 파장이 커질 수도 있다.

그 파장이 가는 곳을 따라 가능한 한 멀리 따라가보라. 그리고 무한대로 사라져서 우주 전체를 채우면서 점점 희미해지는 것을 지켜보라. 이제 그 파장이 무한으로 사라진 것을 보고 나서 스스로를 살피고 다음과 같은 감정이 남아 있는지 보라.

- 낄낄거림, 웃고 싶음
- 세상만사가 아무것도 아니라는 식으로 어깨를 으쓱거림
- 고요함이나 평화로운 느낌
- 마치 다른 사람을 보듯 자신을 보고 있음
- 안도감이나 탈진으로부터 나오는 긴 한숨
- 해방감이나 뭔가를 비워낸 느낌
- 내가 틀리고 다른 사람이 맞을지도 모른다는 갑작스러운 깨달음

에고와 진아 사이의 보이지 않는 경계에 진입할 때 우리 안에서 일어나는 징후들이 있다. 당신이 어떤 감정이라도 충분히 좇았다면, 결국 침묵에 들 것이다. 매번 그렇게 멀리까지 도달하기 위해서는 많은 노력이 필요하다. 그러나 적어도 그 경계선까지는 도달하는 게 당신의 목적이다. 에고가 장악력을 잃기 시작하는 그 선 말이다.

- 웃을 때, 당신은 그토록 심각해져야 할 욕구를 놓아버리는 것이다.
- 어깨를 으쓱거릴 때, 당신은 균형이 맞지 않게 일을 부풀릴 욕구를 놓아버리는 것이다.
- 고요함을 느낄 때, 당신은 어딘가에 주의를 **빼앗겨** 흥분되거나 극적인 상태가 될 욕구를 놓아버리는 것이다.
- 마치 다른 사람을 보듯 자신을 보고 있을 때, 그가 당신이라고 여기는 유일한 사람일 필요를 놓아버리는 것이다.
- 당신이 안도감이나 피로감을 느낄 때, 당신은 스트레스를 꽉 잡고 있을 필요를 놓아버리는 것이다. 이것은 당신이 머리로만 사는 대신에 당신의 몸과 재연결되는 징후이기도 하다.
- 당신이 뭔가를 비워낸 느낌이라면, 무엇인가를 고집할 욕구를 놓아버리는 것이다. 누군가를 용서할 조짐이다.
- 내가 틀리고 다른 사람이 맞을지도 모른다는 갑작스러운 깨달음은 판단해야 할 욕구를 놓아버리는 것이다.

이것 말고도 에고를 떠나보내는 또 다른 징후가 있다. 당신이 쉽게 화를 내는 어떤 패턴에 빠져 있다든가, 자만심이나 열등감을 지니고 있다든가, 결핍감을 느낀다든가, 다른 사람이 가진 것을 시기한다든가, 또는 사람들이 당신 뒤에서 험담하는 상상을 한다 해도, 앞서 설명한 예들처럼 각각의 경우를 다룰 수 있다. 감정을 토해내라. 에고가 원하는 한 에고가 감정을 키우도록 내버려두라. 그리고 그 감정이 극대화되어 마침내 무한대의 가장자리 너머로 사라져버릴 때까지 지켜보라.

이 연습으로 모든 부정적인 감정을 기적적으로 소멸시키기를 원하는 것은 아니다. 원래 목적은 당신이 진아를 만나도록 돕는 데 있다. 그런 마음으로 이것을 연습한다면, 당신에게는 깜짝 놀랄 일이 생길 것이다. 감정의 손아귀에서 벗어나 감정을 통제하는 일이 얼마나 쉬운지 머지않아 알게 될 테니까 말이다.

고통의 원인은 허상이다

The cause of suffering is unreality

사람들이 영성에 눈을 돌리는 가장 일반적인 이유는 고통을 다루기 위해서다. 사람들은 우연히 영성에 빠지지는 않는다. 각 종교들이 고통에서 구제할 것을 약속하고, 그 믿음은 육체에서 기인한 슬픔을 초월케 하고, 그 혼은 고통받는 마음의 피난처가 될 것이라고 약속하기 때문이다. 그러나 막상 신이니 믿음이니 영혼이니 하는 것들에 눈을 돌려봐도 사람들은 안식을 찾지 못하고, 오히려 치료사들에게서 얻는 위안이 전부일 수도 있다. 영성에서만 찾을 수 있는 특별한 힘이 있는 것일까? 가장 흔히 볼 수 있는 고통, 불안이나 우울증을 겪는 사람들을 위한 요법은 단기적으로는 약을 복용하는 일이다. 그렇다면 우울증을 떨친 후에도 우리가 영성에 눈을 돌려야 하는 이유가 있단 말인가?

이런 질문에 대답하기 위해 우선 아픔이 괴로움과는 다르다는 것을 깨달아야 한다. 몸은 우선 자생적으로 통증을 발생시키다가 그 이면에 숨은 이유가 치유되면 고통을 떠나보낸다. 괴로움이란 우리가 집착하는 고통이다. 괴로움은 고통이 좋거나, 그로부터 탈출할 수 없다거나, 그렇게 아파야 마땅하다고 믿는, 보이지 않는 마음의 본능에서 기인한다. 만약 이 모든 것들이 없다면 괴로움도 존재하지 않는다.

이때의 괴로움이란 스스로 제어할 수 없다고 생각하는 신념과 인식의 혼합물인데 마음이 스스로 강제하기 때문에 생긴다. 괴로움은 빠져들수록 탈출할 길이 없어 보이지만, 정작 탈출을 가능하게 하는 것은 괴로움 그 자체에 개입하는 게 아니라 고통에 집착하게 만드는 허상을 깨트리는 방법이다.

괴로움의 알려지지 않은 이유는 허상 그 자체다. 최근에 나는 마치 드라마에서나 나올 법한 증거를 보았다. 신체적 기형을 가지고 태어난 사람들에게 성형수술, 치과 시술, 미용 전문가의 도움을 무료로 받을 수 있도록 한 TV프로그램을 우연히 보게 되었다. 이 중 특별한 이야기가 있었는데, 간절하게 대변신을 원했던 사람은 일란성 쌍둥이 중 한 명이었다. 둘 중 '못 생긴 쪽'은 코가 부러지고 치아가 상했으며 과체중으로 괴로움을 겪고 있었다. 그러나 내가 보기에 그 둘의 외모는 그리 큰 차이가 없었다. 두 명이 공유하고 있는, 한쪽은 아주 아름답고 다른 한쪽은 눈뜨고 못 볼 정도로 못생겼다는, 강렬한 내적 신념에 비하면 겉으로 보이는 미용적 결함은 경미하다는 데 나는 깜짝 놀랐다. '못 생긴 쪽'은 그들의 '아름다운' 자매들과 자신을 비교하지 않으면 하루가 가지 않았다고 말했다. 나는 이 TV프로그램에서 괴로움으로 가는 단계들을 확인할 수 있었다.

실제 사실을 간과함 → 부정적인 인식을 취함 → 망상을 통해 인식을 강화함 → 출구를 찾지 못하고 괴로움 속에서 길을 잃음 → 자신을 다른 사람과 비교함 → 관계를 통해 괴로움을 강화함

고통을 겪는 과정에 대한 입문서에는 이 모든 단계들이 다 포함되어 있다. 이 과정에서 그 고통이 명백히 실재하는 것처럼 보일 때까지 헛된 감각을 형성한다. 따라서 괴로움을 겪게 되는 방향을 반대로 뒤집어 단계를 밟으면 그 사람이 실체로 돌아오게 된다.

실제 사실을 간과함 : 괴로움은 실제로 상황이 어떤지 확인하기를 거부

하는 데서 시작되곤 한다. 몇 년 전, 예상치 못한 위기가 닥칠 때 사람들이 어떻게 대처하는지를 연구한 결과가 발표된 적이 있었다. 그 연구는 사람들이 고난에 빠졌을 때 어디에 도움을 구하는지 알고 싶어하는 임상 전문가들이 후원했다. 연구 결과에 따르면, 불이 난다든지, 배우자가 떠난다든지, 암 진단을 받는다든지 하는 가장 최악의 불행이 닥쳤을 때, 약 15퍼센트만이 상담가, 치료사, 목사에게 모종의 도움을 구했다. 그 나머지는 TV를 보거나, 문제를 바라보는 것은 물론 그들을 도울 수 있는 사람에게 그 이야기를 꺼낼 생각조차 하지 않았다.

연구에 임했던 임상 전문가들은 피실험자들의 문제 해결에 대한 뿌리 깊은 외면에 질려버렸다고 했지만, 나는 TV를 보는 게 자연스러운 반응이라고 생각한다. 본능적으로 사람들은 즐거움으로 고통을 감추려고 한다. 오래 전, 붓다 시대의 사람들 역시 비가 오지 않아 농작물들이 다 죽거나 콜레라가 번져 식구들이 몰살당하는 일이 있었을 때 고통을 덮어버리려고 했다. TV가 없었던 그들로서는 다른 출구를 찾아야 했을 뿐 즐거움이 고통보다 나으므로 그것이 괴로움에 대한 대안이라는 접근법은 같았다.

고통을 즐거움으로 감추는 것은 단기간으로 보자면 효과가 있다. 둘 다 감각적이며 한쪽이 다른 한쪽을 물리칠 정도로 강할 수도 있기 때문이다. 그러나 붓다는 고통 때문에 인생이 괴롭다고 가르치지는 않았다. 인생은 파악되지 않은 괴로움의 원인 때문에 괴롭다. 유일한 출구는 그 괴로움의 근원에 직면할 수 있도록 한 걸음 더 나아가는 일이다. 그러므로 첫 번째 발걸음은 무슨 일이 일어나고 있는지 정확히 보려는 의지다.

부정적인 인식을 취함 : 괴로움을 겪고 있는 사람은 스스로가 창조한 부정적인 인식에 사로잡혀 있다. 인식은 고통을 감소시켜서가 아니라 훨씬 큰 고통조차도 봉쇄해버림으로써 지배할 수 있다. 몸은 자동적으로 고통을 발산한다. 하지만 마음은 고통을 훨씬 나쁜 다른 것들보다 낫다고 느끼며 '좋은' 것으로 전환함으로써 그 본능을 짓밟는다. 마음은 모든 것을 할 수 있는 강한 힘을 지녔지만 내적 혼란과 갈등 때문에 스스로를 치유하느라 힘든 시간을 보낸다. 그 힘은 이제 스스로를 거역하고, 그리하여 인식은 괴로움을 즉시 끝내는 대신 마음의 문을 잠근다.

망상을 통해 인식을 강화함 : 인식은 우리가 적당한 위치를 정해주지 않으면 용액처럼 흐른다. 자아는 매 순간마다 오래된 것에 새로운 것을 짜넣는, 끊임없이 변하는 시스템과 같다. 그러나 당신이 계속 오래된 인식에 집착한다면, 그것들은 반복을 통해 강화된다. 예를 들어 보자. 신경성 무식욕증(anorexia nervosa)은 의학 용어인데, 주로 20세 이하의 소녀가 생존 방식의 하나로 굶기를 선택하는 행위를 말한다. 40킬로그램 이하의 무식욕증 소녀들에게 마른 사람부터 뚱뚱한 사람까지를 망라한 사진 네 장을 보여주고 자신과 가까운 것을 고르라고 하면 자신은 피골이 상접했음에도 불구하고 가장 뚱뚱한 사진을 고른다. 컴퓨터상에서 네 장의 사진에 그녀의 얼굴을 합성해서 보여주어도 그녀는 가장 뚱뚱한 사람을 자신의 모습으로 고른다. 이런 육체에 대한 왜곡된 상想은 사람들을 당혹하게 한다. 거울에 비친 말라깽이를 뚱뚱한 사람으로 본다는 것은 참으로 기이한 일이다. 마치 일란성 쌍둥이 중 한 명은 엄청나게 못 생겼다고 생각하고, 다른 한 명은 아름답다고 생각하는 것처럼.

이런 경우에 인식은 감정과 개성에 연결된, 드러나지 않은 이유 때문에 왜곡된다. 무식욕증이라고 해도 고양이 네 마리의 사진 중에 가장 빠를 법한 것을 고르라면 쉽게 골라낼 것이다. 이런 왜곡조차 그 자신에게 진실한 것을 결정하는, '내'가 있는 심원한 차원에서 이루어진다. 이 모든 것은 순환 고리다. '내'가 나 자신에 대해 무엇인가를 결정하면, 바깥에 있는 모든 것은 그 결정을 반드시 이루어낸다. 무식욕증인 여성이 자신의 존재에 수치스러움을 느낀 것은 본질적인 문제였고, 온 세상은 그녀에게 수치스러움을 돌려줄 수밖에 없다. 굶는 것은 거울 속의 뚱뚱한 자신을 물리치도록 스스로를 이해시킬 수 있는 유일한 방법이다. 그것은 한 가지 규칙으로 귀결된다. 당신이 어떻게 규정하든 실체는 반드시 그것을 이룬다.

우리가 스스로를 잘못된 정의 속에 가둔 채 은밀하고 검증되지 않은 이야기를 스스로에게 한다면 그 인생은 고통스럽다. 무식욕증을 치유하려면 어쨌든 '나'와 그 강력하고 은밀한 정체성 사이의 쐐기를 뽑아야 한다. 이는 모든 괴로움에 적용할 수 있다. 왜냐하면 사람들은 자신에 대한 정확하지 않은 이야기로 끊임없이 자신을 제멋대로 정의하고 있기 때문이다. 오늘 하루의 매 순간, 당신 주위를 기쁨으로 채울 수 있다면, 당신에 대한 왜곡된 이야기는 깊은 괴로움을 날려버리고 말 것이다.

출구를 찾지 못하고 괴로움 속에서 길을 잃음 : 사람들의 고통의 발단은 저마다 현저하게 다르다. 한 연구에서 피실험자의 손등에 전기적 충격과 유사한 자극을 주고 그들에게 고통의 정도에 따라 1부터 10까지 등급을 매겨보라고 했다. 고통은 누구나 같은 신경 전달 통로로 인식하기 때문에 얼마간 차이가 나더라도 사람들이 느끼는 정도는 비슷할 것이라는 생각이 일반적이다. (그 예로, 거의 모든 사람의 눈은 자동차의 상향등과 하향등의 차이를 인식할 수 있다.) 그러나 실제 실험 결과, 어떤 사람이 10이라고 느끼는 고통은 어떤 사람에게는 1에 불과했다. 이것은 고통이 주관적인 요소라는 것뿐만 아니라 우리가 고통을 재고 평가하는 방식도 완전히 개인적이라는 의미다. 자극과 반응 사이에 보편적인 공식은 없다. 특정한 경험이 어떤 사람에게는 깊은 정신적 상처를 입혀도 다른 사람에게는 아무것도 아닐 수도 있다.

이 결과에 대해 다소 의외인 것은, 피실험자 중 아무도 자신이 반응을 창조해내고 있다는 생각은 못했다는 것이다. 실수로 뜨거운 난로에 손을 집어넣는다면 당신의 몸은 금방 반응할 것이다. 한편, 그 순간 당신의 뇌는 고통의 정도를 실질적으로 평가한 후, 당신이 객관적으로 실재한다고 인식하는 고통에 효력을 부여한다. 그러면 사람들은 고통에 대한 지배권을 포기하고 그 속에서 길을 잃는다.

"어떻게 하지? 우리 엄마가 죽었어. 어쩔 줄을 모르겠어. 아침인데 침대에서 일어날 수조차 없어."

이 말만 놓고보면 원인(사랑하는 사람의 죽음)과 결과(우울함) 사이에 직접적인 연관이 있는 것처럼 보인다. 그러나 이 문장에서 원인과 결과 사이를 이어주는 흔적은 직접적이지 않다. 그것은 마치 우리가 느끼기도 전에 고통이 블랙박스에 들어가고, 그 안에 들어간 고통은 우리의 감정, 기억, 신념이나 기대 따위와 결합하는 듯하다. 당신이 자각하고 있다면, 블랙박스를 그런 식으로 밀봉하여 숨겨두지는 않을 것이다. 당신은 그 안에서 벌어지는 일에 영향을 줄 수 있다는 것을 안다. 그러나 막상 우리가 괴로움을 겪을 때면, 우리는 스스로를 기만한다. 왜 고통이 1이 아니라 10인가? 왜냐하면 그건 그냥 그렇기 때문이다. 진리 안에서는, 우리가 스스로 만든 창조물 안에서 헤매도록 우리 자신에게 허용할 때만 고통은 사라지지 않고 더 커진다.

자신을 다른 사람과 비교함 : 에고는 일등이 되고 싶어 한다. 따라서 끝도 없이 자신과 다른 사람들을 비교하는 게임에 사로잡힐 수밖에 없다. 뿌리 깊은 모든 습관처럼, 에고의 게임도 깨기 힘들다.

최근에 내 친구는 자신이 알던 한 여성이 자동차 사고로 목숨을 잃었다는 소식을 들었다. 그는 그녀를 잘 몰랐지만 그녀의 친구들을 잘 알고 있었다. 사망한 지 몇 시간 만에 빈소가 마련되었고, 거기에 모인 사람들은 매우 차분했다. 그녀는 사랑스러웠고, 훌륭한 일도 많이 했으며, 젊은 데다가 낙천적이었다. 이런 이유로 사람들은 훨씬 더 많이 슬퍼했으며, 내 친구도 그 중 하나에 속했다. "마치 내가 차에 치인 것 같았어. 그녀의 명복을 빌기 위해 더 많은 꽃과 카드를 보내야겠다고 생각했어. 장례식이 있던 주에 휴가를 갔지만, 나는 아무것도 즐기지 못했지. 그녀가 그런 식으로 죽은 데 대한 충격과 아픔에 대해 계속 생각했어."

이런 반응의 와중에 내 친구는 불현듯 깨달았다고 한다. "그 일이 일어나자 나는 다른 사람들처럼 더 슬퍼해야 한다고 생각했어. 그건 내 인생이 아니고, 그녀는 내가 아닌데도 말이야. 내 친구들처럼 슬픔을 함께 나누는 건 당연하다는 식이었지."

그 순간, 그는 다른 사람과 자신을 비교하는 행위를 멈추었다. 쉽지 않은 일이다. 왜냐하면 우리 모두는 부모나 친구나 배우자로부터 정체성을 부여받기 때문이다. 우리 안에는 다른 사람들의 개성을 여기저기서 긁어모아 얼기설기 지은 집이 있다.

우리가 괴로움을 느끼는 방식은 다른 사람을 통해 학습한다. 당신이 냉정하거나 강하거나, 자기통제를 잘 하거나 자신을 잘 기만하거나, 절망적이거나 희망적인 것은, 다른 누군가를 통해 고착된 반응에 집착하고 있기 때문이다. 그런 패턴을 벗어나면 기이한 느낌이 들고, 심지어는 두렵기까지 하다. 내 친구의 경우, 그 상황이 자기의 것이 아니라는 것을 깨달았을 때 슬픔의 패턴에서 벗어날 수 있었다. 그도 처음에는 다른 사람들이 상황을 대하는 방식에 적응하려고 했다. 스스로를 다른 사람과 비교하는 한, 당신의 괴로움은 그것에 적응하는 방식으로 끈질기게 남아 있을 것이다.

관계를 통해 괴로움을 강화함 : 고통은 보편적인 경험이다. 그래서 모든 관계에 개입될 여지가 있다. 혼자만 있다면 진정으로 괴로울 리가 없다. 설령 당신이 침묵 속에서 괴로움을 겪기 위해 할 수 있는 모든 것을 다 한다 하더라도, 결국 당신 주변에 어떤 영향을 끼치고 있는 것이다. 치유하는 관계로 나아가는 길을 발견하기 힘든 이유는, 당신이 태어날 때부터 그 길을 알지 못하도록 교육받기 때문이다. 우리는 길이 있는데도 일부러 무시하며 우리가 보고 싶은 것을 지나친다. 우리는 논의하기 너무 어려운 것들은 그냥 지나친다. 단언하건대, 가족이란 고통을 부인하는 장소다. 겉으로는 아무 일도 없어 보인다. 고통스럽지만 그 울타리 안에서는 아무도 고통스러워 해서는 안 되고, 설사 고통스러워 하는 사람이 보여도 애써 외면한다. 그렇게 거부된 고통은 또다른 고통이다.

대부분의 사람들은 괴로움을 멈추기보다는 사람들과의 관계를 유지하려 들 것이다. 희생자들이 말하지도 않고 탈출하지도 않는 가정

학대 가족에서 이런 양상을 볼 수 있다. 치유하는 관계는, 괴로움을 불러일으키는 오래된 습관을 깨도록 배우자 모두가 자각하는 데서부터 일어난다. 그들은 내 친구가 그랬던 것처럼 훌륭한 지침을 따라야 한다. 누군가에게 연민을 가진다는 것은 스스로뿐 아니라 다른 누군가가 경험하는 고통조차도 이해하는 것이기 때문이다. 그러나 그 고통이 아무리 실감나게 보여도 실체를 가릴 수는 없다는 확신에서 우러나오는 초연함도 동시에 가져야 한다. 치유하는 관계에 이바지하는 그런 태도를 견지한다면 당신과 다른 사람의 관계를 유지해주는 통찰력을 지니게 될 것이다.

괴로움 없는 비전
🕎 **다른 사람이 고통을 겪고 있을 때 어떻게 관여하는가**

- 나는 당신에게 연민을 느낀다. 나는 당신이 겪고 있는 고통을 안다.
- 당신은 나를 기쁘게 하기 위해 그런 특정한 방식으로 감정을 느낄 필요가 없다.
- 나는 당신이 이 일을 잘 헤쳐 나가도록 돕겠다.
- 당신이 나를 쫓아낼까봐 전전긍긍하지 않아도 된다.
- 나는 당신이 완벽하리라고 기대하지 않는다. 당신은 나를 실망시키고 있지 않다.
- 당신이 겪고 있는 이 고통이 진정한 당신은 아니다.
- 당신은 필요하다면 혼자만의 공간을 가질 수도 있지만, 나는 당신이 혼자 있도록 방치하지 않겠다.

- 나는 스스로가 그럴 수 있는 것처럼 당신과 함께 실체로 존재할 것이다.
- 당신이 스스로의 고통을 두려워하더라도, 나는 당신을 두려워하지 않을 것이다.
- 인생은 여전히 즐길 만하다는 것을 보여주기 위해 모든 것을 다 할 것이다.
- 나는 책임지고 당신의 고통을 덜어줄 수는 없다.
- 당신 혼자 고통을 짊어지게 하지는 않을 것이다. 우리는 함께 겪고 헤쳐나갈 것이다.
- 나 자신을 돌보는 것처럼 사려깊게 당신을 치유할 것이다.

보다시피, 이런 태도에는 함정들이 있다. 고통 속에 있는 누군가에게 관여할 때, 당신은 스스로를 최대한 확장하는 동시에 경계선을 지켜야 한다. 그렇다고 "당신의 고통을 이해하지만, 그 고통이 내 것은 아니야." 라고 말하는 것은 간사한 태도다. 그런 태도에는 여러 양상이 있다.

당신은 타인의 고통에 너무 깊이 관여하여 오히려 고통을 촉진하는 역할을 할 수도 있다. 아니면 자신이 그어놓은 경계선 뒤로 숨고, 괴로움을 겪는 사람들을 차단해버릴 수도 있다. 치유하는 관계에서는 적절한 균형을 지켜야 한다. 당신은 조심스럽고 주의 깊은 태도를 견지해야 한다. 영적인 비전을 향해 당신의 눈을 고정시켜야 한다. 당신은 매일 새로운 반응을 기꺼이 받아들여야 한다. 당신은 실체가 아닌 것들에서 빠져나와, 한 발짝 한 발짝씩 길을 가야 한다.

당신이 진정으로 실체에 합일되고자 한다면, 궁극적인 목표는 존재 자체를 체험하는 것이다. "나는 스스로 존재한다(I am)."가 바로 그런 경험이다. 이것은 보편적이면서도 희귀한 일인데, 자신이 어떻게 존재하는지는 모든 사람이 알고 있지만 자신에게서 온전한 희망을 뽑아내는 사람은 아주 드물기 때문이다. 당신이 "나는 이것을 하고, 나는 이것을 지니며, 나는 B가 아니라 A를 좋아한다."고 스스로를 정의하기 시작하면 "스스로 존재하는 나(I am)."는 길을 잃는다. 이런 정의들이 당신의 순수한 존재의 실체보다 더 중요한 것이 되어버리고 말기 때문이다.

그렇다면 고통과 실체가 아닌 것 사이의 경계선을 더 깊이 파보자. '스스로 존재하는' 평화롭고 순수한 상태를 잊어버리는 것은 다섯 가지 양상으로 귀결된다. 산스크리트어로 이것들을 '다섯가지 번뇌(five kleshas)'라고 하는데, 그 뿌리는 모든 고통의 원인이 된다.

첫째, 실체가 무엇인지 모름
둘째, 실체가 아닌 것에 집착함
셋째, 실체가 아닌 것을 두려워하고 그것에 대해 움츠림
넷째, 상상의 자아로 자신을 정의함
다섯째, 죽음을 두려워함

우리는 너무 오래전부터 이 과정이 몸에 배었고, 지금 이 순간도 우리는 다섯 가지 중의 한 가지를 하고 있다. 다섯 가지 번뇌는 도미노식으로 정렬된다. 당신이 실체를 알기를 멈출 때(첫째 번뇌), 다른 것이 자동으로 그 자리에 들어올 것이다. 대부분의 사람들은 마지막 항목인 '죽음에 대한 두려움'을 의식적으로 체험한다. 사다리를 타고 올라가듯

다섯 단계의 번뇌를 거슬러 올라가보자.

죽음에 대한 두려움은 무수하게 가지를 뻗을, 불안의 근원이다. 우리 사회의 젊음을 찬양하고 늙음을 경시하는 태도, 향락에 대한 필사적인 욕구, 화장품과 미용 용품의 홍수, 사방에 거울을 붙인 넓은 체육관들, 그리고 스타들에 대한 열광은 모두 죽음을 거부하는 욕구의 증상들이다. 종교에서는 사후의 삶이 있다며 우리를 설득한 후 그 주장을 믿음으로 받아들이고 나면 우리 머리 위로 내생來生을 떠받들도록 복종을 강요한다. 믿음이 부족하거나, 그릇된 신을 믿거나, 죄를 지으면 죽은 후에 보상받지 못한다는 것이다. 이 문제를 끊임없이 부추겨 종교전쟁이 일어나곤 했고, 과도하게 불안을 조장한 탓에 광신도들은 다른 종교를 믿느니 차라리 죽음을 택하기도 했다. "나는 당신이 당신의 (그릇된) 신을 믿지 못하도록 하기 위해 죽는다."는 식은 다섯 번째 번뇌의 가장 뒤틀린 유산이다.

인간이 죽음을 두려워하는 데에는 더 근원적인 이유가 있는데, 상상으로 만들어낸 자아를 보호하려는 욕구 때문이다. 상상의 자아로 자신의 정체성을 정의하는 것이 네 번째 번뇌인데, 우리 모두가 이미 그렇게 살고 있다. 내면뿐 아니라 표피적으로도 사람들은 수입과 지위에 따라 이미지를 확립한다. 아시시의 프란체스코(13세기의 이탈리아 성인-역자 주)는 부유한 비단 상인의 아들로 태어났지만 화려한 옷을 벗어던지고 아버지의 유산조차 거부했다. 그는 단지 세속의 재산만이 아니라 사람들이 알고 있던 그의 정체성마저 벗어던졌다. 그의 마음속에 있는 그릇된 자아상을 매개로 신을 받아들일 수는 없었기 때문이다. 거짓 정체성을 만들고 있는 이에게 신이 다가올 리가 없다.

자아상은 자존심과 밀접하게 관련되어 있다. 우리는 자존심을 잃어버릴 때 많은 대가를 치러야 한다는 것을 안다. 항상 뒷자리에서 선생님의 눈을 피하던 아이들은 자라서도 국제 외교나 지중해의 미술에 대해 토론하지 못한다. 왜냐하면 일찍부터 그들 자신에게 무력감을 심기 때문이다. 이와는 반대로, 아무 학생이나 골라서 "이 학생은 다른 아이보다 특별히 총명하다"는 이야기를 들려주면 그 학생은 반에서 두드러진 학업 성취도를 보여준다는 것이다. 교사가 충분히 인정해주기만 한다면 지능 지수가 낮은 아이도 그보다 훨씬 큰 성과를 낼 수 있다. 교사의 마음속 설정에 따라 부족한 학생이 뛰어나게 될 수도 있다는 말이다.

자신에 대해서도 마찬가지다. 스스로에 대해 그릇된 이미지를 설정하면 곧 엄청난 고통을 불러온다. 삶은 더 많은 것을 요구하고 또 요구하기를 멈출 줄 모른다. 우리의 시간, 인내, 능력, 감정에 대한 요구는 너무나 걷잡을 수 없어서 당신의 무능함을 받아들이는 것이 당연한 듯이 보인다. 그러나 어떤 사람의 내면에서 그릇되게 형성된 자아상은 그릇되게 흘러간 꼬여버린 세월에 묻혀 있다. 세월을 통해 점점 강화된 자화상은 마침내 '어쩔 수 없는 일'이라고 생각하게 되는 것이다. "나는 할 수 없어, 나는 포기했어."와 같은 것들은 네 번째 번뇌로부터 흘러나온다.

세 번째 번뇌는 말한다. 건전한 자아상을 가지고도 우리는 에고를 위협하는 것들을 피하곤 한다고. 사실 이런 위협은 흔하다. 가난해질지도, 배우자를 잃을지도, 법을 어겼을지도 몰라서 나는 두렵다. 나를 존경하는 사람 앞에서 망신을 당하는 게 두려울 수도 있다. 어떤 사람들에게는 자녀가 결국 비뚤어질지도 모른다는 생각이 존재감의 크나큰 위협이다. "우리 가족 중에 그런 짓을 한 사람은 없단다."라는 말은 "너의 행위는 나의 존재감에 위협을 주고 있다."라는 뜻을 내포한 말이다.

그러나 사람들은 그들이 이런 식으로 암호화하고 있다는 것을 인지하지 못한다. 자신을 어떤 자아상으로 정의하고 나면, 두려움은 본능적인 것이 된다. 두려움을 느끼는 것으로부터 나를 방어하려는 욕구는 나의 존재감의 일부가 되어버린다.

두 번째 번뇌는 인간이 집착 때문에 괴롭다는 것을 지적한다. 어떤 것에 매달린다는 의미는 당신이 무엇인가로부터 떨어져나가기를 두려워한다는 점을 보여준다. 예를 들면, 사람들은 소매치기에게 지갑을 털리거나, 집에 와서 누군가가 침입한 흔적을 발견하면 기분이 몹시 상한다. 없어진 물건 때문에 기분이 상하는 것은 둘째 문제다. 지갑이나 물건들은 다시 장만하면 그뿐이다. 그러나 개인이 받은 상처는 몇 달이고 몇 년이고 지속된다. 지갑을 털린 사건 때문에 당신은 안정감을 송두리째 빼앗겨버렸을지도 모른다. 당신은 절대 해를 입지 않을 거라는 환상을 누군가가 벗겨낸 것이다. (국제무역센터의 테러 이후에 '불멸의 미국'이라는 신화는 환상인 것으로 드러났다. 이것은 그 근원을 따져보면 국가의 문제라기보다는 거대한 규모로 펼쳐지는 개인의 문제일 뿐이다.)

고통을 겪을 만한 질곡과 혼란은 많다. 죽음에 대한 공포, 자신에 대한 그릇된 정체성 만들기, 집착 등에서부터 고통은 기인한다. 그러나 결국 모든 고통의 원인은 실체가 아니다. 고통은 환상이 만든 책략일 뿐이다. 고통은 떨어져 나가지 않고 생존하려는 목적 때문에 존재한다. 상상으로 만든 환상을 유지하려면 그게 사실이라고 여겨야 하며, 사실이라고 여기면 집착이 생기고, 따라서 필연적으로 고통이 따른다.

다섯 번째 번뇌는 유일한 실체를 포용함으로써 한꺼번에 해결된다. "나는 나의 고통이다"와 "나는 존재한다" 사이의 차이점은 작지만 중요하다. 거대한 고통은 이 오해에서 기인했다. 내가 태어났다고 생각한다면, 나는 죽음의 공포에서 벗어날 수 없다. 나의 바깥에 어떤 힘이 존재한다고 생각한다면, 나는 그 어떤 힘이 나를 해칠 수밖에 없다는 것을 받아들여야만 한다. 내가 한 명의 개체일 뿐이라고 생각한다면, 나는 어디서든 나와 다른 사람들을 볼 수밖에 없다. 이 모든 것들은 사실이 아니라 창조된 개념일 뿐이다. 한 번 창조되면, 당신이 되돌려놓고 변화시킬 때까지 이 개념 스스로가 그 자신의 삶을 살아나간다.

자각이 실체와 연결될 때는 눈 깜짝할 사이에 이루어진다. 실체 안에서는 나의 외부에 아무것도 존재하지 않는다. 당신이 이 단순한 사실을 받아들이는 순간, 인생의 목적이 완전히 바뀌기 시작한다. 획득할 가치가 있는 유일한 목표는, 당신 자신이 되기 위해 환상이나 잘못된 신념 없이 온전히 자유로워지는 것이다.

🌿연습 1 자신의 현실을 바꾸어 다섯 번째 비밀에 적응하기

다섯 번째 비밀은 고통을 멈추는 방법에 대한 것이다. 당신은 고통스럽지 않은 상태를 내재하고 있다. 그 상태는 단순하고 열린 앎이다. 비교해보자면 고통을 겪는 상태는 복잡하다. 왜냐하면, 고통과 힘겨루기를 하는 와중에 에고는 정답은 단순하다는 것을 부정하고, 또 배우려고 들지도 않는다.

복잡한 일에 대한 집착을 멈추려고 어떤 노력이든 하기만 하면, 당신은 치유를 위한 단순한 상태에 한 걸음 더 가까이 다가가게 될 것이다. 복잡함은 감정적인 앙금이나 저항과 같은 것을 기저에 깔고 있는 사고, 감정, 신념, 미묘한 에너지로서 발현된다.

이 연습을 위해 살면서 당신을 아주 불편하게 하거나 언짢게 하거나 고통스럽게 하는 감정을 불러오라. 당신은 수년간 사라지지 않고 지금 이 순간도 당신을 옭아매고 있는 가장 중요한 무엇인가를 고를 수 있다. 육체적 요소가 포함되든 그렇지 않든 중요하지 않다. 다만 육체적인 장애를 고르더라도 치료로 이 연습에 접근해서는 곤란하다. 우리는 당신을 고통에 옭아매고 집착하게 만드는 개념의 패턴을 다루고 있다.

다음의 복잡한 것들을 비우려는 목적으로 한 달 동안 하루 5분간 혼자 앉아 있으라.

무질서 : 혼란은 복잡하지만, 질서는 단순하다. 당신의 집이 엉망인가? 당신의 책상에는 뭔가가 수북하게 쌓여 있는가? 당신이 다른 사람들에게 책임을 묻지 않을 것이라는 걸 알기 때문에 다른 사람들이 마음놓고 집을 엉망으로 만들도록 내버려 두는가? 고물 더미를 너무 많이 쌓아 두어서 주변의 환경이 당신 과거의 고고학적 기록처럼 보이는가?

스트레스 : 모든 사람은 스트레스를 느낀다. 나날이 느끼는 스트레스를 밤에 풀어내어 다시 고요함으로 돌아가고, 스스로에게 집중하며, 내면의 상태에서 기쁨을 즐기지 못한다면, 당신은 스트레스를 이겨내지 못하고 있는 것이다. 무엇이 당신을 긴장하게 만드는지 면밀하게 관찰해 보라. 통근 거리 때문에 스트레스를 받는가? 잠을 충분히 자지 못하고 너무 이른 아침에 깨는가? 당신은 피곤함의 징후를 무시해버리는가? 스트레스를 너무 받아 과체중이거나 깡마른 모습인가? 당신 삶의 주요한 스트레스들을 적고 당신이 스트레스를 이겨낼 수 있다는 확신이 들 때까지 줄여나가라.

감정이입된 고통 : 다른 사람의 고통에 감염되면 당신도 고통스럽다. 누군가를 동정하다가 기분이 좋지 않아졌다면 당신은 감정이입의 경계를 넘어 고통으로 들어선 것이다. 당신의 것이 아닌 고통을 감당하지 않으면서도 부정적인 상황에 솔직하게 직면하지 못하겠다면, 그냥 벗어나라. 당신의 한계를 외면한다고 해서 당신이 '좋은 사람'이 되는 것은 아니다.

부정성 : 웰빙Well-being이란 몸과 마음이 자연으로 회귀한, 단순한 상태다. 부정성 때문에 당신은 머뭇거리게 되고 결국 자연스러운 상태로 돌아가지 못한다. 당신은 남을 험담하고 그들의 불행을 고소하다고 생각하는가? 당신은 남의 흉을 보거나 뒤에서 수군거리는 사람들과 잘 어울려 다니는가? 당신은 저녁 뉴스에 나오는 모든 참사와 재앙을 지켜보는가? 이런 부정성의 샘물에 빠져들 필요가 없다. 거기에서 한 걸음 떨어져 뭔가 긍정적인 것으로 관심을 돌려라.

타성 : 타성에 젖는다는 것은 오래된 습관이나 환경에 굴복하고 만다는 뜻이다. 우울, 짜증, 상처, 불안이나 슬픔의 이유가 뭐든 당신이 수동적인 자세를 취한다면, 그것들은 없어지지 않고 남아 있을 것이다. "그래 봐야 변하는 건 없어. 사람 사는 게 다 그렇지."라는 말이 타성을 합리화하는 좌우명이다. 상황이 변하지 않는다는 걸 알아간다고는 하지만, 실제로는 상황을 그대로 유지하기 위해 당신이 스스로를 훈련시키는 방식에 불과하다. 당신은 고통이 머릿속에서 떠나지 않는가? 생각조차 해보지 않고 도움이 되는 조언을 거절한 적이 있는가? 당신은 스스로의 감정을 움켜쥐고 있는 것과 치유하기 위해 진심으로 고백하는 것의 차이를

아는가? 틀에 박힌 당신의 고통을 잘 살펴보고 그것에서 벗어나라.

중독적 관계 : 당신의 삶에는 오직 세 종류의 사람들만 존재한다. 당신을 혼자 있게 내버려두는 사람, 당신을 돕는 사람, 당신에게 상처를 주는 사람이다. 당신을 혼자 있게 내버려두는 사람은 당신의 고통을 귀찮아 하거나 불편해 한다. 그들은 스스로의 기분을 망치지 않기 위해 당신과 거리를 두고 싶어 한다. 당신을 돕는 사람은 당신 혼자 할 수 있는 것보다 당신의 고통에 대해 더 많은 것을 해줄 수 있는 힘과 앎을 지닌 사람들이다. 당신에게 상처를 주는 사람은 당신이 잘되는 것을 못 보기 때문에 내심 현 상태를 유지하기를 원한다. 당신의 삶에서 각각의 범주에 해당하는 사람이 몇이나 되는지 솔직하게 세어보라. 이것은 친구나 사랑하는 가족 구성원을 세는 것과는 다르다. 당신이 어려움에 처했을 때 다른 사람들을 스스로 평가해보라.

- 나를 혼자 내버려두는 사람에게 더 이상 내 문제를 의논하지 않을 것이다. 그들에게나 나에게나 모두 좋지 않기 때문이다. 그들은 나를 돕고 싶어하지 않으니까 나도 그들에게 부탁하지 않을 것이다.
- 나를 돕고자 하는 사람들과 내 문제를 나눌 것이다. 나는 자존심, 불안, 의심을 버리고 진정으로 돕겠다는 그들을 뿌리치지 않을 것이다. 나는 그들에게 내 치유에 동참해 달라고 부탁하고, 그들에게 내 삶의 보다 큰 비중을 내어줄 것이다.
- 나를 해치고자 하는 사람들과는 거리를 둘 것이다. 나는 그들과 대면하거나, 그들에게 죄를 짓게 하거나, 그들로 인해 나를 자기연민에 빠트릴 필요가 없다. 나는 그들의 중독성 있는 영향력에 빠져들

여유가 없으며, 거리를 두어야 한다면 기꺼이 그렇게 하리라.

신념 : 당신이 괴로움을 원할 만한 동기가 있는지 탐구해보라. 당신은 아무것도 잘못된 것이 없다는 걸 부인하는가? 당신이 아파하는 모습을 남들에게 보이지 않음으로써 당신이 더 나은 사람이라고 생각하는가? 당신이 아프거나 괴로울 때 사람들이 주는 관심을 즐기는가? 당신은 혼자 있으며, 어려운 결정을 하지 않아도 될 때 안도감을 느끼는가? 신념 체계는 복잡하다. 그것들이 모여 우리가 세상에 우리를 표현하고 싶어하는 자아가 된다. 신념을 갖지 않는 편이 더 단순한 삶에 가깝다. 즉 어떤 일이 닥칠 때 이미 저장해둔 판단 근거 대신 내면의 지혜에 귀를 기울일 수 있도록 삶을 열린 형태로 두라는 말이다. 당신이 자신을 고통 속에 빠트려 왔다는 걸 알아챘다면, 이미 그 신념 체계에 사로잡힌 것이다. 이러한 신념에 집착하지 말고, 집착하고 싶은 욕구도 버려야 그 덫에서 빠져나올 수 있다.

에너지와 감각 : 우리는 고통스러울 때 몸이 우리에게 하는 말에 의존하는데, 몸도 마음과 마찬가지로 일정한 패턴을 따른다. 예를 들어, 우울증 환자가 심각하게 우울증을 앓고 있는지의 여부를 검사할 때 우선 몸의 불편한 징후들을 점검한다. 당신 역시 익숙한 감각들이 있을 테고, 고통을 겪고 있다는 걸 확인하는 데 그것들을 사용할 것이다. 이를 테면 많은 우울한 사람들은 피곤함을 우울함으로 해석한다. 왜냐하면 그들은 숙면을 취하지도 못하고 언제나 일에 치여 과로하기 때문에, 뭔가 결핍감을 느끼면 우울한 증상으로 해석하는 것이다. 이런 감각을 다룰 때는 굳이 해석을 붙이지 않고 관조할 필요가 있다.

슬퍼하지 말고, 단지 그것을 슬픔의 에너지로 바라보라. 피곤함과 마찬가지로 슬픔도 놓아버릴 수 있는 육체적 속성을 지니고 있다. 불안한 사람이 되지 말고, 불안의 에너지를 다루어라. 모든 에너지는 같은 방식으로 놓아버릴 수 있다.

- 심호흡을 하고 조용히 앉아서 몸의 감각을 느끼라.
- 판단하지 말고 그저 감각을 느끼라. 그저 그렇게 존재해보라.
- 떠오르는 어떤 감정, 생각, 에너지든 그저 흐르게 하라. 이것은 종종 불안, 분노, 두려움, 상처의 목소리를 들으라는 의미도 된다. 그들이 말하고자 하는 것을 말하도록 그저 내버려두라. 어떤 일이 벌어지고 있는지 듣고 이해하라.
- 가능한 한 최대한 에너지가 사라져 소진되는 것을 지켜보라. 완전히 없어지라고 요구하지 마라. 축적된 에너지가 허용하는 한 몸이 가는 대로 내버려두겠다는 태도를 유지하라.
- 몇 시간 후나 그 다음 날, 이 전체 과정을 되풀이하라.

효과가 있을지 의심스러울지도 모르지만, 각 단계마다 5분만 투자해보라. 아주 작은 한 걸음이 거대한 결과를 가져올 것이다. 앞의 이런 단순한 상태야말로 자연의 본령이다. 고통과 복잡함은 부자연스러움을 고집하는 억지를 부려, 그 복잡함을 유지하는 데 에너지를 낭비하게 만든다. 고통을 끝내기 위해 최선을 다하려면, 일상적으로 단순한 상태가 되려고 노력함으로써 실체가 아닌 것의 뿌리를 자를 수 있다.

Secret 6

자유가 마음을 길들이리라

Freedom tames the mind

당신은 자신의 마음을 사랑하는가? 나는 아직까지 그런 사람을 만나보지 못했다. 아름다운 몸매나 얼굴을 가진 사람들은 그들이 태어날 때부터 받은 이 선물을 사랑하곤 한다. 그러나 마음은 '나'를 이루는 구성 요소 중 가장 사랑하기 어려운 부분이다. 우리가 그 안에 갇혀 있다고 느끼기 때문이다. 늘 그렇지는 않지만 고난이 닥칠 때는 그렇다. 두려움은 마음을 자기 뜻대로 끌고 다니는 요령을 안다. 우울함은 마음을 어둡게 만든다. 걷잡을 수 없는 혼란이 오면 분노는 스스로 일어난다.

고대문화는 마음이 정처 없고 믿을 수 없는 것이라고 거듭 말해왔다. 인도에서 가장 잘 알려진 마음에 대한 비유는 코끼리를 이용한 것인데, 마음을 다스리는 일은 코끼리를 말뚝에 묶는 것과 같다고 한다. 불교에서 마음이란 오감五感을 통해 바깥 세상을 보는 원숭이에 비유된다. 원숭이는 충동적이고 변덕이 심하기로 유명해서 무슨 일이든 주의를 기울이지 않는 경향이 있다. 불교 심리학에서는 원숭이를 길들여 그의 방식대로 살게 하거나 받아들이는 게 아니라, 정처 없는 마음의 변덕을 극복하여 지고한 앎의 경지까지 초월해야 한다고 가르친다.

마음을 사랑할 수 있는 경지를 비유를 통해 설명하기는 어렵다. 스스로 평화롭고 고요한 체험을 실제로 해봐야만 한다. 그러려면 마음을 자유롭게 해야 한다. 마음이 자유로울 때 맑아질 것이다. 그러면 마음은 불안함을 멈추고 평화의 샘물이 될 것이다. 이 방법은 상식에 반하는 해결법이다. 왜냐하면 코끼리나 원숭이를 풀어놓음으로써 길들일 수 있다고 말할 사람은 없기 때문이다. 사람들은 동물을 풀어주면 더 거칠어진다고 말하지만 이 비결은 실제 경험에서 우러난 것이다. 자유는 구속보다 깊은 차원인데, 마음을 자유롭게 풀어놓음으로써 오히려 질서를 갖추게 된다는 것이다. 그리하여 각각 개인마다 다른 생각과 충동은 내면에서 평화롭게 흐른다.

그렇다면 어떻게 당신의 마음을 자유롭게 할 수 있을까? 먼저 마음이 어떻게 갇혔는지 이해할 필요가 있다. 자유란 문을 열거나 자물쇠를 부수어 얻을 수 있는 것이 아니다. 마음에는 스스로 채운 자물쇠가 있다. 윌리엄 블레이크William Blake(영국의 시인 – 역자 주)가 런던 거리의 사람들에 대해 명상하면서 알아낸 것처럼 말이다.

> 모든 사람의 모든 외침 속에서
> 모든 아이들의 두려움의 외침 속에서
> 모든 목소리에서, 모든 금기禁忌 속에서
> 내가 듣는 건 마음이 만들어낸 수갑이네

인도의 현자들은 마음이 어떻게 스스로를 속박하는지 이해하려 했고, '삼사라Samskara('함께 흐른다' 는 뜻의 산스크리트어)' 라는 핵심 개념을 고안해냈다. 삼사라는 생각이 같은 방향으로 흐르도록 마음에 낸 홈이다. 불교 심리학에서는 삼사라를 자신의 삶을 마음속에 새긴 인장이나 흔적이라는 매우 정교한 개념으로 사용한다. 과거의 기억이 만들어낸 당신의 개인적인 삼사라는 항상 제한된 반응을 되풀이하게 함으로써 당신에게서 자유로운 선택을 앗아간다. 바꾸어 말하면 자유로운 선택이란, 마치 처음 하듯이 자유롭게 할 수 있는 선택을 말한다.

대부분의 사람들은 자신이 무엇을 어떻게 선택하는지도 모르는 상태인 삼사라의 바탕에서 정체성을 형성한다. 그러니 그 퍼즐을 좀처럼 풀 수 없다. 불같이 화를 내기 일쑤인 어떤 사람을 예로 들어보자. 이 분노 중독자들에게 분노의 충동은 비밀스러운 곳에서 솟아나 그들을 사로잡는다. 통제할 수 없는 분노가 각각의 단계마다 폭발한다. 첫 번째로는 대개 육체적인 징후가 나타난다. 가슴의 압박, 발작에 가까운 두통, 빠른 맥박, 가빠지는 호흡 등. 그 사람은 둑 뒤로 물이 차듯 분노가 쌓이고 있음을 느낀다. 이때의 압력은 육체적이기도 하고 감정적이기도 하다. 몸은 그 불편함에서 벗어나고 싶어 하고, 마음도 그 족쇄와 같은 감정에서 해방되고자 한다. 이 시점에서 그는 보통 분노를 가득 실어 분출할 수 있는 구실을 찾는다. 그래서 숙제를 안 한 아이나 꾸물거리는 웨이터나 가게 점원이 약간만 거슬리게 해도 그 표적이 된다.

마침내 분노를 분출하고 나서 마음이 잠잠해지면 곧 자신이 위해를 가했음을 깨닫는다. 결국 자책하게 되고 다시는 그러지 않겠다는 다짐을 반복한다. 부끄러움과 죄책감을 느끼며 앞으로는 분노를 누그러트릴 것을 다짐하고, 내심 분노를 폭발시키는 것이 어처구니없고 해롭다고 이성적으로 반성한다.

분노 중독자들이 자신의 선택을 바꾸어 개화하기는 어렵다. 충동이 점점 끓어 열을 받으면 압력은 빠져나갈 분출구를 찾아야만 한다. 분노가 스스로의 길을 찾아나갈 수 있도록 보이지 않는 계약, 즉 결탁이 이루어지고 만다. 분노 중독자들은 과거에 자신이 행했던 분노의 메커니즘을 복사하여 받아들이기로 결심한 사람들이다. 집이나 학교에서 누군가가 화내는 것을 본 이후로 힘을 얻을 수 있는 다른 길이 없었던 그들은 분노를 힘과 연관짓는다. 그들은 자신의 감정을 말로 표현하기가 불가능하다고 느끼기 때문에 분노 속에서 주먹을 휘둘러 말과 사고를 대체한다. 한번 분노의 습에 빠져들면 그들은 다른 방법으로 분출할 수 있는 길을 찾지 않는다. 어처구니없는 분노와 후회의 드라마를 끝내고 싶어 한다고는 하지만, 그들은 자신의 욕망과 욕구 때문에 스스로 분노를 꽉 움켜쥐고 있다. 그들은 분노 없이 욕망하는 것을 어떻게 얻는지 모른다.

삼사라를 해부해보면 온갖 다양한 종류로 존재한다. 이를테면 앞에서 말한 분노 대신 불안, 우울, 섹스 중독, 약물 중독, 강박증 등의 다른 경험들로 바꿀 수 있다. 삼사라가 사람들의 자유를 어떻게 앗아가는지 증언하는 예들이다. 그들은 중독된 기억에서 벗어날 수 없어 그것에 적응하게 되고, 이미 형성된 기억의 층에 또 다른 층을 보탠다. 유년기에 형성된 바닥의 층에서는 끊임없이 메시지를 보낸다. 어른들이 거울을 보고 종종 충동적이고 겁에 질린 아이처럼 느끼는 것도 그 때문이다. 여기에는 과거 그 자체가 아니라 삼사라가 작용한다. 과거에 겪은 오래되고 진부한 경험들이 넝마처럼 짜깁기되어 정신을 다스린다.

저장된 기억들은 똑같은 메시지를 계속해서 송신하는, 프로그램된 마이크로칩과도 같다. 당신이 고정된 반응을 보이고 있음을 알아챈다면, 이미 특정한 메시지가 송신된 것이다. 메시지를 바꾸려고 해봐야 소용없다. 그럼에도 대다수의 사람들은 다음과 같이 마음을 길들이려고 한다. 그들은 자신이 좋아하는 메시지를 수신하는데, 그 반응은 다음 셋 중 하나다.

- 속임수(manipulation)
- 제어(control)

- 거부(denial)

당신이 이 과정을 면밀히 관찰하면 이 세 가지 행위는 어떤 사실 뒤에 행해진다는 것이 명백해질 것이다. 그들은 마음의 장애를 증상보다는 괴로움의 원인으로 취급한다. 이런 가정에서 출발한 해법은 엄청나게 부정적인 영향을 미친다.

속임수란 다른 사람의 욕구를 무시하거나 해를 입혀 당신이 원하는 바를 얻는다는 뜻이다. 속임수를 쓰는 사람들은 홀리고, 설득하고, 사기 치고, 잘못 가르쳐주는 등의 방법을 쓴다. 그 기저에 깔린 생각은 '사람들한테서 내가 원하는 것을 끌어내기 위해서 나는 속여야만 해.'라는 것이다. 속임수를 쓰는 사람들이 스스로의 책략에 제대로 사로잡히면, 심지어 그들의 희생자에게 호의를 베푼다고까지 상상한다. 결국 사람들을 기분 좋게 하는데 뭐 나쁠 게 있냐는 식이다. 다른 사람들의 말에 충분히 귀를 기울이지 않거나 사람들이 원하는 것을 무시할 때, 가격을 매길 수조차 없이 당신의 욕망만이 소중한 것처럼 행동할 때, 당신은 스스로에게 속아 넘어간다.

외부로 드러나는 징후들도 있다. 이런 속임수는 긴장, 부담, 불평과 갈등을 초래한다. 어떤 사람들은 수동적인 의미의 속임수를 쓰기도 한다. 그들은 사람들에게 동정과 공감을 얻어내기 위해 '불쌍한 나'라는 식의 시나리오를 연기한다. 혹은 다른 사람들이 원하는 것이 틀렸다고 생각하게 만들 목적으로, 일부러 미묘한 죄의식을 조장하기도 한다. 이런 속임수는 당신의 욕망이 모두 중요하다는 가정을 멈출 때 종식된다. 그럴 때 당신은 다시 다른 이들과 연결되고 그들의 욕망도 당신의 것과 양립할 수 있다고 믿기 시작한다. 속임수를 쓰지 않을 때 사람들은 자신의 욕구가 존중받는다고 느낀다. 사람들은 당신이 그들의 편이라고 믿는다. 당신은 수완가나 세일즈맨으로 보이지 않는다. 아무도 자신이 속았다고 생각하지 않는다.

제어는 다른 사람에게 당신의 방식을 강요하는 것을 말한다. 이런 행동을 하는 사람들은 다른 사람들을 가만히 놔두는 것에 죽을 듯한 두려움을 느낀다. 그래서 제어하는 이들은 다른 사람들에게 끊임없이 조화를 깨라고 요구한다. 그 기저에 깔린 사고는 "만약 그들이 나에 대한 관심을 유지한다면, 그들은 달아나지 못할 거야."라는 것이다. 당신이 자신을 변명하고 다른 사람을 비난하거나, 아무도 당신에게 감사나 사의를 보이지 않는다고 마음 깊이 느낀다 해도, 그들은 아무 잘못이 없다. 당신이 제어하고 싶어 하는 욕구를 드러내놓고 사람들에 표출하기 때문에 벌어지는 일이다. 당신이 제어하고 싶어 하는 사람들의 태도를 보면 당신이 이런 행위를 하고 있는지 알 수 있다. 그들은 긴장되어 있고 저항적이다. 자신의 이야기를 잘 들어주지 않는다고 불평한다. 그들은 당신을 완벽주의자나 군림하는 사장이라고 말한다. 만약 그렇다면 당신의 방식이 옳지 않다는 것을 인정하라. 그러면 자동적으로 제어는 종식되기 시작한다. 당신은 불평하거나, 비난하거나, 당신 외에 다른 사람은 모두 틀리다고 주장하거나, 당신이 비난받을 이유가 없음을 증명하기 위해 끊임없이 변명하기를 일단 멈춘다면, 점점 당신의 제어 욕구를 제지할 수 있다. 당신이 주변 사람들을 제어하기를 멈춘다면 사람들은 한결 편하게 숨을 쉬기 시작할 것이다. 그들은 긴장을 풀고 웃을 것이다. 허락을 얻기 위해 당신을 쳐다보는 일 없이, 있는 그대로의 자유를 느낄 것이다.

거부는 어떤 것을 직면하기보다는 과거를 쳐다보는 문제다. 심리학자들은 세 가지 행위 중에서 거부를 가장 유아적이라고 생각한다. 왜냐하면 상처받기 쉬운 취약성과 밀접한 관련이 있기 때문이다. 거부하는 사람은 마치 어린아이들이 그렇듯, 문제를 해결하는 데 무기력감을 느낀다. 거부는 두려움과 관련이 있는데, 마치 불안하면 사랑을 요구하는 아이들과 같다. 그 기저에 깔려 있는 사고는 "내가 바뀌지 않고 있는 걸 알 필요는 없다."는 것이다. 이 경우는 집중력이 떨어지고, 망각하고, 어떤 일을 미루고, 당신을 해코지하려는 사람과 직면하기를 거부하고, 적절한 바람, 그릇된 희망, 혼란까지도 거부한다. 가장 주요한 외부적 징후는 해결책이 필요할 때 누구도 당신에게 의지하거나 관심을 돌리지 않는다는 것이다. 거부는 당신이 관심을 기울여야 하는 일을 못 본 체함으로써 당신을 방어하고자 하는 행위다.

시도는커녕 당신이 구경조차 못한 것에 실패한다고 누가 비난할까? 당신은 고통스러운 진실을 직면하기를 거부하며 지나치고 있다. 가장 먼저 당신의 느낌을 솔직히 표현해야 한다. 깊은 거부감에 빠져 있는 사람이라면, 자신을 불안하게 만드는 그것이 바로 눈을 부릅뜨고 직면해야 할 문제다. 두려움을 느끼더라도 그 문제에 집중하고 깨어 있어 해결하고자 할 때 거부는 끝난다.

이런 행위를 하는 사람들은 불가능에 도전하고 있다. 속임수를 쓰는 사람들은 누구나 당신이 원하는 대로 행동한다는 것을 증명하려고 할 것이다. 거부하는 사람들은 당신이 문제를 보지 않고 외면하면, 나쁜 것들이 저절로 물러난다는 걸 증명하려 들 것이다. 그러나 진실은 그와는 정반대다. 당신이 원하는 걸 다른 사람이 거부할 수도 있고, 뚜렷한 이유 없이 다른 사람이 당신을 저버릴 수도 있고, 당신이 맞서든 그렇지 않든 문제는 생긴다. 끈질기게 그 반대의 경우를 증명해 내는 데 얼마나 걸릴지 알 수 없지만, 우리가 그 진실을 받아들일 때만 그런 행동은 완전히 끝날 것이다.

삼사라에 대해 알아야 할 다음 사실은 그것들이 침묵하지 않는다는 점이다. 마음속에 인장처럼 새겨진 삼사라는 목소리를 지녔다. 우리는 머릿속에 메아리치는 듯한 메시지를 계속해서 듣는다. 진실의 목소리와 거짓의 목소리를 구분하는 게 가능할까? 이는 매우 중요한 질문이다. 당신의 머릿속에서 들리는 말들을 듣지 않고 생각한다는 건 불가능하기 때문이다.

19세기 초반, 매지스터 아들러Magister Adler라는 덴마크의 무명 목사가 그의 교회에서 화형당했다. 자신이 하나님께 직접 계시를 받았다고 주장하여 교회 당국으로부터 불경죄로 유죄를 선고받았기 때문이다. 그는 단상에 올라 설교할 때 높은 목소리로 계시를 받고 있다고 주장했다. 그러나 그는 여전히 그가 하던 대로 낮고 일상적인 목소리로 말하고 있을 뿐이었다.

이런 기괴한 행동 때문에 예배에 참가한 사람들은 그가 미쳤다고 생각했고, 급기야는 그를 화형시킬 수밖에 없었다. 이런 일이 일어나자 덴마크의 위대한 철학자 키에르케고르의 귀에까지 들어갔고, 그는 정말 중요한 질문을 던졌다. 어떤 사람이 하나님의 목소리를 들었다는 것을 증명하는 게 가능한 일인가? 어떤 행위나 겉으로 드러난 징후로 진정한 계시를 받았다고 말할 수 있을까? 현재 시점에서 어떤 성직자가 똑같은 증상을 보였다면 그는 피해망상적 정신분열증이라고 진단받았을 수도 있다. 키에르케고르는 아들러가 신의 목소리로 말하지 않았을 뿐 아니라, 내면의 목소리가 어디에서 오는지 아무도 모른다는 점을 관찰했다고 결론지었다. 우리는 말의 시냇물이 우리 머릿속을 흐르고 있다는 것을 쉽게 인정한다.

신앙심이 아주 깊은 사람이라면 모든 내면의 목소리가 신의 목소리의 또 다른 버전이라고 주장할지도 모른다. 그러나 한 가지만은 확실하다. 우리 모두는 왁자지껄한 합창으로 이루어진 내면의 목소리를 듣는다. 그것들은 특별한 순서도 없이 잔소리하고, 칭찬하고, 감언이설하고, 판단하고, 경고하고, 의심하고, 불신하고, 신뢰하고, 불평하고, 희망하고, 사랑하고 두려워한다. 극단적으로 단순화시켜 말한다면, 우리는 모두 좋은 면과 나쁜 면을 가지고 있다고 할 수 있다. 우리는 과거의 경험에서 형성된 수천 가지 측면들을 지니고 있다. 내가 듣는 목소리가 실제로 얼마나 되는지 나눠서 세어본다는 것은 불가능하다. 나는 그 중 어떤 것들은 유년기 때 만들어졌다고 느낀다. 다른 목소리들은 어른의 것이며 거칠다. 나는 과거에 나를 비난하거나 처벌한 사람들의 목소리를 듣는다. 각각의 목소리는 내가 온전한 관심을 쏟을 가치가 있다고 믿는다. 이런 주장, 요구와 욕구들이 일으키는 폭동을 진압하기 위해 귀가 멍멍할 정도의 소음을 만들어내면서 호통 치는 중심적인 자아란 없다. 내가 관심을 옮길 때마다 무대 뒤편이 시끌벅적 혼란해질지라도, 어떤 순간에도 내가 가장 관심을 기울이는 목소리가 내 목소리가 된다. 그 길들일 수 없는 혼란은 나를 잡아끌어 이 길로 가도록 한다. 그리고 그것은 내가 그토록 조각나 있다는 증거이기도 하다.

이 시끌벅적한 혼란은 어떻게 길들일 수 있을까? 어떻게 하면 유일한 실체에 꼭 들어맞는 나의 감각을 되찾을 수 있을까? 다시 한번 그 답을 말하건대 그것은 자유다. 그러나 자유는 자기 자신만의 방식으로 찾아야 한다. 당신은 결정으로부터 자유로워져야 한다. 당신이 선택하기를 그칠 때 머릿속에서 들리는 목소리들은 즉시 힘을 잃을 것이다.

삼사라는 당신이 과거로부터 기억해 낸 선택이다. 각각의 선택은 당신을 미세하게 변화시킨다. 태어나자마자 그 과정이 시작되었고 지금까지 계속되고 있다. 그것과 싸우는 대신, 우리는 계속해서 선택할 수 있다고 믿어 왔다. 그 결과, 우리는 새로운 삼사라를 추가하고 오래된 삼사라들은 더 강화한다. [불교에서는 이를 삼사라의 바퀴(윤회의 바퀴)라고 하는데, 오래된 똑같은 반응이 되풀이되기 때문이다. 우주의 관점에서 보면, 삼사라의 바퀴는 한 영혼을 다음 생의 삶으로 끌고 간다. 마음속에 새겨진 오래된 인장 때문에 우리는 늘 똑같은 문제에 직면하고, 죽음조차도 그것을 방해할 수 없다.] 키에르케고르는 하나님을 찾은 사람은 스스로를 자유롭게 한 사람이라고 했다. 만약 하나님이 당신을 위해 모든 결정을 내려준다고 생각하면 기분이 어떻겠는가? 이 질문에 대답하는 데 더 가까이 다가선 사람은 하나님에게 더 긴밀하게 연결될 것이라고 생각한다.

단순한 앎의 상태에서 가장 혁명적인 선택은 즉각적으로 이루어질 수도 있다. 모든 상황에서 에고가 고전할 때, 당신의 앎의 심원한 부분은 이미 무엇을 해야 할지 알고 있다. 그리고 그 선택은 놀라울 정도로 적절하고 완벽한 시간에 이루어진다. 사람들은 섬광과 같은 명료함 속에서 불현듯 자신이 무엇을 해야 할지 알아채는 경험을 하곤 한다. 선택 없는 앎이야말로 자유로운 앎의 다른 이름이다. 내부에 있는 선택자를 자유롭게 함으로써 당신은 한계 없는 삶에 대한 권리를 주장할 수 있으며, 온전한 신뢰로서 신의 의지에 따라 행동할 수 있다.

그렇다면 우리는 선택을 함으로써 덫에 걸렸다는 말인가? 이건 정말로 놀라운 생각이다. 왜냐하면 우리는 평생 동안 그 규칙에 반대되는 일을 해왔기 때문이다. 우리 모두에게 삶이란 한 번에 하나의 선택을 하면서 살게 되어 있다. 외부 세계는 가능성들이 끝없이 휘황찬란하게 펼쳐진 거대한 시장과도 같다. 그리고 모든 사람들은 그 시장에서 무엇이 나에게 가장 좋은지 꼼꼼하게 골라서 쇼핑을 한다. 대부분의 사람들은 그들의 쇼핑백에 뭐가 들어 있는지에 따라 스스로를 파악한다. 집이나 직업, 배우자, 자동차, 아이들이나 돈 같은 것들이 그 안에 들어 있다. 그러나 당신이 A를 선택하고, B를 선택할 때마다 당신은 유일한 실체를 그 뒤에 남기도록 강요당한다. 당신은 당신이 선택하는, 선호하는 물건들로 자신을 정의하고 있다.

이에 대한 대안은 결과에 집착하기를 멈추고 그 원인에 눈을 돌리는 것이다. 당신 안에서 결정을 내리는 자는 도대체 누구인가? 이 목소리는 과거의 유물인데 시간을 넘어 존재하는, 오래 전에 내린 결정들이다. 지금 이 순간, 당신이 과거의 자신이라는 짐을 지고 산다면, 당신은 더 이상 살아 있는 게 아니다. 이렇게 자신을 죽이는 수천수만 개의 선택으로부터 자신을 보호해야 한다. 만약 당신이 과거를 답습하지 않으며 바로 지금 선택하고 그 선택을 온전히 이해한다면, 집착할 것이 아무것도 없으며 과거는 압축된 쓰레기를 더 이상 만들 수 없게 된다.

선택은 흐름이 되어야 한다. 당신의 몸은 존재의 자연스러운 방식을 보여준다. 앞에서 살펴보았듯이, 각각의 세포는 단지 몇 초간 생존할 수 있는 양분과 산소만을 저장할 뿐이다. 세포는 에너지를 축적하지 않는다. 왜냐하면 그 다음에 무슨 일이 닥칠지 그들은 모르기 때문이다. 저장하기보다는 유연하게 반응하는 것이 생존에 훨씬 더 중요하다. 언뜻 보기에 우리 세포는 취약하고 방어에 약한 것 같지만, 세포가 소멸하는 것만큼 다시 생성될 수 있다는 것을 2십억 년의 진화가 증명한다.

우리는 무엇을 얻을지는 선택할 줄 안다. 그러나 어떻게 버리고 놓아야 할지 아는 사람은 거의 없다. 한 번 경험한 것은 놓아서 다음을 위한 여분의 공간을 만들어주어야 한다. 놓는 기술은 습득할 수 있다. 한 번 습득하기만 하면 당신은 더욱 더 인생의 순간을 즐길 수 있다.

놓아버리기
🕎 **덫에 걸리지 않고 선택하는 법**

- 모든 경험을 최대한 활용하라.
- 옳고 그른 결정인지에 집착하지 마라.
- 당신의 자아상을 방어하지 마라.
- 위험 너머로 나아가라.
- 의심될 때는 결정을 내리지 마라.
- 어떤 일이 일어나든 그 속에서 가능성을 보라.
- 기쁨의 샘물을 찾아라.

**모든 경험을 최대한 활용하라 : ** 대중문화는 풍요로운 삶에 환호한다. TV를 틀기만 해도 다음과 같은 메시지들이 마구잡이로 쏟아져 나와 우리를 몰아세운다. "남자가 얻을 수 있는 최고의 것" "당신 곁에 천사를 두는 것 같은" "움직일 때마다 부드러워요, 말할 때마다 멋져요. 이 느낌을 놓치고 싶지 않아요." "당신이 봅니다. 그들이 웃습니다. 당신이 이겼습니다. 그들은 집에 갑니다." 여기서 파는 것은 무엇인가? 사회적으로 성공한 사람이 누릴 수 있는 감각적인 쾌락, 사회적 위상, 성적 매력과 자아상으로 이루어진 환상이다. 이 문구는 우리가 늘 보던 면도날 광고에 등장한다. 거의 모든 광고 방송에서는 풍요로운 삶을 이야기한다. 그러나 풍요로운 삶이란 쾌락이나 물질 자체가 아니라 경험이다. 풍요로운 삶의 실체란, 무엇인가를 풍요롭게 경험한다는 것이다. 그 경험이 영원히 지속되려면 감각적인 무언가가 아니라 정서적이며 의미 있는 것이어야 한다.

반드시 의미가 있어야 한다. 당신에게 진정한 의미만 있다면 당신은 그 순간을 매우 풍요롭게 체험할 것이다. 감정 또한 당신을 조화로운 차원으로 이끌기 때문에 반드시 필요하다. 당신의 마음을 움직이는 경험은 더 의미 있는 것이 된다. 성공한 사람이 누릴 수 있는 순수한 육체적 감각, 성적 매력이나 성취감은 일반적으로는 소수의 사람만 누릴 수 있기에 많은 사람들이 끊임없이 갈망한다. 그런데 당신이 수백 경기에서 승리를 거둔 운동선수나 수백 명의 파트너와 잠자리를 한 섹시한 스타와 함께 시간을 보낸다면 두 가지 사실을 발견할 수 있을 것이다. 첫째, 숫자가 중요한 것은 아니다. 운동선수들은 대개 성공했다는 사실을 깊이 느끼지 못한다. 성적으로 많은 상대를 정복한 스타 또한 높은 만족이나 가치를 느끼지 못한다. 둘째, 경험에 대한 만족도는 점점 감소한다. 경기에서 이기거나 상대를 침대로 데려가는 행위는 점점 흥분도가 낮아지고 흥분이 지속되는 시간도 짧아진다.

어떤 순간이든 풍요롭게 체험한다는 것은 푹 빠져든다는 뜻이다. 이를테면, 당신이 어떤 사람을 처음 만났는데도 그 사람에게서 뭔가 의미를 발견하고 진심으로 감정을 나누지 않으면, 그 만남은 덧없고 의미 없는 시간 낭비가 될 것이다. 다른 사람과 조화를 이루는 것은 마치 원과 같은 상호 순환적인 주고받음이다. 당신은 자신을 다른 사람에게 보내고 다른 사람의 응답을 받아들인다. 당신이 그렇게 하는지 잘 지켜보라. 당신은 주춤거리며 스스로를 고립시키고, 겉으로만 응답할 뿐 속으로는 상대방을 조금만 받아들이거나 전혀 받아들이지 않을 수도 있다.

다른 사람이 전혀 관련되지 않을 때도 똑같은 원圓이 존재할 수 있다. 세 사람이 똑같은 석양을 바라본다고 가정해보자. 첫 번째 사람은 사업상의 거래에 신경이 곤두서 석양은 아예 보지도 못한다. 그의 눈동자에 그 빛이 맺히는데도 말이다. 두 번째 사람은 생각한다. "멋진 석양이야. 좀처럼 보기 힘들걸." 세 번째 사람은 예술가로서 즉석에서 그 광경을 스케치하기 시작한다. 이 세 사람 사이에는 차이가 있다. 첫 번째 사람은 아무것도 보내지 않고 돌려받은 것도 없다. 두 번째 사람은 석양을 받아들이는 데 그의 앎을 허용했지만 다시 돌려주는 데는 앎이 미치지 않았다. 그의 반응은 일상적일 뿐이었다. 세 번째만이 원을 완성시킨 유일한 사람이다. 그는 석양 속으로 들어가서 창조적인 반응에 호응했고, 그의 앎을 세상에 돌려주었다. 당신이 인생을 풍요롭게 경험하고자 한다면, 당신은 그 원에 더 가까이 가야만 한다.

옳고 그른 결정인지에 집착하지 마라 : 당신이 옳은 결정인지에 집착하고 있다면, 기본적으로 우주가 어떤 것에는 보상하고 어떤 것에는 벌줄 것이라고 가정하기 때문이다. 그런 가정은 타당하지 않다. 왜냐하면 우주는 융통성이 있기 때문이다. 우주는 당신이 결정하는 모든 것을 받아들인다. 옳고 그름은 오직 마음이 만들어내고 있을 뿐이다. 당신은 그 말에 대해 감정적으로 강하게 반대할 수도 있다. '바른생활맨'이 어때서? 완벽한 직업이 왜 없어? 가장 좋은 차를 사는 게 어때서? 우리는 사람, 직장 그리고 차나 돈에 걸맞은 최상의 가치를 추구하는 소비자처럼 보여야 한다는 습관이 있다. 그러나 실체의 관점에서 보자면, 우리가 옳고 그르다고 명명하는 결정은 정해진 것이 아니라 유동적이다. 정답은 하나만 있는 게 아니라 당신의 삶에 맞는 수백수천 개 중의 하나다. 가장 훌륭한 직장이란 정의하기가 불가능하며, 그 일을 시작한 후 발생할 수십 가지 요인에 따라 좋고 나쁨이 드러날 것이다. 당신의 동료가 어떨지 어떻게 미리 알 것이며, 주식 시장의 판도가 어떨지 어떻게 알 것인가? 당신이 적절한 아이디어를 적재적소에 내놓아 승승장구할지 아닐지 미리 알 수 있는가? 당신이 구입한 가장 좋은 차 때문에 이틀 후에 사고가 날지도 모른다.

우주에는 정해진 바가 없다. 당신이 어떤 결정을 내리면, 그 결정을 따라 우주는 움직이기 시작한다. 거기에는 옳고 그른 것이 없으며 당신이 경험하는 각각의 생각, 감정, 행위를 따라 움직이는 일련의 가능성만 존재할 뿐이다. 너무 신비하게 들린다면 다시금 당신의 몸을 참고하라. 체온, 맥박, 산소 소비, 호르몬, 뇌의 활동 등과 같은 모든 중요한 신체적 징후(vital sign)는 당신의 결정에 따라 변할 뿐이다. 달리는 사람의 신진대사는 책을 읽을 때처럼 결코 낮을 수 없다. 왜냐하면 공기 흡입량과 맥박을 증가시키지 않는다면 호흡이 곤란해지고 근육이 경련을 일으킬 것이다.

결정이란 당신의 몸, 마음과 환경을 어떤 특정한 방향으로 이끌어간다는 것을 말하는 징후들이다. 나중에 당신이 내린 결정에 만족하지 못할 수도 있지만, 옳고 그름에 집착하는 것은 아무 방향을 취하지 않는 것과 별반 다르지 않다. 당신은 선택자라는 것을 언제나 명심하라. 즉 당신은 당신이 내리는 선택과 앞으로 내릴 선택 그 이상의 존재라는 것이다.

당신의 자아상을 방어하지 마라 : 오랜 세월에 걸쳐 당신은 이상화된 자아상(self-image)을 구축해놓고 그것을 '나'라고 부르며 지켜오고 있다. 이 상(image)은 당신이 스스로에게서 보고 싶은 것들로만 포장되어 있으며, 그것에서 이탈되면 자기 확신을 위협하는 수치심, 죄의식과 공포를 불러일으키는 요소들이 드러난다. 그러나 당신이 그토록 떨쳐버리고 싶던 요소들은 당신의 머릿속에서 끈질기고 지나치게 요구하면서 목소리를 멈추지 않을 것이다. 당신이 그것들을 떨쳐내려고 하면 할수록 내적 대화는 더욱 혼란해진다. 그리하여 당신이 좋은 점만 보고 스스로를 좋게 보이려고 할 때조차 당신은 불안할 수 있다.

스스로를 미화하려 들지 말고, 당신의 자아상을 폐기하라. 그 즉시 당신의 마음은 열리고, 더 이상 방어적이지 않으며, 이완된 자신을 발견할 것이다. 인도의 저명한 영적 스승인 니사르가닷다 마하라지Nisargadatta Maharaj의 놀라운 말을 기억하라. "주의 깊게 지켜보라. 단지 곤란에 처해 있을 때만 자아(self)가 있다는 걸 알게 된다." 만약 믿기 어렵거든 낯선 마을의 우범지대를 지나고 있다고 가정해보라. 주위의 모든 사람들이 당신을 긴장하게 만들 뿐이다. 익숙하지 않은 억양의 말소리를 들으면 자신과 그들이 다르다는 사실을 상기하게 되고, 그 차이 때문에 위험을 느낀다. '위협'이라는 개념 때문에 당신은 내면으로 응집하여 움츠리게 된다. 그리하여 당신 자신과 실제로 두려움을 느끼게 하는 요소 사이에는 큰 간격이 생긴다. 자아는 실제 요소를 왜곡하여 전혀 다른 것으로 받아들일 수도 있다. 그러나 고립되고 수축된 자아는 자신을 보호하지 못한다. 그것은 심상(imaginary)의 집합일 뿐이다. 자아가 실제 사실을 왜곡하여 든든하고 편안한 것처럼 우리를 속일 수는 있지만, 실제로 우리를 만족시키는 일은 절대로 일어날 리가 없음을 확인할 뿐이다. 마하라지의 핵심은, 우리가 자아라고 부르는 것은 텅 빈 핵심 주위에 형성된 하나의 움츠림일 뿐이라는 것이다. 우리가 자아라고 부르는 것은 단지 우리 스스로 만들어내는 이미지일 뿐이라는 것이다. 반면에, 실체에 거한다면 우리는 자각 속에서 자유로워지고 확장될 것이다.

나쁜 자아상에서 좋은 자아상으로 바꾸는 데는 많은 시간이 필요하다. 그럴 듯하게 들릴수록 자아상은 많은 함정을 지닌다. 그것은 당신이 누군지가 아니라 당신이 누구였는지를 상기시킨다. 여러 기억들이 모여서 '나'와 '나의 것'이라는 생각을 만들지만, 그런 기억들이 진정한 당신은 아니다. 당신이 스스로가 만든 자아상으로부터 스스로를 해방시킨다면, 당신은 언제나 습관적으로 선택하는 굴레에서 벗어나 언제나 처음처럼 선택하는 자유를 얻을 것이다.

자아상은 유일한 실체를 멀리 떼어놓는다. 특히 감정적인 차원에서 그렇다. 많은 사람들은 그들이 실제로 느끼는 것을 받아들이려고 하지 않는다. 이를테면 자아상은 화를 내거나 불안해 해서는 안 된다고 소리친다. 그런 감정은 '친절한 사람'과 일치하지 않기 때문이다. 어떤 감정은 이상적인 자아상의 일부가 되기에는 너무나 위험하게 느껴진다. 그래서 당신은 실제로 느끼는 그런 감정을 수용하지 않고 왜곡시킨다. 이상화된 자아상을 만들어 놓고 그 가면 뒤에 숨는다. 내면에 깊숙이 자리 잡은 분노와 공포 또한 그 범주에 속한다. 그러나 슬프게도 기쁨, 환희나 자발성도 마찬가지다. 다음과 같이 할 때 당신은 자아상에 지배 당하지 않을 수 있다.

- 당신이 느끼는 걸 그대로 느껴라.
- 당신은 자질구레한 것들 때문에 더 이상 감정이 상하지 않는다.
- 어떤 상황에서 당신이 어떻게 보일지 평가하지 않는다.

- 당신에게 우월감이나 열등감을 주는 사람들을 내치지 않는다.
- 다른 사람이 당신을 어떻게 생각할지에 대해 걱정하지 않는다.
- 더 이상 돈, 지위나 소유물에 집착하지 않는다.
- 당신의 의견을 방어해야 할 충동을 더 이상 느끼지 않는다.

위험 너머로 나아가라 : 미래가 예측 불가능한 상태로 남아 있는 한, 모든 결정은 어느 정도의 위험을 내포한다. 예를 들어, 어떤 음식이 심장마비나 암을 유발한다고 들었다고 하자. 그러면 위험도를 측정해서 위험도가 낮은 쪽을 택하는 게 이성적인 행위일 것이다. 그러나 삶은 측정할 수 있는 게 아니다. 심장질환에 대한 모든 연구는 측정할 수 있는 사실만을 밝힌다. 이를테면 "하루에 우유 1쿼트(영국에서는 1.11리터, 미국에서는 0.95리터 – 편집자 주)를 마시는 사람 중 절반이 심각한 심장마비를 겪을 가능성이 있다."와 같은 사실들 말이다. 또 다른 연구는, 스트레스에 민감한 사람은 스트레스가 심장질환 발생 가능성을 증가시킨다는 사실을 밝혔다.

위험이란 기계적인 것이다. 위험이란 말 속에는, 어떤 사건의 배후에는 아무런 지적인 존재가 없으며 단지 어떤 결과를 낳을 수 있는 특정한 인자(factors)들만 존재한다는 의미를 함축한다. 당신은 삶의 은밀한 차원에서 작용하는 무한히 지혜로운 존재를 자각함으로써 위험을 뛰어넘을 수 있다. 이런 지혜의 차원에서 행하는 당신의 선택은 늘 고무적일 수밖에 없다. 위험을 바라볼 때는 모름지기 행위의 과정이 합리적인지를 보아야 한다. 아주 중요한 인자들, 더 심원한 앎의 수준에서 저울질할 수 있는 바로 그 인자들을 깡그리 무시하고 위험 분석에 의존하는 어리석은 행위를 해서는 안 된다. 분석을 통해 답을 얻을 수 없는 차원에서는 오히려 분석해서 더 엉망이 될 수도 있다.

- 이 결정이 옳다는 느낌이 드는가?
- 이 결정대로 따르는 게 재미있는가?
- 사람들이 개입해도 좋은가?
- 내 가족을 위해 좋은 선택인가?
- 내 인생의 어떤 국면에서 이치에 맞는 선택인가?
- 이 결정을 하는 데 도덕적으로 정당성이 부여되었다고 느끼는가?
- 이 결정으로 내가 성장할 수 있는가?
- 내가 하려는 일 때문에 더욱 창조적이고 고무되는 기회를 갖는가?

위에서 말한 것들이 잘못 흘러가면 선택의 효과 또한 나타나지 않는다. 위험이란 상대적이며, 결정적인 것이 아니다. 절대적인 위험은 없으며 사람마다 다를 수밖에 없다. 스스로를 무한한 지혜와 합일시키는 사람들은 앎의 더 심오한 차원에서 자신의 선택을 평가할 수 있다. 그리하여 그들은 숫자를 잘게 쪼개어 계산하는 사람들보다 성공을 위한 더 큰 기회를 갖게 된다.

의심될 때는 결정을 내리지 마라 : 당신이 가장 옳은 결정을 내렸는지 헷갈릴 때는 그냥 내버려두기가 어렵다. 의심은 우리를 과거로 질질 끌고 가서 거기에 묶어놓는다. 많은 부부 관계가 이혼으로 끝나는데, 그 이유는 서로에게 헌신하지 않기 때문이다. 시간이 지날수록 덜 헌신한 게 아니다. 애당초 결여되었던 부분이 해결되지 않았을 뿐이다. 당신이 의심하고 있을 때는 중요한 결정을 내리지 않는 게 중요하다. 우주는 일단 행위가 시작되면 그것을 돕는다. 말하자면 당신이 한 번 방향을 정하면 그 방향을 틀기 힘들도록 시스템을 스스로 설정하는 꼴이 되고 만다는 뜻이다. 결혼한 여자가 자신이 원한다고 해서 미혼이 될 수 있는가? 부모가 마음에 들지 않는다고 해서 다른 부모의 자녀가 될 수 있는가? 두 가지 경우 모두 상황에 묶여 있는 꼴인데, 어떤 사실이 공간에 한 번 발현되면 아주 강력해지기 때문이다. 그러나 당신이 의심하고 있을 때, 당신은 잠시 동안 우주가 그 상태를 유지하게끔만 만든다. 우주는 특정한 방향을 선호하지 않게 된다.

이런 잠시 멈춤 모드에는 좋은 면과 나쁜 면이 있다. 좋은 면이란, 당신이 미래에 어떤 길을 갈 수 있는 새로운 이유를 가지고 더 큰 자각으로, 더 많은 앎을 얻을 수 있도록 스스로에게 여유를 주는 것이다. 나쁜 면이란 관성대로 할 때인데, 이는 결코 생산적이지 않다. 이전과 다르게 선택하지 않으면 성장하고 진화할 수 없다. 만약 의심이 사라지지 않는다면, 그 정체된 상태를 깨고 탈출해야 한다.

대개 앞뒤 안 가리고 새 집, 새 직장, 새 관계를 추구하면서 변덕스럽게 선택하는 사람들은 결국 과도하게 계산한 것으로 드러난다. 그들은 어떤 위험이 있는지 분석하고, 긍정적인 면과 부정적인 면을 다 따지고, 최악의 상황 시나리오를 그리는 데 너무 많은 시간을 소비하다가 제대로 된 결정이라곤 하나도 없다고 생각한 나머지 좌절감을 동력 삼아 교착 상태를 타개하고자 한다. 모순되게도 그런 비이성적인 '소 뒷걸음질로 쥐잡기'가 효과를 볼 때도 있다. 우주는 우리가 예측할 수 있는 것보다 많은 것을 축적하고 있으며, 나쁜 선택을 해도 부드럽게 넘어가는 일이 종종 있다. 왜냐하면 우리 안에 숨겨진 열망은 우리가 어디로 가는지 알기 때문이다.

설령 그렇다 하더라도, 의심은 자각을 통해 실체와 합일하려는 데에는 파괴적으로 작용한다. 심오한 차원에서는 당신은 유일한 실체를 알고 있다. 당신이 의심에 사로잡혀 있다는 것은, 당신이 내부의 '자각하는 자'와 연결되어 있지 않다는 징후다. 그것은 대개 어떤 선택을 할 때 표면적인 당신만 본다는 뜻이다. 어떤 결정을 할 때 겉으로 드러난 요소들을 근거로 삼는다는 것이다. 대부분의 사람들에게 가장 강력한 외부 요인은 다른 사람들이 생각하는 어떤 것들로 귀결된다. 왜냐하면 다른 사람들이 생각하는 것에 순응하는 길이 가장 저항이 적기 때문이다. 사회적으로 인정받는 것이야말로 자아가 피해를 최소화하는 길이다. 이때 당신은 독특한 개성을 지닌 당신이 아니라 사회적인 개체로서의 자기가 된다. 진짜 당신이 누구인지 찾아보라. 사회에 순응하는 것을 우선시하지 마라. 스스로를 의심하지 않는 데 도움이 될 것이다.

의심을 없애는 데는 정해진 공식이 없다. 왜냐하면 내면의 '자각하는 자'를 찾는 일은 개인적이기 때문이다. 그 사실에 대해 의심하지 마라. 당신이 내면으로 관점을 돌려 내적인 지혜를 따른다면 '자각하는 자'가 당신을 기다릴 것이다.

어떤 일이 일어나든 그 속에서 가능성을 보라 : 모든 선택이 제대로 발현된다면 결과물을 그냥 내버려두기가 훨씬 쉬울 것이다. 그런데 왜 그렇게 되지 않는 건가? 유일한 실체 안에서 잘못된 결과란 없으며 단지 새로운 결과만이 있을 뿐이다. 그러나 개체성을 지닌 에고에게 유일한 실체란 없다. 서로 연결된 여러 사물들일 뿐이다. 어제의 3등보다 오늘의 2등이 낫고, 내일의 1등이 나을 것이다. 이런 선형적인 사고思考 하에서는 조악한 개념 작용이 반영된다. 그러나 실질적인 성장은 여러 차원에서 일어난다. 당신에게 일어나는 일은 당신의 생각, 느낌, 사람들과의 관계, 상황에서의 행위, 환경에의 적응, 미래의 인식 그리고 자신에 대한 인식에 영향을 미칠 수 있다. 이 모든 차원들은 당신의 진화를 돕기 위해서 스스로 진화해야만 한다.

어떤 일이 일어나든 그 속에서 가능성을 보려고 애쓰라. 당신이 원하는 것이나 바라는 것을 알지 못하겠거든 스스로에게 물어보라. "어느 부분을 봐야 할까?" 이것이야말로 스스로를 자유롭게 하는 태도다. 어떤 차원에서든 인생에서 일어나는 모든 사건은 두 가지 중 하나다. 당신에게 이로운 것, 아니면 당신에게 좋은 것을 창조하기 위해 당신이 찾아야 하는 것이다. 이렇게 말하는 것이 맹목적인 낙관주의는 아니다. 그것을 증명하기 위해 다시 한번 몸을 참고로 이야기하자면 진화는 윈윈게임이다. 세포 내에서는 건전한 작동이거나 무언가 교정이 일어나야 한다는 징후만 발생한다. 인체의 작용 중 바람직하지 않은 작용이란 없다. [심지어는 암(cancer)이나 병마저도 신체의 균형을 잃은 데 대한 경고일 뿐이다. – 역자 주] 에너지는 닥치는 대로 쓰이지도 않고, 변덕스럽게 일단하고 보자는 식으로 움직이지도 않는다.

삶은 그저 몸과 똑같은 방식으로 스스로를 교정할 뿐이다. 선택자로서 당신은 기분 내키는 대로 행동할 수 있다. 당신은 변덕스럽거나 비이성적인 길을 따를 수도 있다. 하지만 그 기저에 있는 의식의 메커니즘은 바뀌지 않는다. 그것은 아래와 같이 여전히 같은 원칙을 따른다.

- 당신의 욕구에 순응한다.
- 모든 것을 조화롭게 한다.
- 당신의 개체적인 삶을 우주적 삶과 조화를 이루게 한다.

- 당신이 무엇을 하고 있는지 자각하게 한다.
- 당신이 한 일의 결과를 당신에게 보여준다.
- 당신의 삶을 가능한 한 진실한 것으로 만든다.

당신은 이런 원칙들을 깡그리 무시해버릴 수도 있다. 당신에게는 자유 의지가 있기 때문이다. 그러나 무시하는 동안에도 당신은 그 원칙에서 벗어날 수는 없다. 삶은 그 원칙에 의존한다. 그것들은 존재의 기초이며, 당신의 욕구가 오갈 때도 그 존재의 기초는 변함이 없다. 당신이 이 진리를 흡수한다면 수십억 년 동안 삶 자체가 원원게임이라는 확신을 주는, 당신에게 다가오는 가능성과 합일될 수 있다.

기쁨의 샘물을 찾아라 : 스승 돈 후앙이 카를로스 카스테나다Carlos Castenada(문화인류학자, 작가, 〈돈 후앙의 가르침〉의 저자 - 역자 주)를 마녀에게 보냈을 때였다. 마녀는 카스테나다가 자기 자신을 땅 위에 기어 다니는 벌레처럼 느끼도록 했다. 얼마나 비참했겠는가. 그런데 그의 느낌은 우리가 생각한 것과 달랐다. 그는 놀라운 흥분과 힘을 느꼈다. 카스테나다는 인간의 눈에 비친 것처럼 작고 미천한 생물이 된 게 아니라, 마치 옥석을 쌓듯 흙 알갱이 하나하나를 불도저처럼 밀고 있는 자신을 느꼈다. 그는 힘차고 강했다. 그 벌레의 땅 파기는 고역이 아니라 의기 양양해지기 위한 것이었으며, 자신의 몸을 사용해서 산을 옮길 수 있다는 당찬 느낌이었다.

바로 당신의 삶 속에도 이와 같이 근원적이고 불변하는 기쁨의 샘물이 흐른다. 벌레는 자기 자신만을 알 뿐이라서 기쁨의 시냇물에서 벗어날 수 없다. 당신은 앎을 산산이 흩어놓을 수도 있고, 그렇게 함으로써 그 시냇물로부터 벗어날 수도 있다. 스스로가 추호의 의심 없이 손으로 만질 듯한 내면의 기쁨을 느끼기 전까지는 스스로의 자아상과 정처 없는 마음을 진정으로 떠나보내지 못할 것이다. 저명한 영적 스승 크리슈나무르티가 한 즉석 연설은 나를 대단히 감동시켰다. 그가 말하기를, 매일 아침 우리 마음속에서 울려 퍼지는 노래와 함께 일어나는 게 얼마나 중요한지 모른다고 했다. 나는 그 글귀를 읽고 스스로에게 시험해보았다. 나는 몇 주 동안 나의 내면에 그 노래를 듣게 해달라고 간청했고, 그것만 바랐을 뿐 그 이상 어떤 의지도 발휘하지 않았는데 어느 날 아침 깨어났을 때 처음으로 마음속에서 어떤 노래가 울려 퍼지는 것을 느낄 수 있었다.

나는 크리슈나무르티가 은유를 사용했다는 것도 알고 있다. 그 노래는 존재의 내면에서의 기쁨, 다시 말하면 좋고 나쁜 어떤 선택으로부터도 자유로운 기쁨의 감각을 상징한다. 스스로 이 질문을 하는 것은 가장 쉽고 동시에 가장 어려운 일이다. 하지만 삶이 아무리 복잡해지더라도 결코 그 마음을 놓아서는 안 된다. 당신의 마음을 자유롭게 하려는 비전 이전의 자신을 지키고, 자신이 그럴 수 있음을 상상하라. 그러면 당신은 기쁨의 샘물로 축복받을 것이다.

✼ 연습 1 자신의 현실을 바꾸어 여섯 번째 비밀에 적응하기

여섯 번째 비밀은 선택 없는 삶에 대한 것이다. 이 새로운 자세를 받아들이는 것만으로도 삶에 엄청난 변화를 가져올 것이다. 당신은 간단한 연습으로 시작할 수 있다. 잠시 앉아서 당신이 여러 해 동안 해온 중요한 선택들을 다시 평가해보자.

종이 한 장을 반으로 나누어 맨 위에 '좋은 선택', '나쁜 선택'이라고 쓰자. 각각에는 지금까지 당신의 삶에서 가장 기억될 만하고 중요한 순간과 관련된 최소한 다섯 개씩의 선택을 적어라. 대부분은 다른 사람들과 맺었던 관계의 전환점에서부터 출발할 것이다. 진지한 인간관계의 붕괴, 직장에서의 좌절이나 실직, 어떤 직업을 고르기 위한 결정 등. 당신이 뒤로 물러났던 싸움, 대면하기 너무 두려웠던 사람, 깊은 공포를 극복했을 때 용기를 냈던 순간들처럼 당신만 알고 다른 사람들은 모르는 개인적인 선택도 포함되어야 한다.

목록을 작성했으면 나쁜 선택에서 최소한 한 가지씩 좋은 면을 찾아내고, 좋은 선택에서 최소한 한 가지의 나쁜 면을 찾아내자. 이는 어떤 것에 이름을 붙여 고정시키는 습관을 버리고, 실제로는 삶이 얼마나 융통성 있는지 더 깊이 알아보고자 하는 연습이다. 당신이 주의를 기울인다면 좋은 선택 안에도 나쁜 측면들이 얽혀 있는 반면, 나쁜 선택에도 좋은 측면들이 많다는 사실을 알게 될 것이다. 예를 들어, 당신이 멋진 직장을 가졌지만 직장에서의 끔찍한 인간관계 때문에 상처를 입거나 출근할 때 자동차 사고가 났을 수도 있다는 말이다. 당신은 어머니가 되기를 원하지만, 동시에 그것은 당신의 개인적 자유를 철저하게 박탈할지도 모른다. 당신은 독신으로서 스스로의 성장에 대해 기뻐할지도 모르지만, 깊이 사랑하는 누군가와의 결혼 관계를 통한 성장을 놓치고 있기도 하다.

당신이 했던 단 하나의 선택 때문에 찾고자 하는 그 곳으로 스스로를 인도한 것은 아니다. 어떤 길은 살짝 들여다보기만 했는가 하면 어떤 길은 몇 발자국만 내딛고 길을 바꾸기도 했다. 어떤 길을 따라 막다른 곳까지 온 사람도 있고, 너무나 많은 교차로에서 길을 잃은 사람들도 있다. 그러니 삶은 좋은 측면과 나쁜 측면으로 고정되어 있고, 당신의 운명도 마찬가지로 진행된다는 태도에서 벗어나기 바란다. 당신의 삶은 당신의 앎이 만들어내는 산물이다. 모든 선택은 그로부터 나오며, 모든 성장도 그러하다.

모든 삶은 영적이다

Every life is spiritual

현대를 살아가면서 특이한 현상 중 하나는 사람들이 종교적인 믿음을 강하게 거부하고 서로 비슷한 삶을 살아간다는 것이다. '신은 죽었다'는 니체의 유명한 말은 '신은 선택 가능하다'로 바뀌어야 한다. 나는 만약 정부가, 신의 율법을 충실히 이행한다고 느끼는 사람과 신의 규율에는 눈길조차 주지 않는 사람들을 24시간 감시한다면, 두 집단 모두 미덕과 사악함, 사랑과 미움, 평화와 폭력의 총합은 똑같을 수 있다는 상상을 했다. 종교가 있는 사람이라고 해서 더 평화롭고 자비롭지 않을 수도 있다는 말이다. 오히려 어떤 사회에서든 가장 시끄러운 종교 집단이 편협하고 박정하다. (전 세계의 전쟁, 분쟁과 집단학살 등은 오히려 종교인들이 일으키는 경우가 많다. - 역자 주)

논쟁을 일으키기 위해 이런 말을 하는 것이 아니다. 우주는 유머감각을 가진 것 같다. 왜냐하면 겉으로 보기에는 영적인 삶과 그렇지 않은 삶이 다르지만, 심오한 차원에서는 누구나 영적인 삶을 살고 있으며, 영적인 삶을 살지 않는 것이 불가능하기 때문이다. 당신과 나는 모두 이 세상을 창조하고 있는 성인聖人이다. 창조의 행위를 그만두고자 해도 그만둘 수 없다. 이 우주는 우리를 통하지 않으면 존재할 수 없기 때문이다. 아무것도 없는 듯 보이는 고요한 앎으로부터 일련의 행위들이 펼쳐져 물질적인 실체까지 창조하기에 이르렀다. 세상은 유일한 실체인 고요한 앎에서 비롯되었기에 분리되지 않았고, 그로부터 분리된 것으로 보이는 모든 것이 온전함을 지키고 있다. 우주의 작용 체계는 모든 사람에게 차별 없이 적용되며, 당신에게 협조해 달라고 요구하지 않는다.

그러나 당신이 의식적으로 영적인 삶을 영위하고자 결정한다면 변화가 일어난다. 작용 체계의 원칙, 즉 창조의 법칙은 개인적인 것이 된다. 우리는 이미 많은 창조의 법칙에 대해 언급했다. 우주적인 것을 개인적인 것으로 어떻게 정렬시킬 수 있는지 살펴보자.

| 우주적 |　1. 우주는 의식의 거울이다.

| 개인적 |　1. 삶의 사건들은 당신이 누구인지를 반영한다.

이 진술들에서 종교적인 냄새는 전혀 풍기지 않는다. 여기에 영적인 단어는 전혀 쓰이지 않았다. 그러나 이 첫 번째 원칙은 종교의 기본을 이루는 근간으로서 창조주가 창조물과 합일된다는 뜻이다(종교를 뜻하는 단어 religion의 어근은 라틴어로 '다시 결합한다' 는 뜻). 물리적인 세계는 마음을 반영한 것이다. 원자原子처럼 아무리 작은 것에도 의도와 지혜가 깃들어 있다.

| 우주적 |　2. 앎은 집단적이다. 우리 모두는 공통의 근원에서 앎을 끌어온다. (칼 융의 집단무의식에서 힌트를 찾을 수 있다. - 역자 주)

| 개인적 |　2. 인생에서 만나는 사람들은 당신의 모습을 반영한다.

이 원칙에서 우리는 모든 신화의 원형과 영웅들, 기사단의 출발점을 본다. 집단정신(collective psyche)은 개체를 초월하는 차원의 앎을 공유한다. 다른 사람들이 당신의 면면들이라고 여기는 것은 실제로는 신화적인 형태의 얼굴일 뿐이다. 우리는 수없이 많은 가면을 쓴 한 인간일 뿐

이다. 우리는 원래 한 모습이지만 쓰는 가면에 따라 다른 인간이 되고 만다. 그러나 그 가면을 벗을 때 남는 것이 본질이며, 영혼이며, 신성의 불꽃이다.

| 우주적 |　3. 앎은 그 자신 안에서 확대된다.

| 개인적 |　3. 무엇이든 당신이 관심을 기울이는 것은 커진다.

유일한 실체 안에서 의식은 그 자신을 창조한다. 즉 신은 그의 창조물 안에 거한다는 것과 같은 말이다. 창조물 외부에는 신성神性(divinity)이 거할 곳이 없다. 무소부재無所不在(omnipresence)란 어떤 곳이든 존재하는 모든 곳에 신이 거한다는 뜻이다. 그러나 신은 헤아릴 수도 없을 만큼 무수히 많은 세계에 일일이 관심을 기울일 수 있지만, 인간은 선택적으로 관심을 가질 수 있을 뿐이다. 우리는 한 곳에서 뭔가를 끌어다가 다른 곳으로 옮긴다. 관심을 기울이면 창조의 불꽃이 튀고, 창조된 것은 부정적이든 긍정적이든 우리 경험의 일부로 자랄 것이다. 폭력은 폭력을 낳지만, 사랑도 사랑을 낳는다.

| 우주적 |　4. 의식이 창조하는 것은 계획적이다.

| 개인적 |　4. 아무것도 우연히 일어나는 것은 없다. 삶은 신호와 징후들로 가득 차 있다.

종교와 과학 사이의 전쟁은 해묵고 넌더리 날 정도지만, 양쪽 진영 모두 한 가지 점에서는 자신의 태도를 바꾸려고 하지 않는다. 종교에서는 창조주가 존재한다는 증거로 자연은 계획적이라고 본다. 과학자들은

자연이 임의적이며 전혀 계획적이지 않다고 본다. 그러나 과학과 그 종속 문화를 포함해 혼돈(chaos)에 기반을 둔 문화는 존재한 적이 없다. 의식은 우주에 걸쳐 존재하며 모든 곳에서 의도를 지닌다. 설령 무작위적이고 임의적으로 보이는 곳에서도 말이다. 각각의 개체에서 질서를 보지 않는다는 것은 불가능하다. 유일한 실체에서 비롯된 모든 면면이 질서를 지닌다. 당신의 뇌는 패턴을 인식하기 위해 만들어졌다. (아무리 보지 않으려고 노력해도, 잉크 얼룩마저 특정한 모양으로 보인다.) 왜냐하면 뇌를 만들기 위해서 세포는 특정한 패턴을 취하기 때문이다. 마음은 근본적으로는 의미를 만들어내기 위한 기계다. 20세기와 21세기, 의미 없는 생각들에 시시덕거리고 노닥거리는 현대에서는 특히 더 그렇다.

| 우주적 |　*5. 물리 법칙은 최소한의 노력만으로 효율적으로 작용한다.*
| 개인적 |　*5. 어떤 순간이라도 우주는 가능한 한 가장 최선의 결과만을 준다.*

자연은 효율성을 사랑한다. 겉으로 보기에는 제멋대로 같지만 묘한 방식으로 작용한다. 공을 떨어트리면 돌아가거나 구부러짐 없이 그냥 아래로 곧게 떨어진다. 서로 결합할 성질을 잠재하고 있는 두 개의 분자가 만나면 꾸물거리지 않고 바로 결합한다. 이렇게 최소의 에너지를 소비하는 것을 '최소 노력의 법칙'이라고 하는데, 이것은 인간에게도 마찬가지로 적용된다. 분명히 우리 몸도 각각의 세포에서는 화학적 과정의 효율성에서 벗어날 수 없으며, 우리의 온전한 존재가 그와 같은 원칙들로 구성되었다고 말할 수도 있다. 원인과 결과는 그냥 연결된 것이 아니다. 그것들은 언제나 가장 효율적인 방식으로 결합되어 있다. 그러

니 세상에 헛된 것이란 없다. 이런 논의는 단지 세포에만 국한되는 게 아니라 개인적인 의식의 성장에도 적용될 수 있다. 우리 모두는 그나 그녀 스스로의 의식 수준으로 각자 최선을 다하고 있다는 말이다.

| 우주적 |　6. 간단한 형식은 더 복잡한 형식으로 자라난다.
| 개인적 |　6. 당신의 내적인 자각은 언제나 진화한다.

종교적이나 과학적인 측면에서 보자면 이런 원칙은 당혹스럽다. 종교적인 많은 사람들은 신이 세계를 스스로의 상상 속에서 만들었다고 믿는다. 그것은 신의 태초의 완전성이 이전되는 것을 제외하고는 창조물들이 신을 벗어나서 존재하지 않는다는 뜻을 내포한다. 과학자들은 엔트로피는 불변의 법칙이라고 말한다. 엔트로피, 이용 가능한 에너지는 감소하는 경향성을 지닌다. (이용 가능한 에너지를 일컫는 엔트로피라는 용어는 1850년에 독일의 물리학자인 루돌프 클라우지우스가 처음 언급했다. 엔트로피의 법칙, 다른 말로 열역학 제2법칙은, 확률이 적은 질서 있는 상태로부터 확률이 큰 무질서한 상태로 분자운동이 이동해가는 자연현상을 말한다. - 역자 주)

　그래서 종교나 과학 모두에게 문제다. DNA가 최초의 원시적 원자들보다 수십억 배나 더 복잡하며, 인간의 대뇌피질이 지난 5만 년 동안 현저하게 커졌고, 비활동적인 화학물질들에서 생명이 탄생했으며, 매일 그 미지의 것에서 새로운 생각이 나타난다는 것 말이다. 엔트로피로 인해 우리는 나이를 먹는다. 엔트로피는 자동차를 녹슬게 하고, 뜨거운 별을 차갑게 만들고, 살아 있는 것들을 결국 죽게 만든다. 그러나 진화의 힘은 여전히 건재하다. 자연은 진화하기로 결정했다. 그에 대한 우리의 의견이 무엇이든 간에 말이다.

| 우주적 |　　*7*. 앎은 점점 세상의 더 많은 것을 흡수한다.

| 개인적 |　　*7*. 삶은 이원성(duality)에서 합일(unity)로 향한다.

고대 문화인들에게 세상은 통합된 하나의 창조물이라는 게 보편적으로 받아들여지는 생각이었다. 반면에 우리 현대인들은 세계를 파편적이고 분할된 것으로 관찰한다. 신화와 전통 그리고 사회적 단합이 깨짐에 따라 믿음이 쇠퇴한 탓이라고 비난하는 사람들도 있다. 그러나 나는 그 반대의 것도 진실이라고 믿는다. 고대 사람들이 이해하는 방식으로 자연의 모든 현상들을 제대로 설명하기 힘들지만, 현대의 물리학자들은 '모든 것을 설명하는 이론(통일장 이론 – 역자 주)'을 만들려는 시점에 와 있다. 뛰어난 물리학자인 존 휠러John Wheeler(블랙홀이라는 용어를 처음으로 만든 사람 – 역자 주)가 그 이론을 말했을 때는 매우 중요한 의미가 있었다. 그 전까지 인류는 마치 유리창을 통해 자연을 살펴보고 실체를 밝히려는 것과 같았다. 자연은 '저기에 있는 대상' 일 뿐이었다. 아인슈타인 덕택에 우리는 자연과 따로 떨어질 수 없다는 것을 알았다. 관찰하는 행위에 따라 실체가 바뀔 수 있음을 발견했기 때문이다. (현대물리학에서는 관찰자의 시점에 따라 물질이 빛이 되기도 하고, 때로는 파동이 되기도 한다는 사실을 밝혀냈다. 실체는 고정된 것이 아니라 보는 사람에 따라 달라진다는 것이다. – 역자 주) 그리하여 삶의 의미를 찾기도 전에 너무 앞서 나간 기술의 결과로, 우리 사회에 만연한 심리학적 정신이상에도 불구하고 인간과 자연이 분리되어 있다는 믿음은 시간이 갈수록 사그라지고 있다.

| 우주적 |　　*8*. 진화는 환경과 일치하는 생존적인 특징을 발전시킨다.

8. 진화의 힘에 자신을 열어둔다면 원하는 곳으로 당신을 데리고 갈 것이다.

적응이란 신비로운 것이다. 그 과정에 엄청난 도약과 변화가 따르기 때문이다. 고대에 어떤 공룡의 선조들은 날기에 가장 완벽하도록 깃털을 날개로 발전시켜 적응했다. 몸 외부의 세포들은 딱딱하고 비늘이 있어서 갑옷으로서는 쓸 만하지만 하늘로 박차고 오르기에는 쓸모가 없었다. 마치 진화가 새로운 문제를 제기해 창조적인 도약을 하는 것과 같았다. 날개를 사용해서 비행하기 위해 그 예전에 사용되었던 비늘은 용도 폐기되었다. 그리고 그 비늘들이 다시 털로 변해, 털 달린 포유류들이 진화하게 되었다. 그 비늘들은 전혀 다른 방향으로 도약한 것이다. 그러나 과학과 종교 양쪽 모두에서 이런 점에 대해 우려한다. 과학에서는 어디로 가는지 진화 스스로가 안다는 개념을 좋아하지 않는다. 다윈주의에서 돌연변이는 임의적인 것으로 생각된다. 종교에서는 신의 완벽한 피조물이 새로운 어떤 것이 필요하다고 해서 변할 거라는 개념을 좋아하지 않는다. 그러나 과학과 종교 모두 이런 현상에 대해 설명할 수 없을 것이다. 의심할 여지없이 물리적인 세계는 더 심오한 차원에서 일어나는 창조적인 도약에 적응해 나간다. 이런 차원을 '유전적'이라고 부르든 '의식적'이라고 부르든 그건 당신의 뜻에 달렸다.

| 우주적 | 9. 진화를 위해서는 혼란이 필요하다.

| 개인적 | 9. 분리된 마음이 합일의 상태는 아니지만, 합일을 향해 가는 동안 이를 사용해야만 한다.

소용돌이치는 혼란은 실체다. 그러나 질서와 성장도 그렇다. 어떤 것이 더 지배적일까? 과학에서는 아직 결론을 내리지 못했다. 왜냐하면 물리적인 세계는 90퍼센트 이상이 정체를 알 수 없는 물질로 구성되었기 때문이다. 아직 관찰된 바 없기 때문에 우주의 운명이 어떻게 될까 하는 질문은 모든 가능성에 대해 열려 있다. 종교는 질서의 편에 든든하게 자리 잡고 있다. 신이 혼돈으로부터 세상을 창조했다는 간단한 이유 때문이다. 과학에 따르면, 창조와 파괴 사이에는 정교한 조화가 있는데, 그 조화는 수십억 년 동안 유지되고 있다고 한다. 하지만 거대한 우주적인 힘으로부터 삶의 시작을 엮은 정교한 섬유만을 뽑아낼 수는 없다. 합리적인 사람이라면 마치 화가가 그의 화구에서 마구 뒤섞인 물감들을 끄집어내듯 진화가 혼란을 이용한다고 결론 내릴 수도 있다. 개인적인 차원에서 보자면 당신이 생각의 소용돌이와 충동에 지배받는 한 합일에 도달하지 못할 것이다. 하지만 당신의 근원을 찾기 위해서는 여전히 마음을 사용할 수 있다. 분리된 마음을 도구로 사용해 진화한다는 것이 합일의 숨겨진 목적이다. 우주와 마찬가지로 마음의 표면은 혼돈처럼 보이지만, 그 기저에는 밀물과 썰물이 넘나드는 물살의 흐름이 있다.

|우주적| 10. 물리적인 세계 안에는 보이지 않는 수많은 차원이 존재한다.

|개인적| 10. 당신은 여러 차원에서 동시에 존재한다. 시간과 공간에 사로잡혀 있다는 겉모양은 환상이다.

초기에 온 열의를 다해 양자물리학을 탐구한, 아인슈타인을 비롯한 연구자들이 시간과 공간을 넘어선 새로운 차원을 창조하고자 한 것은 아

니었다. 단지 그들은 우주를 보이는 대로 설명하려 했다. 그러나 아인슈타인 이후 전해오는 현재의 초끈이론(Superstring theory)에서는 가시 세계를 설명하기 위해 최소한 11차원이 존재한다는 개념을 사용한다. 종교에서는 신이 오감을 초월한 세계에 거한다는 입장을 지지한다. 과학에서는, 어떻게 해서 수십억 광년 동안 쪼개져 온 빛의 입자들이 대칭된 거울처럼 똑같이 움직이는지, 어떻게 해서 빛은 입자와 파동 모두로 움직일 수 있는지, 그리고 어떻게 해서 블랙홀은 시간과 공간의 마수를 넘어 물질을 전달할 수 있는지를 설명하기 위해 종교와 똑같이 초월적인 영역이 필요하다. 결국 다차원이 존재한다는 건 반박의 여지가 없다. 가장 단순한 차원에서는 빅뱅이 일어나게끔 한 공간이 존재해야만 한다. 그리고 그 공간은 시간과 공간에 속해 있을 리가 없다. 다차원적인 우주의 시민으로서 당신을 다차원적인 존재로 인정한다는 것은 신비한 것과는 거리가 멀다. 다차원적 우주는 사실에 근거한 훌륭한 가설이다.

이런 열 가지 원칙들은 유일한 실체를 유지시키는 작용 시스템을 인식하는 방법을 표현하고 있음이 분명하다. 진리의 측면에서 보자면, 모든 것들은 인지를 초월해서 존재한다. 그러나 우리 뇌는 그 인지할 수 없는 차원에서 작동되도록 설정되지는 않았다. 그럼에도 우리는 인지할 수 없는 차원을 무의식적으로 받아들일 수 있다. 지구상의 모든 피조물은 자연의 법칙에 종속되어 있으되, 오직 인간만이 생각한다. "이 모든 것들이 나에게 무슨 소용이란 말인가?" 당신이 진리를 포기하고 마치 이중성(유일한 실체가 아니라 나와 바깥 세상, 나와 타인이 분리된 것처럼 보이는 분열의 관점 – 역자 주)을 실체로 여기고 살기로 결심한다면, 이런 열 가지 원칙이 당신에게 어떤 영향을 미치는지 모를 것이다. 그러나 당신이 인식하지 못한다고 해도 똑같은 원칙으로 당신의 삶이 지탱되는 건 우주의 '농담' 임에 틀림없다.

우리는 혁명적으로 탈바꿈할 수 있는 기회를 갖도록 깨어 있을 것인지, 아닌지를 선택할 수 있다. 삶이 변화로 이루어졌음을 부인할 사람은 없다. 그러나 인간이 그저 자신의 의식을 바꿈으로써 심오하게 탈바꿈할 수 있다는 게 가능한가? 의식의 변화와 탈바꿈은 동화에서도 볼 수 있다. 의붓어머니는 신데렐라에게 난로를 닦으라고 하고 언니들은 무도회장에 보낸다. 홀로 남겨진 그 불쌍한 소녀는 야학에 다니면서 자신을 계발한 게 아니었다. 요정이 요술 지팡이로 신데렐라를 건드리자 그녀는 완벽하게 탈바꿈한 창조물로서 궁전으로 날아갔다.

동화의 논리 속에서 변화는 너무 느리고, 너무 점진적이고, 너무 평범하다. 스스로가 왕자임을 알고 있는 개구리나 백조가 될 미운 오리새끼로 주인공의 간절한 열망을 채우기에는 부족하다. 하지만 환상적인 요소가 섞인 마술적인 접촉을 통해 즉시 고통 없는 삶으로 바뀐다. 이때 중요한 것은 환상으로 진정한 탈바꿈이 일어나는 방식을 감춘다는 것이다.

자연의 탈바꿈은 결코 한 걸음씩 나아가는 방식이 아니라는 게 주요한 열쇠다. 자연은 언제나 획기적으로 도약하며, 그것이 일어날 때는 오래된 성분들이 단순히 재결합하는 게 아니다. 창조되는 과정에서 새롭게 발현된, 급작스러운 성향이 나타난다. 예컨대 수소와 산소는 가스의 성질을 띠고, 보이지 않으며, 가볍고 건조하다. 이들 두 요소가 결합하면 탈바꿈하여 물을 창조한다. 이 일이 일어날 때 완전히 새로운 가능성들이 발현된다. 인간에 대입해보자면 삶 자체에도 이런 중요한 가능성이 내재되어 있다.

물은 새로운 속성의 완벽한 증거다. 애당초 물이 없었던 우주에서 이미 존재하는 속성들을 마구 섞어서 물이 만들어진 게 아니다. 뒤섞는 것은 오직 변화를 만들어낼 뿐 완전한 탈바꿈을 위해서는 부족하다. 창조의 과정에서 물은 완전히 새로운 발현의 결과로서 나타난 것이다. 면밀하게 관찰하면, 모든 화학적인 결합은 새로운 속성을 만들어낸다는 것을 밝힐 수 있다.

나트륨과 염소를 예로 들면, 독성을 지닌 두 물질은 서로 결합해서 생명의 기본 요소 중 하나인 소금을 만들어낸다. 당신의 몸에서는 탈바꿈 덕택으로 매초마다 수백만의 분자가 결합한다. 우리 몸에서 일상적으로 일어나는 호흡과 소화, 두 가지 작용만 해도 이미 엄청난 탈바꿈이다. 음식과 공기는 그저 뒤섞이기만 하는 게 아니라 당신이 살아 있도록 정교하고 정확하게 화학적으로 결합한다. 오렌지에서 추출된 당은 뇌로 들어가 생각의 연료가 된다. 그리하여 당신의 뇌에서 새로운 사고가 발현되는 것이다. 공기는 당신의 폐로 들어가 인체 내에서 수천 가지 방법으로 다른 것들과 결합하여 자신과는 전혀 다른 세포를 만든다. 그리고 당신이 산소를 소비하여 동작을 취할 때조차, 그 동작은 당신만이 가진 특유의 표현이 된다. 산소가 만들어내는 것은 지금까지 존재했던 것과는 전혀 다른 방식의 탈바꿈이며, 이는 단순한 결합 이상이다.

물질적 탈바꿈이 정상적인 과정이라면, 영적인 탈바꿈도 그렇다. 삶을 영위하는 동안의 영적인 탈바꿈은 삶을 지금까지와는 전혀 다른 것으로 범위를 확장하게 만든다. 당신이 여전히 당신일지라도 앎에서 획기적으로 도약할 수 있을 테고, 그 징후로 당신이 과거에 한 번도 경험하지 못한 새로운 속성을 경험하게 될 것이다.

새로운 영적 속성

- 자각의 명료함
- 앎
- 삶에 대한 경외
- 비폭력
- 두려움이 없음
- 집착하지 않음
- 완전함

위에 열거한 것들은 영적인 탈바꿈의 특성으로, 자아의 오래된 요소를 재결합하는 것만으로는 어떤 것도 얻을 수 없다. 물과 마찬가지로, 마치 자신의 일상적인 삶이 모조리 금으로 바뀌는 것과 같은 연금술을 통해서만 이런 속성이 발현된다.

지각의 명료함이란 걸을 때나 잘 때나 꿈꿀 때도 계속 스스로에 대해 깨어 있음을 뜻한다. 외부의 것들에 가려 빛을 잃는 대신, 당신의 자각은 언제나 스스로에 대해 명료하게 열려 있음을 말한다. 명료함은 완전한 깨어 있음이며 근심 없는 안도감이다.

앎은 모든 질문에 답할 수 있는 마음의 차원과 접촉함을 뜻한다. 음악, 수학이나 다른 주제에 대한 것은 아니지만, 그 앎의 초점은 천재적이다. 삶과 모든 차원에서 일어나는 의식의 움직임에 대해 당신은 알고 있다. 앎은 현명하고, 자신감 있고, 흔들리지 않으면서도 겸손하다.

삶에 대한 경외는 삶의 거대한 힘에 접속됨을 뜻한다. 마치 생동하는 모든 만물과 통하는 것처럼, 같은 힘이 자신을 통해 흐르고 있음을 느낀다. 빛 속에 떠도는 먼지조차 같은 리듬에 춤추고 있다. 그러므로 삶은 동물과 식물에 제한되어 있는 것이 아니다. 만물은 빛나고 생기 있는 활력을 지녔다. 삶에 대한 경외는 따뜻하고, 모든 것이 하나로 연결돼 있는 듯하고, 상쾌한 느낌이다.

비폭력은 모든 행위가 조화를 이룬다는 뜻이다. 당신의 행위와 다른 사람의 행위 사이에 대립이 없다. 당신의 욕망은 다른 사람의 안녕한 상태와 충돌을 일으키지 않는다. 당신은 온 세상의 갈등을 충분히 관망할 수 있지만 당신의 세계에서는 갈등이 없다. 당신은 자신의 환경에서 갈등을 정복하는 평화를 방출하여 힘의 장(field)을 형성한다. 비폭력은 평화롭고, 고요하며, 모든 저항이 사라진 느낌이다.

두려움이 없다는 것은 완전한 안도감을 뜻한다. 두려움은 과거로부터 오는 진동이다. 그것은 우리가 원래 속했던 곳을 떠나 무방비로 노출된 장소에 있는 순간을 연상하게 한다. 〈바가바드 기타〉(인도의 고대 서적 – 역자 주)에서 두려움은 분리에서 태어난다고 했는데, 두려움의 원래 원인이 하나됨을 잃은 탓이라는 것이다. 결국 이 분리는 은총으로부터 멀어진 것이 아니라 진정한 당신을 잃어버린 것이다. 그러므로 두려움을 없애려면 스스로를 사랑하라.

완전함은 티끌 하나 남김없이 모든 것을 포함한다는 뜻이다. 현재 우리는 조각조각 잘린 시간, 경험, 활동을 경험한다. 우리는 자아가 이 조각들로부터 떨어지지 않도록 제한된 감각에 집착한다. 그러나 그 길로 나아갈 때, 그 안에서 연속성을 찾기란 불가능하며 삶을 조리 있게 설명하려는 에고의 시도 또한 어렵다. 완전함은 개인성을 넘어선 상태다. "내가 스스로 존재한다"는 말이 당신에게도 똑같이 적용된다는 것은, "내가 무소부재하다"는 말과 같다. 완전함은 굳건하고, 영원하고, 끝도 시작도 없음을 느끼는 것이다.

내 견지에서 보자면, 앞에서 열거한 속성을 경험한다면 그것은 진정한 탈바꿈이 틀림없다. 저 속성들은 앎에 깊숙이 관여된 주요한 특징이다. 이들은 인간이 발명한 것이 아니며, 뭔가가 부족하거나 필요해서 또는 갈망 때문에 만들어진 것도 아니다. 당신은 이미 그런 속성을 지녔다. 스스로를 벗어나서는 절대 그것들을 체험할 수 없으며, 내면으로 들어가서 체험해야 한다. 다른 사람에게 가능한 한 친절하게 대하고 해를 입히지 않는 것은 앞에서 말한 영적인 차원의 비폭력과는 전혀 다르다. 위험에 닥쳐 용기를 보인다고 해서 두려움 없음의 속성과 같은 것도 아니다. 안정감을 느끼고 함께 있다는 감정을 느낀다고 해서 완전함과 같은 것도 아니다.

　이런 경지에 도달하는 것이 불가능하게 들린다 해도 주의를 기울여야 한다. 그 경지에 이르면 완전히 자연스럽다. 당신의 삶에서 탈바꿈의 과정이 진행된다면 그런 속성을 체험하게 된다. 우리들 각자는 이미 새롭게 창조해 낸 우주의 속성 자체이며, 우리 부모의 유전자로부터 창조된 새로운 창조물이다. 그리고 더 심오한 마술이 여전히 벌어지고 있다. 화학적인 차원에서 당신 부모의 유전자는 단지 재결합되었을 뿐이다. 어떤 것은 한 사람에게 받고 다른 것은 다른 사람에게 받은 것일 뿐이다. 특정한 유전자 풀(gene pool, 어떤 생물 종의 모든 개체가 가진 유전자 전체 – 역자 주)이 생존하면 곧 새로운 세대를 창출할 수 있도록 확대된다.

어쨌든 자연은 연금술의 묘기를 부리기 위해 그렇게 오래된 벽돌을 사용했다. 왜냐하면 당신은 부품을 바꾼 복제품이 아니기 때문이다. 당신의 유전자들은 당신만의 독특한 경험을 위해 필요한 구조물일 뿐이다. DNA는 그 자신이 의식이 되고자 우주가 취한 수단이다. 우주는 무엇이 어떻게 생겼는지 보려고 눈을 취했고, 무슨 소리가 어떻게 들리는지 들으려고 귀를 취했고, 나머지 것들도 그런 식으로 취했다. 끊임없이 흥미를 가지고 우주는 그 자신의 의식을 갖기 위해 전에는 한 번도 나타난 적 없는 형태로 당신을 창조한 것이다. 그리하여 창조된 당신은 영원함의 표현이다. 당신은 매 순간마다 영원함이자 동시에 당신 자신이다.

당신이 탈바꿈하는 과정은 임신과 비슷하다. 임신을 결심한 모든 여성들은 개인적인 결심을 하지만 거대한 자연의 힘에 몸을 맡긴다. 바꾸어 말하면, 그녀들은 자유의지를 발휘하는 한편 한 치의 오차도, 용서도 없는 사건에 연루되는 것이다. 자궁에 정자가 수정되면 자연이 지배하기 시작한다. 아이를 만드는 일은 당신이 하는 것이기도 하고 동시에 당신에게 생기는 일이기도 하다. 모든 진정한 탈바꿈도 이와 같다고 할 수 있다. 당신은 영적인 삶을 살기 위해 개인적으로 결심할 수 있다. 하지만 막상 영성에 사로잡히면 당신의 개인적인 자아를 초월한 힘에 사로잡힐 것이다. 그것은 마치 외과의사가 수술이 꼭 필요하다는 호출을 받고 수술실에 가보니 수술대 위의 환자가 자기였다는 소리와도 같다.

우리는 유일한 실체의 작용 체계로서 이바지하는 열 가지 원칙을 살펴보았다. 그러나 대부분의 사람들은 유일한 실체와는 다른 이중성의 체계로서 자신을 굳게 엄호한다. 그들은 여기에서 일어난 일이 저기에 영향을 미치지 않는 무질서한 우주 속에서, 분리되고 고립된 개체라는 추측에 삶을 끼워 맞춘다. 그렇다면 한 개인이 어떻게 하나의 작용 체계를 떠나 다른 것을 삶에 적용시킬 수 있을까? 유일성(unity)은 이중성(duality)과 완전히 다른 개념이다. 언젠가는 유일성에 이르겠지만 지금은 할 수 없다고 미룰 필요가 없다. 지금, 당신은 제한되고 분리된 삶이 틀림없는 사실이라고 여기며 산다. 당신의 삶에서 일어나는 일이 사실이 아님을 인정하지 못한다. 그러나 숨겨진 지혜는 삶을 마구 휘젓고 변화를 허용하는 동안에도 믿을 수 없을 정도로 잘 정돈된 삶을 유지한다. 어느 청명한 봄날에도 세포는 시들어서 먼지로 돌아가고, 그 DNA는 바람에 날려가버릴 것이다. 그러나 세포는 그렇게 연약하면서도 이십억 년 동안 유지되었다. 우리도 그와 같은 지혜로부터 보호받는다는 사실을 알기 위해 당신은 그 지혜를 따라가야 한다. 그러면 숨겨졌던 우주의 법칙은 자신을 드러낼 것이다. 완전성(wholeness)은 아무리 변하더라도 항상 변함없다.

당신은 살면서 그 완전함을 더 실체적인 것으로 만들어야 한다. 변화하는 표층의 삶이 당신에게 지배적인 차원에 머무르는 한, 진정으로 새로워질 수 있는 가능성은 없다. 당신이 이중성에 매달려 있는 한 그 체계는 실체이며, 효과가 막강하고, 의지할 만하며, 정당한 작용 체계로 보인다.

적어도 더 나은 삶을 살려면, 당신이 길들여진 이중성의 체계가 아닌 완전함에 뿌리를 둔 작용 체계를 받아들여야 한다. 완전성은 진정으로 실체이며, 효과가 막강하며, 의지할 만하고, 정당하기 때문이다. 우리의 태도를 정하기 위해, 우리에게 익숙한 상황을 눈여겨보고 그 각각의 체계에서 어떻게 적용되는지 살펴보자. 어느 날, 당신이 출근해보니 회사가 구조 조정을 한다는 소문이 돈다. 누구도 당신이 해고당한다고 장담할 수는 없지만, 그럴 가능성도 없지 않다. 이중성의 작용 체계 안에서 다음의 암시가 제 역할을 하기 시작한다.

- 내가 스스로를 부양할 수 있는 그 무언가를 잃을 수도 있다.
- 다른 누군가가 나의 운명을 좌지우지한다.
- 예측할 수 없는 미지의 것에 직면했다.
- 나는 이렇게 태연히 있을 만한 상황이 아니다.
- 만약 일이 잘못된다면 나는 상처받을 것이다.

이것들은 당신이 위기에 처할 때면 으레 하는 익숙한 생각이다. 물론 다른 사람들보다 위기를 더 잘 관리하는 사람들도 있다. 당신도 크고 작은 성공과 함께 늘 비슷한 상황을 겪어왔다. 그러나 이러한 걱정은 작용 체계의 일부일 뿐이다. 에고가 일상의 모든 것을 확실히 자신의 지배 하에 두기 위한 소프트웨어 프로그램일 뿐이다. 여기서 정말 두려워해야 할 것은 일자리를 잃는 게 아니라 자제심을 잃는 것이다. 이런 점을 살펴본다면 에고의 통제력이 얼마나 약한지 드러난다.

그렇다면 이제 완전성 혹은 유일한 실체를 통해 프로그래밍 된 작용 체계의 관점에서 상황을 재구성해보자. 어느 날, 당신이 출근해보니 구조 조정이 시작되었다. 그러면 다음 암시가 제 역할을 하기 시작한다.

- 나의 더 심오한 자아가 상황을 창조한다.
- 무슨 일이 일어나든 거기에는 이유가 있다.

- 놀라긴 했지만, 이런 변화가 나의 존재에까지 영향을 주는 것은 아니다.
- 내 삶은 나에게 가장 최선이자 혁신적인 것에 따라 펼쳐지고 있다.
- 실체를 잃을 수는 없다. 겉으로 보이는 것들은 그 필요에 따라 제자리로 돌아갈 것이다.
- 무슨 일이 일어나든 나는 상처받지 않는다.

두 번째 작용 체계에 머무르는 것이 훨씬 안도감을 줄 것이라는 걸 당신은 금방 알 수 있을 것이다. 완전성은 안전하지만 이중성은 그렇지 않다. 당신은 영원히 외부의 위협으로부터 보호받을 수 있다. 외부 세계란 존재하지 않으며, 당신 자신이 안과 밖의 두 세계를 톱니바퀴처럼 완전히 엮어서 펼쳐 보이기 때문이다.

회의주의자는 이런 새로운 작용 체계가 단지 인식의 영역에 불과하다며 항의한다. 게다가 자신을 나의 실체를 만드는 창조자로 인식한다고 해도 스스로의 존재에는 아무런 의미가 없다고 말한다. 그러나 의미가 있다. 실체는 당신이 그렇게 할 때만 움직이며, 당신이 분리되어 있다는 인식을 바꾼다면 당신과 함께 움직임으로써 응답한다. 그러나 모든 사람들이 실체를 두 번째 작용 체계로 인식하지 못하는 이유는 중독적인 에고에 기반을 둔 세계에 살기 때문이다. 이것을 끝내려면 다른 중독 치료와 마찬가지로 끊는 것 외에 다른 출구는 없다는 생각으로 거부하는 것과 더불어 일상적인 습관이 필요하다. 유일한 실체에 완전히 헌신한다면 당신의 삶은 달라지기 시작할 것이다. 밝은 빛에 어둠이 드러나는 것처럼, 당신의 존재에 대해 제한된 앎만을 주었던 당신의 에고와 개체성은 집착하기를 끝내야 한다는 인식 하에 노출될 것이다. 외부

세계에 대항해 싸워 이겨야 한다는, 과거로부터 이어온 당신의 환경은 더 이상 과거의 당신이 생존하도록 돕지 않을 것이다. 지금까지 의존해 왔던 가족, 친구, 지위, 재산과 같은 것들에서 당신은 더 이상 안도감을 느끼지 않을 것이다.

인식이란 너무나 융통성이 많아서 당신이 이중성에 이르는 중독에 빠져도 눈감아준다. 왜냐하면 당신은 어떤 것이든 창조할 수 있기 때문이고 자유롭기 때문이다. 어떤 사건이라도 유일한 실체 안의 창조적인 중심에서 기인한 것이다. 바로 이 순간, 나는 내 삶의 어떤 부분도 "모두 내가 만들었다"라고 말할 수 있다. 자, 이제 겨우 한 걸음을 내디뎠다. 그럼 한 걸음 더 나아가 "내가 왜 이것을 만들었지?"와 "이걸 만든 대신 내가 원하는 것은 무엇일까?"라고 물을 수 있어야 한다.

다른 예를 들어보자. 집에 오는 길에 당신은 횡단보도에서 정지 신호를 보고 차를 멈추었다. 그러나 바로 뒤의 차는 멈추지 않고 돌진해서 당신의 차를 들이받고 말았다. 당신은 당장 차에서 내려 그 운전자에게 달려들었으나 그는 사과하지 않았다. 그저 무뚝뚝하게 보험으로 처리하자며 보험회사의 전화번호를 알려주려고 한다. 이 작용 체계 안에서 다음 암시가 제 역할을 하기 시작한다.

- 이 사람은 내게 전혀 도움이 안 될 것 같다.
- 그가 거짓말하고 있다면 내가 피해를 다 떠맡아야 한다.
- 나는 고통받고 있으니 그가 알아주어야 한다.
- 나는 그가 협조하도록 윽박질러야 할지도 모른다.

이런 생각이 들기 시작하면 자동차 사고로 그 생각이 일어나지 않았을 가능성에 대해 생각해보라. 그 암시는 이미 당신의 마음에 각인되어 있었으며, 필요한 순간만을 기다렸다. 당신은 정말 일어나고 있는 상황을 보는 게 아니라 프로그램 된 당신의 인식을 통해 보고 있을 뿐이다. 어떤 객관적인 사건이 있는 게 아니라 당신을 통해 본 사건만이 존재할 뿐이라는 것이다. 다른 작용 체계에서 다음 암시는 똑같이 유효하다.

- 이 사고는 사고가 아니라 나 자신의 반영이었다.
- 처음 보는 이 사람은 메신저(사자, 전령)다.
- 이런 일이 왜 일어났는지 탐구한다면 나 자신의 어떤 면을 알 수 있을 것이다.
- 나는 숨겨진 혹은 집착했던 에너지 중 어떤 것에 더 관심을 기울일 필요가 있다. 내가 그것을 다룰 수 있게 되었기에, 나는 이 사고가 일어난 것에 감사하게 될 것이다.

두 번째 견해가 불가능하다고 생각하는가? 이것은 유일한 실체라는 견해로부터 비롯된, 상황을 인식하는 자연스러운 방식이다. 첫 번째 견해는 당신의 어릴 적 삶의 환경에서부터 각인되어 왔다. 당신은 다른 사람을 낯선 사람으로 간주하고 그런 사고는 우연히 일어나는 것처럼 생각해야 했다. 그런 제한된 의식에 의존하는 대신 더욱 확장된 가능성에 자신을 열어라. 더 확장된 견해는 당신과 상대 운전자에게 더욱 관대하다. 당신은 드라마 속의 악역이 아니다. 양쪽의 역할 모두 동등한 입장에서 당신에게 양쪽 측면을 이야기하려고 한다. 더 확장된 견해에서는 비난이란 없다. 모든 역할에게 동등한 책임을 부여하고 똑같이 성장을 허락한다. 자동차 사고는 옳거나 그른 것이 아니다. 당신 자신이 창조자임을 되찾기 위한 기회일 뿐이다. 자동차 사고뿐 아니라 모든 일상의 경험들이 그렇다. 진아真我에 더 가까이 가게 하는 결과와 기꺼이 동반한다면 당신은 성장한다.

그러나 당신은 여전히 돈 때문에 화를 내는 것뿐이며, 돈을 받아내기 위해서는 대면해야 하고, 앞에서 말한 것은 실체가 아니라 우리의 인식을 이리저리 바꾸는 최면과 같을 뿐이라고 주장할 수도 있다. 그렇다면 당신이 돈만 받아낸다면 그에 따르는 화, 책임 그리고 다른 사람에게 당하는 것을 없앨 수 있을까?

완전성은 완전무결하고 통합된 세상을 가져다준다. 하지만 당신이 새로운 작용 체계를 따를 때까지 이 세상의 실체를 알지 못할 것이다. 구 체계에서 신 체계로 옮겨가려면 일상에 우리 자신을 헌신해야 한다. 여기서 기쁜 일은, 삶의 어떤 측면도 탈바꿈에 익숙해지지 않았다는 것이다. 그 변화가 아무리 작을지라도, 당신은 일상의 모든 변화를 통해서 유일한 존재와 소통할 것이다. 말 그대로 온 우주가 당신에게 귀를 기울이고 당신에게 그 힘을 빌려줄 것이다. 이런 견해로 보자면 은하수가 형성되는 것조차 한 사람의 진화보다는 중요하지 않다.

❧ 연습 1 자신의 현실을 바꾸어 일곱 번째 비밀에 적응하기

일곱 번째 배움은 연금술에 대한 것이다. 어떤 수단을 이용한 것이든 연금술은 마술적이다. 열을 가하든, 때리든, 다른 모양으로 주조하든, 다른 어떤 물질과 섞든 납을 금으로 바꿀 수는 없다. 그런 행위들은 단지 물리적인 변화를 일으킬 뿐이다. 마찬가지로 낡은 자아를 취해 망치

질하듯 비평하거나, 짜릿한 경험으로 한껏 달구거나, 외양을 물질적으로 더 잘 꾸미거나, 새로운 사람들을 사귄다고 해서 내적으로 탈바꿈하지는 못할 것이다. 그러면 마술은 어떻게 가능할까?

마술적 변화는 우주의 작용 체계를 만드는 원칙에 따라 일어난다. 의식적으로 그 원칙에 자신을 맞춘다면 탈바꿈에 대해 스스로를 열어두게 되는 것이다. 당신에게 개인적으로 적용되는 열 가지 원칙을 써보고 주위에 두거나 지니도록 하라. 그러고는 며칠마다 한 번씩 상기하라. 한꺼번에 너무 많은 것을 하려고 하기보다 하루에 하나의 원칙만 잘 지키도록 집중하는 것이 낫다. 이런 우주적인 원칙을 일상에 적용하는 방법을 아래에 예로 들었다.

살면서 겪는 사건들은 내가 어떤 사람인지를 반영한다 : 나 자신에게 오늘 한 가지 실험을 해볼 것이다. 나의 관심을 끄는 것은 그것이 무엇이든 나에게 무언가를 말해주는 것이다. 내가 누군가에게 화를 낸다면 나는 실제로 내 안에 존재하는 어떤 것이 싫어서 그 사람을 싫어했는지를 살펴보겠다. 어쩌다 들은 대화 내용이 내 관심을 끈다면 나는 그것을 개인적인 메시지로 받아들이겠다. 나는 내 안에 있는 세계를 찾고 싶다.

삶에서 만나는 사람들은 나 자신의 어떤 면을 반영한다 : 나는 나에게 중요한 의미를 지닌 모든 사람들의 혼합물이다. 친구들과 가족들은 나를 찍은 사진과 다름없으므로 눈여겨볼 일이다. 그들은 내가 내 자신 안에서 보고 싶거나 거부하고 싶은 특징을 표현하고 있지만, 실체의 관점으로 보자면 나는 빼고 더할 것 없는 완벽한 그림이다. 나는 내가 특별히 사랑하거나 싫어하는 사람들로부터 최대한 많은 앎을 얻겠다. 모두 내가 가장 욕망하는 것이나 내 안에 숨어 있는 가장 깊은 공포를 반영한다.

무엇이든 내가 관심을 주는 것은 커진다 : 내가 관심을 쏟는 것의 목록을 만들 것이다. TV, 비디오 게임, 컴퓨터, 취미, 가십gossip, 내가 관심 없는 일, 내가 매우 좋아하는 일, 나를 매혹시키는 활동, 일탈이나 충만감을 주는 환상 등에 얼마나 시간을 쓰는지 기록한다. 이런 식으로 내 삶의 어떤 측면이 커질 것인지 알 수 있다. 그리고 나서 나는 묻는다. "내 인생에서 커졌으면 하는 것은 무엇인가?" 이것으로 내 관심이 어디로 옮겨갈지 알 수 있다.

우연이란 없으며 내 삶은 신호와 상징들로 가득 차 있다 : 나는 내 삶의 특정한 패턴을 찾을 것이다. 이 패턴들은 다른 사람들이 내게 하는 말, 나를 대하는 태도, 내가 상황에 반응하는 태도 등 어디에서든 찾을 수 있다. 나는 매일 삶의 융단을 짠다. 그리고 내가 만드는 게 어떤 디자인인지 알 필요가 있다. 나는 나의 숨겨진 신념을 보여주는 상징을 찾고자 한다. 나는 성공이나 실패의 기회를 만났는가? 개인이 힘을 가졌다고 믿든 믿지 않든, 긍정적이든 부정적이든, 이런 것들은 내게 틀림없는 삶의 상징들이다. 나는 내가 사랑받든 그렇지 않든, 혹은 사랑받을 자격이 있든 없든 내 신념에 대한 신호를 찾을 것이다.

매 순간, 우주는 나에게 최선의 결과만을 준다 : 나는 삶의 선물인 오늘에 집중한다. 나는 작용하지 않는 것 대신 작용하는 것에 집중한다.

나는 이 빛과 어둠의 세계에 감사할 것이다. 나는 위대한 선물인 앎을 감사하게 받아들인다. 나의 앎의 수준으로 내가 공동으로 창조하는 세계를 얼마나 깨달아 나가는지 지켜볼 것이다.

나의 내적 자각은 언제나 진화한다 : 나는 지금 어디에 서 있는가? 내가 선택한 길에 얼마나 많이 들어와 있는가? 설령 겉으로 드러나는 결과를 금방 알아차릴 수 없다 하더라도, 나는 나의 내면이 성장하는 것을 느끼는가? 오늘 나는 이런 질문들에 직면할 것이고, 내가 어디에 서 있는지 정직하게 물을 것이다. 나는 그저 흘러가는 생각의 시냇물이 아니라 원하던 자신으로 변해가는 잠재성으로서의 나를 경험한다. 나는 어떤 의도 때문에 나의 한계와 경계가 확대되는 것을 본다.

나의 삶의 방향은 이중성에서 유일성으로 향한다 : 나는 오늘에 거하고자 한다. 나는 안심하고 안도하고자 한다. 나는 방어하거나 욕심내지 않고, 단순히 내가 무엇이 되고 싶은지 알고 싶어 한다. 그저 있는 대로 흐르는 삶, 나의 진정한 자아에 감사한다. '내가 존재한다'는 것 자체로 내가 불멸의 존재로서 지속된다는 걸 느낄 때가 자신과 친근한 순간임에 주목한다. 풀밭에 누워 하늘을 쳐다보며 나와 자연이 하나가 됨을 느끼며, 내가 무한대로 커져 사라질 때까지 나를 확대한다.

진화의 힘에 나를 열어두면 내가 가고 싶은 곳으로 나를 데려가리라 : 오늘은 나 자신에 대해 장기적인 관점으로 생각해본다. 내 삶의 비전은 무엇인가? 그 비전은 나에게 어떻게 적용되는가? 나는 내 비전이 투쟁 없이 펼쳐지기를 바란다. 그렇게 되고 있는가? 그렇지 않다면 나는 어느 부분에서 저항하는가? 나는 나를 가장 억제하는 신념을 볼 것이다. 나 자신의 진화를 책임지는 대신 다른 사람에게 의존하는가? 내적 성장의 대체물로서 외부적 보상에 초점을 맞추도록 행동하는가? 내적 자각은 나를 우주로 이끄는 진화의 힘이 비롯되는 고향이다. 나는 내적 자각에 나 자신을 헌신할 것이다.

파편화된 마음은 나를 합일로 이끌 수 없지만 나는 길을 가는 내내 그것을 이용해야 한다 : 합일이 나에게 어떻게 진정한 의미를 지니는가? 내가 떠올릴 수 있는 하나됨의 경험은 어떤 것인가? 오늘 나는 나 자신과 합일되는 것과 흩어지는 것 사이의 차이점을 기억하겠다. 나는 그 흐름과 발맞추어 갈 수 있도록 나의 중심, 나의 평화, 나의 능력을 찾겠다. 나를 이끄는 생각과 욕구가 궁극적인 실체는 아니다. 그것들은 단지 나를 하나됨으로 이끄는 수단일 뿐이다. 나는, 생각은 바람에 흩날리는 낙엽처럼 왔다가 가지만 의식의 핵심은 영원하다는 것을 기억하겠다. 나의 목표는 그 핵심에 기인하는 삶을 사는 것이다.

나는 한꺼번에 많은 차원에서 살고 있다. 시간과 공간에 갇혔다는 것은 환상에 불과하다 : 오늘 나는 한계를 넘어선 나를 체험할 것이다. 나는 고요함 속에서 현존하기 위한 시간을 정하겠다. 내가 숨쉴 때 내 존재가 모든 방향으로 스며드는 것을 본다. 내적 고요함에 거할 때, 내 마음에 떠오르는 어떤 이미지도 나의 존재 속에 포함된다. 내적 고요함에서는 유일한 실체, 완전함밖에 없기 때문이다. 내 마음 속에 떠오르는 어떤 이나 어떤 것이라도 말할 것이다. "당신과 나는 존재의 차원에서는 하나다. 어서 오라. 시간과 공간의 연극을 넘어 나와 함께하라." 같은 방식으로, 내 마음 속에서 시작되어 나의 앎이 미치는 한 퍼져나가는 빛으로서 사랑을 경험할 것이다. 내 마음 속에서 이미지가 떠오르듯 나는 그들 각자의 방향으로 사랑과 빛을 보낼 것이다.

악은 적이 아니다

Evil is not your enemy

영성의 가장 슬픈 실패는 악을 대면할 때 온다. 사랑으로 가득 차서 다른 사람들을 결코 해치지 않을 사람들도 스스로가 전쟁의 폭풍 속으로 빠져든 것을 발견하게 된다. 오직 하나의 신만 존재한다고 믿는 이들은 불신자를 죽이려는 캠페인을 벌인다. 종교에 대한 사랑 때문에 사이비적인 당파를 만들고 믿음을 빙자하여 협박을 일삼는다. 설령 당신의 손에 궁극적인 진리가 있다고 해도 당신이 악으로부터 탈출할 것이라는 보장은 없다. 어떤 것보다 종교의 이름으로 행해지는 폭력이 가장 많은 게 현실이다. 그리하여 여기에 쓰디 쓴 경구가 있다. 신은 진리를 전해주었다. 그리고 악마가 말했다. "내가 진리를 체계화하리라."

또 다른 실패는 더욱 미묘하다. 그것은 무저항이란 것이다. 악을 방관하고 악이 제 갈 길을 가도록 하는 것이다. 이것은 궁극적으로는 악이 선보다 더 강력하다는 믿음을 반영한다. 20세기의 가장 영적인 인물 중 한 명은 영국이 나치즘의 위협에 어떻게 대항해야 하느냐는 질문에 아래와 같이 대답했다.

나는 여러분이 나치와 무기 없이 싸우기를 바랍니다. 나는 여러분이 스스로와 인류를 구하는 데 아무 쓸모도 없는 무기를 내려놓기를 바랍니다. 히틀러와 무솔리니를 불러 여러분의 소유라고 생각하는 나라를 가져가라고 하십시오. 그들에게 아름다운 섬들과 아름다운 건물들을 소유하라고 하십시오. 모든 것을 다 내주되 오직 여러분의 영혼, 여러분의 마음만은 주지 마십시오.

이런 답변을 한 사람은 마하트마 간디였는데, 영국에 보낸 이 공개 서한은 충격과 분노를 불러일으킨 동시에 환영받았다. 간디는 아힘사 ahimsā(불살생不殺生·불상해不傷害를 뜻하는 사상 - 역자 주) 또는 비폭력의 원칙에 충실했다. 그는 영국이 인도에 자유를 허락하도록 설득하는 데 수동적 비폭력을 성공적으로 사용했다. 그리고 세계 제2차대전 도중 히틀러에 대항한 전쟁에 반대했다. 간디는 끈질기게 그의 영적인 신념을 고집했다. 아힘사가 '전쟁은 만물의 아버지'라고 선언한 히틀러를 정말로 설득했을까? 아무도 모를 일이다. 분명히 수동성 자체에는 어두운 측면이 있다. 가톨릭교회는, 교황청이 나치즘 치하에서 수백만의 유태인들이 학살되도록 허용하고, 이탈리아의 유태인들이 체포당하도록 묵인한 일을 역사상 가장 어두운 사건으로 기록하고 있다.

그렇다면 영성이 악을 다루는 데 이미 실패했다는 것을 인정하자. 악을 보급하고 퍼뜨리는 가르침에서 눈을 돌리면 유일한 실체가 새로운 길을 연다. 왜냐하면 만약 유일한 실체만 존재한다면 악은 특별한 힘이 없으며 따로 떨어진 존재가 아니기 때문이다. 하느님에 대항하는 우주적 차원의 사탄이란 존재하지 않으며, 선과 악의 전쟁도 이중성이 자아낸 환상에 불과하다. 결국 선과 악은 의식이 취하는 형식에 불과하다. 그런 의미에서 악은 선과 전혀 다르지 않다. 이들의 유사성은 근원으로 거슬러 올라간다. 같은 날에 태어난 두 아이가 자라 한 명은 악을 행하고 다른 한 명은 선을 행할 수 있다. 그러나 아이 중 한 명이 태어날 때부터 악으로 창조되었다는 것은 있을 수 없다. 옳고 그른 잠재성은 그들의 의식에 있으며, 아이가 자라면서 그들의 의식은 많은 힘에 영향을 받을 것이다. 이 힘들은 너무 복잡해서 오직 악하다고만 이름 붙일 수는 없다. 새로 태어난 아이들에게 영향을 주는 힘들을 나열해보자.

- 부모의 보살핌 혹은 보살핌의 부족
- 사랑의 표현 또는 부족
- 온전한 가족의 배경
- 학교에서의 따돌림과 삶을 통한 사회적 따돌림
- 개인적인 경향과 반응
- 주입된 신념과 교육적 가르침
- 카르마(업보)
- 역사의 물결
- 역할 모델
- 집단의식
- 신화, 영웅과 이상에의 끌림

위에 적힌 모든 힘은 당신의 선택에 영향을 미치며 보이지 않게 당신의 행동을 결정한다. 왜냐하면 실체는 이 모든 영향들에 얽혀 있으며 악도 그렇다. 악과 선이 출현하려면 이 모든 힘들이 필요하다. 당신의 어린 시절 영웅이 스탈린이었다면 당신의 영웅이 잔다르크가 됐을 법한 세계를 인지하지 못했을 것이다. 수백 개의 전선을 통해 수많은 메시지를 전송하여 여러 프로젝트의 전기를 공급하는 건물을 사람이라고 생각해 보라. 단지 한 사람이 서 있는 듯 보이지만 그 내면의 삶은 수백 개의 오가는 신호에 의존한다. 당신도 그와 같다.

　우리 자신을 도구로 하여 스스로에게 아무것도 공급하지 않는 것은 악이다. 사람들은 이런 영향력의 메뉴 중에서 각각이 할 수 있는 행위를 선택한다. 의식 속에서는 어떤 악의 경향성이라도 만들어질 수 있다. 그러나 그것이 만들어질 당시에는 선한 선택이라고 여겨질 수도 있다. 이것이 악한 행동 이면의 핵심적인 역설이다. 왜냐하면 악을 행하는 사람들이라고 해도 주어진 상황에서 최선의 결정을 내린 동기가 있었기 때문이다. 이를테면 어려서 아버지의 언어폭력으로 고생한 아이들은 어른이 되어 자기 자녀에게도 욕설을 자주 한다. 당신은 그들이 가정 폭력에 더 이상 의존하지 말아야 한다고 생각할 것이다. 그러나 그들의 마음속에서 다른 선택, 즉 비폭력은 사용 가능한 것이 아니다. 일찍이 어린 시절부터 그들의 마음에 박힌 욕설이 너무나 강력해서 선택의 자유조차 가려버린다.

여러 가지로 다른 앎의 상태에 있는 사람들은 각각 좋고 나쁨에 대한 정의조차도 다르다. 가장 원초적인 예는 세계 각지에서 일어나는 여성들의 사회적 노예화. 현대사회는 그런 일을 나쁘게 받아들이지만, 몇 세기 전만 해도 전통, 종교적 제재, 사회적 가치, 가족의 덕목으로 질리도록 행해졌다. 심지어 그런 차원의 앎을 지닌 사람들은 최근까지도 힘없고, 순종적이며, 아이 같은 여성의 모습을 '선'으로 생각했다.

악은 순전히 사람의 의식 수준에 따라 결정된다. 악에 대한 일곱 가지 정의를 생각해보면 이 메시지를 이해할 수 있을 것이다. 당신은 본능적으로 어떤 것에 동의하는가?

가장 나쁜 악은 무엇인가?

☙ **일곱 가지 통찰력**

1. 가장 나쁜 악은 누군가를 육체적으로 다치게 하거나 그들의 생존을 위협하는 것이다.

2. 가장 나쁜 악은 사람들을 경제적으로 착취하여 성공하고 번영할 기회를 뺏는 것이다.
3. 가장 나쁜 악은 평화를 파괴하고 무질서를 초래하는 것이다.
4. 가장 나쁜 악은 사람들의 마음을 덫에 가두는 것이다.
5. 가장 나쁜 악은 미와 창조성 그리고 그것을 탐험하려는 자유를 파괴하는 것이다.
6. 가장 나쁜 악을 선과 뚜렷이 구별하여 말하기 어려울 때가 많다. 모든 창조물이 상대적이기 때문이다.
7. 악이란 없다. 외부에서 벌어지는 소동 속에서 의식의 패턴이 움직이고 있을 뿐이다.

대다수 사람들은 처음 두 번째까지의 정의를 고를 것이다. 왜냐하면 육체적인 피해와 박탈은 너무나도 위협적이기 때문이다. 이 차원의 의식에서 악이 의미하는 것은 생존하지 못하거나 삶을 영위하지 못하는 것이며, 선이란 육체적인 안위와 경제적인 안정이다. 그 다음 두 차원에서, 악은 더 이상 물질적인 것이 아니라 정신적인 것이다. 그 사람에게 가장 큰 두려움은 음식을 빼앗기는 게 아니라 혼란과 불안 속에서 생각하고 살도록 강요되는 것이다. 선은 내적 평화를 의미하고, 통찰과 직관의 자유로운 흐름을 의미하기도 한다. 그 다음 두 차원은 더욱 세련된 것으로 창조성 그리고 비전과 관계가 있다. 그 사람에게 가장 큰 고통은 자신을 표현하지 못하거나 다른 사람을 악하다고 단죄해야 할 때다. 심오한 영적 인물은 선과 악을 고정된 범주로 파악하지 않으며, 각각을 창조하는 데 신의 목적이 있음을 받아들인다. 선이란 자유로운 표현이며, 모든 새로운 사물에 대한 개방성이며, 삶의 밝고 어두운 측면 모두에 대한 경외다. 궁극적으로 마지막 차원에서는 선과 악, 빛과 그림자의 모든 놀이를 환상으로 본다. 모든 경험에서 창조자와의 합일을 본다. 그 사람은 신의 의식 속에 잠겨 공동의 창조자로서 산다.

유일한 실체는 이 모든 정의를 모두 받아들인다. 왜냐하면 의식이 인지하는 어떤 것이든 인지하는 당사자에게는 사실이기 때문이다. 악이란 계급의 일부인데, 당신이 서 있는 계급의 위치에 따라 모든 것이 변하는 성장의 사다리와 같다. 그 성장 과정은 결코 끝나지 않는다. 바로 이 순간 당신의 내면에서도 그 과정이 이루어진다.

어느 날, 당신이 잠자리에서 일어났을 때 불현듯 누군가를 미워한다는 것을 알았다면, 폭력을 사용하는 것 외에는 다른 방법이 없으며 사랑한다는 것은 꿈도 꿀 수 없다면, 당신이 거하고 있는 내면의 위치에 도달하는 과정이 얼마나 오묘한지 생각해보라.

온 세상이 선 혹은 악의 품으로 당신을 던져 넣는다. 이런 차원들을 내면에서 탐구한다면 당신은 당신을 반영하는 세계처럼 세계를 반영하게 될 것이다. 다시 말해 실제로는 당신 안에 세상을 지니고 있다는 뜻인 것이다.

그러므로 세상이 당신 속에 있다면 악은 당신의 적이 될 리가 없다. 악은 자신의 또 다른 측면일 뿐이다. 자아의 모든 면은 사랑과 자비의 가치가 있다. 모든 측면은 삶에 필수적이며 아무것도 배제되거나 암흑 속으로 버릴 만한 것은 없다. 이런 견해는 간디의 무저항주의보다 훨씬 세상 물정 모르는 소리처럼 들린다. 왜냐하면 성자들이 그렇듯 살인자도 사랑하고 이해하기를 우리에게 요구하는 것처럼 보이기 때문이다. 예수는 정확히 그런 원칙을 가르쳤다. 그러나 사랑과 자비를 잘못 번역하고 있다. 폭력성은 사랑을 만나도 두려움과 증오로 바꿔놓는다. 그러나 악 때문에 그렇게 되는 것은 아니다. 의식의 표면을 형성하고 있는 힘이 그렇게 만든다. 선과 악은 똑같이 평등하다. 이 말이 무슨 뜻인지 놀라운 예를 들어보겠다.

1971년, 스탠포드 대학의 학생들은 역할에 따라 행동이 어떻게 바뀌는지를 실험하기 위해 자원봉사를 했다. 한 그룹의 학생들은 죄수 역할을 하고, 다른 그룹의 학생들은 죄수를 관리하는 간수 역할을 맡았다. 감옥이라는 상황을 가정한 역할극이라고는 하지만 실제로 감옥과 흡사한 세트가 지어졌고, 두 그룹은 실험 기간 동안 그 안에서 함께 지냈다. 계획에 따라 모든 사람들은 2주 동안 각자의 역할에 따라 행동했다. 그러나 불과 6일 후 감옥 실험은 종결되었다. 이유가 무엇이었을까? 간수 그룹의 사디즘 때문이었다. 간수 그룹은 정신적으로 건강하고 도덕적으로 우수하다는 점에서 간수로 선발되었다. 그런데 감옥 실험에 들어가자 그들의 이런 성향이 사디즘으로 변했고, 점점 통제 불능의 상태가 되어 죄수 그룹에게 정도를 벗어나는 스트레스를 가했던 것이다.

이 실험에 참가한 교수들은 충격을 받았지만 어떤 일이 일어났는지 부인할 수는 없었다. 실험의 책임자였던 필립 짐바르도Philip Zimbardo는 다음과 같이 기록했다. "간수들은 죄수들을 반복적으로 발가벗기고, 머리를 두건으로 가리고, 독방에 집어넣고, 쇠사슬로 묶고, 맨손으로 변기를 닦게 하는 등 인권을 유린했다." 이 행위에 동참하지 않은 이들조차도 그런 가혹행위를 말릴 수 없었다. (2004년 이라크에서 있었던 악명 높은 행위들이 30년 전에 짐바르도 교수가 했던 스탠포드 실험을 상기시켰다.) 간수 역할의 학생들은 점점 극단으로 치달아 마침내 육체적인 학대까지도 서슴지 않았다. 짐바르도 교수는 그 당시를 떠올리며 고통스러워 했다. "그들은 일이 점점 지겨워지자 죄수들을 장난감으로 여기기 시작했고, 이들을 가지고 놀기 위해 더 굴욕적이고 더 자존심 상하는 놀이를 만들어냈다. 그러는 동안 이런 놀이들은 성적인 것으로 변해갔다. 놀이 중에는 서로 남색을 하는 동작을 흉내 내게 하는 것도 있었다. 나는 이런 어처구니없는 행위들이 일어난다는 것을 알고는 스탠포드 감옥을 폐쇄해버렸다."

이런 일탈적인 행위들은 어디에서 기인할까? 우리는 흔히 몇몇 '썩은 사과' 때문에 그런 일이 벌어진다고 말한다. 그러나 스탠포드 실험은 더 혼란스러운 결과를 보여주었다. 악은 모든 사람들에게 그림자처럼 도사리고 있다는 것이다. 왜냐하면 사람 안에 세상이 있기 때문이다. 아무리 선량한 사람으로 키워진다고 해도 역시 악의 그림자를 지니고 있다. 앞에서 말한 우리 의식에 영향을 주는 힘의 목록을 본다면, 각각의 사람에게 영향을 주는 목록은 각각 다를 것이다. 하지만 당신이 평형 상태의 두 측면 중 선한 쪽을 선택하는 행운을 누렸다고 쳐도 당신의 어딘가에 그 '그림자'는 여전히 도사리고 있음을 알아야 한다.

이 그림자는 우리의 의식을 형성하는 일상의 상황에 따라 형성되며, 그와 근접한 새로운 상황에 의해 분출된다. 당신이 아이였을 때 언어폭력을 당했다면, 어린 아이 근처에 있을 때 그런 기억을 떠올릴 것이다. 스탠포드 실험에서는 우리가 악이라고 부르는 행위, 혹은 우리의 진아와 아주 동떨어진 행위를 하게 만드는 조건들의 목록을 만들어냈다. 우리가 알고 있는 이중성과 분리의 견지로 그것을 확대해보았다.

악을 키우기

- 책임감을 없앰
- 익명성
- 인간성을 말살하는 환경
- 악행의 본보기
- 수동적인 방관자
- 완고한 힘
- 혼란과 무질서가 팽배함
- 의미의 결여
- 해를 끼치는 행위를 묵인함
- '우리 대 그들'로 항상 편 가르는 마음
- 소외
- 의무감 부족

첫 번째 것과 비교하면 이 목록에는 악의 요소가 개입된 것처럼 느껴진다. 인간성을 형성하는 것 중 가장 나쁜 면이 드러나리라고 생각되는 곳이 감옥이므로 앞에서 예로 든 스탠포드 실험을 별개로 친다고 하자. 나는 내과의사로서 병원 환경에서도 비슷한 폐해를 목격한 적이 있다. 물론, 병원이 악한 것은 아니다. 병원은 모든 것에 우선하여 선을 실천하도록 설립되었다. 그러나 한 사람이 가진 '그림자'는 그 사람이 좋거나 나쁘거나에 대한 문제가 아니다. 그것은 앞에서 열거한, 배출구를 찾는 갇힌 에너지에 대한 것이다. 그리고 병원이라는 곳은 그림자 에너지를 분출시키는 조건들로 가득 찬 곳이다. 환자들은 의사와 간호사의 권위 하에 있으며 아무런 힘이 없다. 그들은 무미건조하고 기계적인 일상에 인간성을 말살당하고, 일상적인 사회와 격리되어 있으며, 그동안 있었거나 앞으로 있을 수천수만 건의 '환자 번호' 중 익명의 한 명이다.

  적절한 환경만 주어지면, 모든 사람의 숨어 있는 에너지(그림자 에너지)는 발현된다. 그렇다면 악한 선택을 하게 되는 바로 그 지점까지 의식이 왜곡될 수 있는 그림자의 영역에 집중해보자. ('될 수도 있다'는 말을 염두에 두자. 왜냐하면 가장 비인간적인 환경에서도 선함을 지키며, 그들의 어두운 측면을 드러내길 저항하거나 참을 수 있는 사람들도 있기 때문이다.) 저명한 스위스의 심리학자 칼 융은 '그림자'라는 용어를 의학용으로 처음 사용했다. 그러나 나는 일반적으로 널리 쓰이는 말로서, 죄의식을 느끼거나 수치심을 느끼는 것들을 억압하는 숨겨진 장소를 칭하고자 한다. 나는 이 장소를 '그림자'라고 부르며 그렇다고 말할 수 있는, 무언가 확실한 진짜가 있다고 믿는다.

- 그림자는 개인적이며 동시에 우주적이다.
- 모든 것들은 그 곳에 저장될 수 있다.
- 무엇이든 어둠에 저장된 것들은 왜곡된다.
- 그림자 에너지가 응집되는 것은 주목받고자 하는 방식이다.
- 어떤 에너지든 앎을 비추면 그것을 융해시킨다.
- 그림자 자체가 악한 것이 아니므로 당신의 적이 아니다.

각각의 진술을 검증함으로써, 우리가 이름붙인 무서운 악마를 제거하는 데 한 발 더 가까이 간다.

그림자는 개인적이며 동시에 우주적이다 : 모든 사람들은 자기만의 방식으로 수치심과 죄의식을 저장한다. 나체, 성교, 분노, 갈망은 콤플렉스의 감정을 불러일으킨다. 어떤 사회에서는 벌거벗은 자신의 어머니를 보는 일이 사소할 수도 있으나, 다른 곳에서는 의식의 그림자로까지 처박혀 잊을 수 없는 정신적 충격이 되기도 한다. 개인적 감정, 가족의 감정 그리고 사회적 감정 사이에 뚜렷한 구분은 없다. 그것들은 서로 섞이고 엮여 있다. 당신이 일곱 살 때, 운동장에서 골목대장을 때린 일을 부끄러워한다고 치자. 그러나 다른 사람은 똑같은 일을 개인적인 용기를 발전시키는 데 필요한 가치 있는 일이라고 생각할 수도 있다. 그렇기에 그림자는 우주적이면서도 개인적이다. 인간의 정신은, 가장 어두운 충동과 가장 깊은 굴욕에 직면하는 큰 어려움을 숨기는 은신처를 지니도록 만들어졌으며, 대부분의 사람들에게 그 장소는 필수불가결하다.

모든 것들은 그 곳에 저장될 수 있다 : 당신이 가장 소중한 재산을 보관하는 저장고는 지하 감옥처럼 가능한 한 숨겨진 곳이어야 한다. 그림자에게도 똑같다. 비록 그 용어가 부정적인 에너지로서 숨겨진 장소를 묘사하는 데 주로 사용되지만, 당신에게는 긍정적인 것을 부정적으로 바꿀 수 있는 힘이 있으며 그 반대의 경우도 마찬가지다. 그림자는 고정된 것이 아니라는 뜻이다.

어렸을 때는 아주 친했지만 아주 다르게 자란 자매를 나는 알고 있다. 한 명은 이름난 대학교수가 되었으며, 다른 한 명은 두 번 이혼한 후에 임시직으로 근근이 생계를 잇고 있었다. 성공한 쪽은 그녀의 어린 시절을 환상적이었다고 말했다. 다른 한 쪽은 그녀의 어린 시절이 잊지 못할 상처투성이였다고 말했다. "나쁜 짓을 하고 나면 아버지가 너를 여섯 시간 동안 욕실에 가둔 게 기억나니? 그 일은 나에게 전환점이었어. 나는 네가 얼마나 화나고 절망적일지 상상조차 할 수 없었어." 나는 불행한 쪽이 다른 한쪽에게 하는 말을 들었다. 그 말을 들은 행복한 쪽은 아주 놀란 듯 말했다. "그걸 왜 물어보는지 모르겠어. 나는 혼자 있는 걸 좋아했어. 그 안에서 상상으로 지어낸 이야기를 나 자신에게 들려주곤 했어. 그런 일은 아무것도 아니었어."

우리의 이야기도 그들처럼 개별적이고 아주 특이한 방식으로 흘러간다. 똑같은 사건이었지만 한쪽에게는 아무런 아픔이 되지 않은 반면, 다른 한쪽에게는 분노와 수치심의 근원이 되었다. 위대한 예술은 피카소의 '게르니카'(피카소의 대표작 가운데 하나로, 1937년 독일의 폭격으로 폐허가 된 에스파냐의 북부 도시 게르니카를 그린 작품 – 편집자 주)처럼 폭력의 현장에서 만들어진다. 또한 십자가에 매달린 예수처럼 성스러운 미덕으로부터 공포가 만들어지기도 한다. 무의식에는 검토되지 않은 충동들이 죄다 모여 있다. 스스로를 변태적인 간수로 격하시켰을 스탠포드의 학생들도 적절한 상황이 되지 않으면 결코 꺼내놓지 않을 예술적 재능을 무의식에 숨기고 있을 수도 있다.

무엇이든 어둠에 저장된 것들은 왜곡된다 : 앎은 신선한 냇물처럼 흐르게 되어 있으며, 만약 흐르지 못한다면 정체된다. 당신의 내적 세계에는 셀 수 없는 기억과 억압된 본능이 있다. 당신이 그것들을 흐르게 하지 않는다면 분출될 것이고, 정체될 수밖에 없다. 선한 충동이 있다고 해도 행동이 결여된다면 그 충동은 없어진다. 사랑을 표현하지 않을 때는 약해지고 두려워진다. 증오와 불안이 삶 자체보다 더 크게 다가온다. 흐르게 하는 행위는 의식의 가장 기본적인 자산으로서 스스로를 새로운 패턴과 디자인으로 변화시킨다. 만약 의식이 필요한 방향으로 가지 않는다면 그 결과 무질서한 에너지가 생성된다. 이를테면, 대부분의 성인들이 과거의 일로 제쳐둔 주제인, 자신의 부모에 대해 어떻게 생각하는지를 질문한다면, 당신은 어릴 때부터의 그들의 기억이 혼란스러운 허섭스레기처럼 왜곡되고 얽혀 있는 것을 발견할 것이다. 사소한 사건이 큰 상처(trauma)로 드러나기도 한다. 다른 가족 구성원들은 단순화되어 만화의 등장인물처럼 왜곡되기도 한다. 진실한 감정을 캐내기란 아주 어렵거나 불가능하다. 그리하여 장애를 겪은 환자가 정신과 의사에게 가서 괴로운 어린 시절의 상처를 치료하려면 환상에서 사실을 분리해내는 데만 몇 달, 아니 몇 년이 걸리곤 한다.

그림자 에너지가 응집되는 것은 주목받고자 하는 방식이다 : 무언가를 숨기려는 것은 무언가를 죽이는 것과는 다르다. 그림자 에너지는 생존을 유지한다. 설령 당신이 그것을 바라보기를 거부한다손 치더라도 소멸되지 않는다. 사실상 그들의 생존하고자 하는 욕구는 점점 더 강해진다. 부모의 관심을 끌기 위해 보살핌 받으려는 아이들의 행위는 점점 더 극단으로 치닫는다. 처음에는 관심을 끌기 위해 부르기만 하지만, 다음에는 울고, 그 다음에는 화를 낸다. 그림자 에너지도 똑같은 패턴을 따른다. 예를 들어, 숨겨진 공포가 발작으로 폭발할 때를 살펴보자. 똑같은 공포라고 해도 처음에는 평범한 방식의 부름으로 인식되지만, 그 공포를 인식하기를 거부했을 때는 그 부름이 외침으로 변하고, 마침내는 본격적인 공격이 된다. 특히 우리 의지와 상관없이 공포와 분노가 낯설거나, 악하거나, 귀신과 같은 힘으로 작용하는 지점에서 그 전압이 증가되곤 한다. 그것들은 그저 억압함으로써 우리 의식이 비인간적으로 집중된 어떤 측면들에 불과하다. 억압은 다음과 같이 말한다. "내가 당신을 쳐다보지 않으면 당신은 나를 두고 멀리 떠날 거야." 그림자는 그에 대해 다음과 같이 답한다. "네가 나를 쳐다보게 만들게."

어떤 에너지든 앎을 비추면 그것을 융해시킨다 : 이 진술은 바로 앞에서 말한 진술(그림자 에너지가 응집되는 것은 주목받고자 하는 방식이다.)에 자연스럽게 따라 나온다. 어떤 에너지가 당신의 주의를 요구하면 주의를 기울임으로써 그것을 만족시킬 것이다. 방치해뒀던 아이를 한번 힐끗 본다고 달랠 수 있는 건 아니다. 아이들과 마찬가지로, 우리 그림자 에너지가 어떤 패턴이나 습관 속으로 빠져드는 데는 그게 좋은 것이든 나쁜 것이든 행위를 바꾸는 데 시간이 들게 마련이다. 설령 그렇다 하더라도 당신이 그림자 속으로 빛을 가져오면 그 왜곡됨이 덜해지기 시작하고 마침내 치유받을 것이라는 일반적인 진리를 바꿀 수는 없다. 그 일을 충분히 할 만큼 시간과 인내력이 있는가? 그 일을 하는 데 정해진 답은 없다. 예를 들어, 우울증은 통찰, 자비, 인내와 다른 사람의 관심, 의지와 전문적인 요법으로 나을 수 있는 복합적인 반응이다. 아니면 약을 먹으면 괴롭지 않을 수도 있다. 선택은 개인의 것이며 사람에 따라 아주 다를 것이다. 유아 자폐증처럼 명백히 절망적인 병일지라도 부모가 어둠에서 아이를 구해내고자 막대한 시간과 관심을 쏟은 결과 나은 경우도 있다. 그 어둠은 치유받기 위해 빛이 필요한, 의식에서의 왜곡이었다. 모든 형태로 나타나는 그림자는 빛과 사랑의 형태로 존재하는 의식이 필요하다. 그리고 치유하는 데 유일한 한계는 우리 자신을 그 계획에 얼마나 헌신하는가에 달려 있다.

그림자 자체가 악한 것이 아니므로 당신의 적이 아니다 : 만약 지금 말하는 진술들이 진실이라면, 이것 또한 마찬가지로 진실임에 틀림없다. 나는 많은 사람들에게 '다른 사람들'이라는 이름의 장벽이 있음을 깨달았다. 그들 바깥 어느 곳에 악이 도사리고 있음은 부인할 수 없다. 60년 전에 '다른 사람들'은 독일과 일본이었다. 30년 전에 '다른 사람들'은 소련에 살고 있었다. 오늘날 '그 사람들'은 중동에 살고 있다. 그런 사람들은 '다른 사람들'을 잊지 않고 매우 쉽게 악을 찾아낸다. 그런 사람들은 바깥에 있는 적이 아니라 스스로의 내면에 존재하는 적을 직면해야만 할 것이다. 당신이 천사의 편에 서 있다는 것을 미리 아는 것은 얼마나 편리한 일인가?

스스로 내면에 있는 그림자를 보는 것은 '다른 사람들'이라는 개념을 융해시키고, "어떤 인간도 나에게는 이방인이 아니다."라는 로마 시인 테렌스Terence의 진술을 더욱 가깝게 만든다. 그럼에도 불구하고 절대악을 그토록 빨리 사라지게 할 수 있을까? 통계 조사에 따르면, 대다수의 사람들이 사탄의 존재를 믿으며, 또한 많은 종교의 종파에서는 악마가 세상을 뒤흔들고 다니면서 사악한 행위를 통해 은밀히 역사를 바꾼다고 굳게 믿는다. 선은 악을 지배할 기회조차 없는 것처럼 보인다. 아마도 그들 사이의 싸움은 영원하며, 끝끝내 해결될 것 같지 않다. 그러나 여전히 당신은 어떤 편에 설지 스스로 고를 수 있다. 바로 그 사실 때문에 '절대악'이란 말에서 '절대'라는 단어를 뺄 수 있다. 그런 정의 때문에 악은 매번 승리할 것이며, 인간이 약한 쪽을 선택하는 데 거리낌이 없도록 만든다. 그러나 대부분의 사람들은 이런 결론을 받아들이지 않는다. 그들은 가장 최신의 범죄, 전쟁과 재난을 담은 영상을 보면서 앉은 채로 최면이 걸려 선과 악의 드라마가 마치 스스로의 힘을 지닌 것처럼 지켜본다.

개인으로서의 당신과 나는 대량으로 벌어지는 악의 문제를 해결할 수 없다. 그리고 이런 무기력감은 궁극적으로 선은 승리할 수 없다는 믿음을 확대시킨다. 그러나 악과 씨름하기 위해서는 악을 바로 보아야 한다. 공포에 질려서나 구경거리로서가 아니라 당신이 어떤 문제에 진지하게 흥미를 가질 때와 같은 관심을 갖고 말이다. 많은 사람들은 악을 쳐다보는 것을 금기시한다. 가장 무서운 공포 영화의 주제는 당신이 너무 가까이 다가가면 응당 받아야 할 것을 받는다는 것이다. 그러나 개인적인 악에 대한 진실은 무섭기보다는 더욱 일반적이고 흔하다. 우리 모두의 내면에는 불의로부터 힘을 얻는 충동이 있다. 우리는 우리가 숨겨둔 원한과 불평을 근거로 누군가가 우리에게 용서할 수 없는 해를 가한다고 믿기도 한다.

당신이 부당한 대우를 받았거나 개인적으로 위해를 당했을 때 가장 자연스러운 감정은 분노다. 만약 분노가 분출되지 않으면 그것은 그림자 안에서 곪고 커진다. 이런 분노는 폭력으로 귀결된다. 그런데 단순히 이런 충동을 갖거나 생각한다는 이유만으로도 당신은 죄의식을 느껴 스스로를 나쁜 사람처럼 느낀다. 이는 이중적인 속박과 같다. 분노를 표출해도, 분노를 내부에 간직한 채 지니고만 있어도 스스로를 악하다고 느낄 것이다.

그럼에도 폭력은 잘게 부수어 다루기 쉽게 만들 수 있다. 부정적인 감정은 그림자의 다음과 같은 측면에 먹이를 공급하여 다룬다.

- 그림자는 어둡다. 모든 사람은 그림자를 지녔다. 왜냐하면 어둠과 빛의 자연스러운 대조 때문이다.

190

- 그림자는 은밀하다. 우리는 비밀을 간직하고자 하는 욕구 때문에 충동과 감정들을 간직한다.
- 그림자는 위험하다. 억압된 감정은 그것이 우리를 죽이거나 미치게 할 수 있다는 확신을 주는 힘이 있다.
- 그림자는 신화로 덮여 있다. 세대를 거듭하면서 사람들은 용과 괴물들의 보금자리로 어두운 측면을 생각한다.
- 그림자는 비이성적이다. 그것의 충동은 이성에 대적해서 싸운다. 그것들은 폭발적이고 괴팍하다.
- 그림자는 원시적이다. 교양 있는 사람이 납골당, 감옥, 광인 수용소와 화장실 냄새가 나는 그 영역을 탐구한다는 것은 체면 깎이는 일이다.

부정성은 한꺼번에 이 모든 특질들에 연료로 쓰인다는 사실로부터 압도적인 힘을 얻는다. 그 비밀스럽고, 어둡고, 원시적이고, 비이성적이고, 위험하고, 신화적인 악은 당신이 그것을 쪼개어버릴 때 훨씬 힘이 떨어진다. 그러나 악을 축소시키는 과정은 당신 스스로에게 적용시킬 때까지는 신빙성을 얻기 힘들 것이다.

그러면 실제로 한번 적용해 보자. 최근의 문제인 테러리즘을 놓고 생각해보자. 어떤 기준을 적용하든 죄 없는 사람들에게 테러를 가하는 행위는 비겁하고 비루한 악행이다. 이제 더 가까이 가보자. 당신이 참을 수 없는 종교적인 미움으로 누군가를 죽이고 싶은 의지로 타오르고 있다고 가정해보라.(개인적으로 그런 테러리즘을 상상할 수 없다면 인종주의, 복수심 또는 국가적인 모욕 등 어떤 것이든 당신 안에 살인 충동을 일깨울 수 있는 것을 끄집어내보라.) 당신의 충동이 아무리 악하다고 해도 그것을 녹일 수 있을 정도로 조각낼 수 있다.

어둠 : 진정으로 이러한 충동을 지녔는지 스스로에게 물어보라. 당신이 매일 아침 거울에서 보는 것은 자신이다.

어둠은 빛을 비춤으로써 다룰 수 있다. 프로이드는 이것을, "이드id를 에고ego로 대신한다"고 표현했다. '그것(it, 우리 안의 이름붙일 수 없는 그것)'을 의미하는 이드는 '나(당신이 자신이라고 아는 그 사람)'의 영역으로 거두어들일 필요가 있다. 더 단순하게, 얇은 앎이 닫힌 곳으로 갈 필요가 있다.

은밀함 : 당신이 신뢰하는 사람에게 악한 충동을 털어놓으라.

은밀함은 부끄럽거나 죄의식처럼 보이는 것을 정직하게 직면함으로써 다룬다. 당신은 머리를 쳐드는 어떤 것이든 부인하지 말고 바로 보아야 한다.

위험 : 당신의 분노를 풀어놓고 그것을 줄여가라. 분노를 그저 분출하는 것이 아니라 진정으로 당신의 분노를 놓아버린다는 의도를 가지라.

위험은 폭탄의 뇌관을 제거함으로써 다룬다. 즉 당신 안에 잠복한 격정적인 분노를 찾아내 떨쳐버려야 한다. 분노는 악한 충동의 가장 기초적인 원동력이다. 다른 모든 충동과 마찬가지로 분노는 여러 차원에서 발현되며, 가장 격정적인 분노(통제된 화, 정당화된 분노, 의분)라 할지라도 마침내 사적인 공격이 되기 전에 풀이 꺾일 수 있다. 누군가가 당신을 사적으로 공격해도 분노를 물리치기는 어렵지 않다. 통제 불가능한 화에 집중하여 주파수를 맞추려는 당신의 패턴을 놓아버리면 된다.

신화 : 당신의 감정을 여러 방식으로 처리하고도 영웅으로서의 면모를 유지하는 그 영웅의 이름을 지어보라. 폭력은 영웅주의의 한 부분이지만 다른 긍정적인 특징도 많다.

신화는 창조적이며 상상력의 보고이기도 하다. 따라서 당신은 어떤 신화라도 택해 다른 틀에 넣고 모양을 만들 수 있다. 중세의 신비극(중세의 교회 종교의식에서 주로 행해졌던 종교극 – 역자 주)에서 사탄은 우스꽝스러운 인물이었는데, 현대에 와서는 제임스 본드 영화의 우스꽝스러운 악당이 되었다. 신화는 변형과 다름없다. 그러므로 신화의 차원에서는 악마를 신의 도우미로 혹은 천사에게 무릎 꿇은 적으로 변화시킬 수 있다.

비합리성 : 당신이 화내지 않을 수 있는 가장 그럴 듯한 논리가 있다. 절대 감정적이 되지 말라는 것이다. 자신의 인생을 망치려는 고집 센 십대와 상담하고 있다고 가정해보라. 그를 이성적으로 만들려면 어떻게 말해야 할까?

비합리성은 설득과 논리로 다룰 수 있다. 감정은 이성보다 훨씬 매력적이고 힘이 있다. 하지만 생각의 과정을 통해 뭔가 다르다는 것을 느끼게 해주는 이유를 대기 전까지는 오직 감정만이 지배하는 그 바닥에서 벗어나려고 들지 않는다. 마음이 아닌 스스로의 감정만으로는 오랜 시간에 걸쳐 그 상태를 유지하면서 점점 더 강하게 자라날 것이다. 간단한 예를 들어보자. 빨간 야구 모자를 쓴 아이가 당신의 차를 긁고 지나간다. 아이는 당신을 보자 달아나버렸다. 다음날 당신이 아이를 보자마자 아이는 또 도망간다. 하지만 아이를 붙잡고 보니 다른 아이였다. 분노는 사과로 변했다. 마음이 간단한 생각 '다른 사람' 이라는 말을 떠올렸기 때문이다.

원시성 : 변명이나 합리화 없이, 흉포한 짐승처럼 당신의 화를 표현해 보라. 으르렁거리고 버둥거리고 울부짖으며 그저 몸이 가는 대로 놓아 두라. 원시적인 것은 그냥 원시적인 것으로 놓아두자. 안전한 범위 내에서 말이다.

원시적인 감정은 저등뇌(lower brain, 뇌의 바깥 부분인 피질은 판단이나 종합 등 고급 사고 능력을 담당하고, 뇌의 가장 안쪽에 있는 뇌간은 생존에 관계되며 원시적인 역할을 담당한다. - 역자 주)의 잔존물로서 그 각각의 수준에서 다루어야 한다. 당신은 문명화된 시민이라는 위선을 벗어버린다. 이런 앎의 수준은 감정보다 훨씬 더 깊어지며, 파충류뇌(reptilian brain, 우리의 본능과 욕망은 대체로 우리 선조들이 파충류였을 때 결정되었다. 그래서 인간의 본능과 욕망을 관장하는 뇌의 부분들을 파충류뇌라고 한다. - 역자 주)라고 불리는 가장 깊은 영역에서는 모든 스트레스를 생존을 위한 생사가 갈린 투쟁으로 해석한다. 이 수준에서 불의에 대한 당신의 '합리적인' 감각은 알 수 없는 공포와 만행을 경험한다.

설령 당신의 충동이 폭력으로 갈 만큼 선을 넘지 않았다손 치더라도 일상적인 충동은 당신이 그 충동을 볼 수 없는 곳인 그림자 내에서 강도가 더 세어진다. 아무 자극 없이도 스스로가 분노하거나 화를 낼 때마다, 아무 이유 없이 눈물을 흘리려는 찰나의 자신을 발견할 때마다, 당신이 왜 경솔한 결정을 내렸는지 설명할 수 없을 때마다, 당신은 자신의 그림자 안에서 은밀하게 자라는 에너지의 영향을 실제로 느끼는 것이다.

그림자는 자라나서 억압되곤 한다. 따라서 마음의 이 영역에 접근하기는 쉽지 않다. 또한 직접적으로 공격해봐야 효과를 볼 수도 없다. 그림자는 어떻게 저항해야 할지 안다. 그림자는 문을 꽝 닫고 더 깊은 곳으로 어두운 에너지를 숨기는 법을 안다. 그리스 비극의 카타르시스라는 개념을 떠올리면, 단지 관객들을 아주 공포스럽게 함으로써 마음을 열고 동정심을 유발하게 한다고 생각된다. 카타르시스는 정화의 한 형식이다. 이 경우 관객들은 무대 위 배우의 삶에서 끔찍한 행위들을 보고 그 후발 효과로 그런 경험을 하게 된다. 그러나 이런 계략이 언제나 통하는 것은 아니다. 당신은 당장 극장으로 달려가 공포영화를 보고 나서도 아무 감흥 없이 극장 문을 나설 수도 있다. 당신의 고등뇌는 다음과 같이 말할 것이다. "나는 저 특수 효과를 전에 본 적이 있어."(같은 방식으로, TV는 전쟁과 폭력의 끔찍한 영상을 오십 년간 보여주고도 시청자들에게 감흥을 주기는커녕 흥밋거리로 전락했다.) 그러나 그런 것들이 몸으로 방출되는 것은 자연스럽다. 우리가 이런 그림자의 에너지를 관찰하는 것만으로도 우리 앎의 차원으로까지 접근하게 할 수 있다.

사람들은 인간 본성의 어두운 면은 멈출 수 없는 힘을 가졌다고 가정한다. 사탄은 하나님과 평등하게 대적할 만한 부정적인 신으로까지 격상되었다. 그러나 그런 가정이 무너진다면 악이란 일상생활에서의 왜곡된 반응에 불과하다는 것이 드러난다. 어두운 밤, 빈 집에 홀로 앉아 있다고 상상해보라. 집 안 어딘가에서 소리가 들린다. 당신은 즉시 문이 삐거덕거린다는 것을 알아챈다. 온몸의 감각에 경고 등이 켜지고 몸은 얼어붙는다. "강도야! 도둑이야!" 소리치고 싶은 마음을 간신히 참지만, 숨겨져 있던 엄청난 불안이 엄습해온다. 결국 삐걱거리는 문소리는 느슨한 마룻바닥이 내는 소리거나 누군가의 갑작스러운 방문 때문이었음이 밝혀지기 전까지는 누구나 이런 오싹한 순간을 경험할 것이다. 그러나 그 공포스러운 순간에 실제로 일어난 사건은 무엇이란 말인가?

당신의 마음은 주위 환경에서 별로 중요하지 않은 정보들을 모아 의미를 부여하는 사건을 만든다. 문이 삐걱거리는 소리는 그 자체로는 사소한 문제다. 하지만 무의식적으로 숨겨져 있던 공포감이 엄습해오면, 자동적으로 사소한 감각적 정보가 엄청나게 부풀려져 불안이 극대화된다.

그러나 소음과 당신 사이에 해석이 살금살금 끼어들어(누가 침입했어! 나를 죽이고 말 거야!) 강화된 결과, 위험을 창조했다.

나는 몸과 마음 사이의 틈에서 악이 탄생한다고 제시한다. 악의 왕국에는 권력 있는 통치자가 없다. 악마란 걷잡을 수 없게 된 감각이 입력된 순간에 탄생한다. 가장 흔한 공포증 중 하나인 비행에 대한 공포를 예로 들어보자. 비행공포증을 겪는 사람들은 비행기가 출발할 때의 기억을 아주 생생하게 지니고 있다. 위에서 말한 삐거덕거리는 문처럼, 비행기가 날자마자 비행기의 어떤 소음이나 갑작스러운 우당탕하는 소리 때문에 그들은 극도로 예민해진다. 객실의 진동과 같은 사소한 감각이나 엔진의 오르락내리락하는 규칙적인 소리 때문에 갑자기 불길한 느낌을 갖는다.

이런 감각과 공포에 대한 반응 사이에는 매우 짧은 시간 동안 지속되는 틈이 있다. 비록 그 시간은 짧지만 그런 간격 때문에 해석이 생기고(나는 죽을지도 몰라. 이 비행기는 충돌하고 말 거야!) 또 몸의 느낌에 집착하게 된다. 잠시 후에 땀나는 손, 타들어가는 입, 뛰는 맥박, 현기증과 오심 등 전형적인 불안의 징후들은 공포감에 설득력을 더한다. 공포증 환자들은 그들이 맞은 통제 불능인 첫 번째 순간만 기억하고, 그것들을 차차 떼어놓을 생각은 엄두도 내지 못한다. 그리하여 그들은 그런 반응을 스스로 유도하고 있음을 알지 못한다. 그런 공포는 다음과 같은 요소의 산물로 이루어진다.

- **상황** : 일반적인 상황이지만 당사자에게는 뭔가 이상한 혹은 다소 스트레스를 받음직한 상황으로 뇌에 주입된다.
- **신체적 반응** : 그런 스트레스와 연관된 육체적 반응을 경험한다.
- **해석** : 이런 육체적 신호들은 위험의 징후로 낙인찍히며 마음은 무의식적으로 그 위험이 실제가 되어야 한다는 결론에 이른다. 무의식적인 마음은 매우 구체적이다. 그것 때문에 악몽이 실제처럼 구체적으로 보이는 것이다.
- **결정** : "나는 지금 두려워한다"라고 생각하기로 선택한다.

이런 요소들은 아주 빨리 융합되어 진행되기 때문에 단순히 하나의 반응으로 보이곤 한다. 그러나 사실은 작은 사건들이 연쇄적으로 일어나는 것이다. 이 연쇄 반응의 모든 접점에는 선택이 포함된다. 인간의 생존을 위해, 인간의 마음은 모든 곳에서 의미를 찾도록 설계된 까닭에 해석하지 않고 있는 그대로의 감각을 느끼지 못하는 것이다. 스트레스를 받는 상황은 객관적으로 존재하는 게 아니라 그 사람이 선택하는 것이다. 공포를 주는 상황이란 없다. 공포를 느끼는 사람만이 있을 뿐이다. 공포증에 사로잡힌 사람은 한 걸음 뒤로 물러나서 사건의 연쇄 반응들이 형성되는 순간에 새로운 해석을 해줌으로써 치료할 수 있다. 반응 속도를 늦추고 찬찬히 들여다보게 하면 공포의 매듭이 풀려버릴 수 있다. 비행과 관련된 소음은 서서히 위협적이지 않은 것으로 바뀌게 될 것이다.

감각과 해석 사이의 눈 깜짝할 사이의 간격이 바로 그림자의 고향이다. 당신이 그 간격에 들어가 그것이 얼마나 부질없는 것인지를 인식한다면 그 유령은 사라져버릴 것이다.

사람들의 마음속에 테러리즘은 아주 무겁게 자리 잡고 있기 때문에 집단적 악이라는 문제는 쉽게 떨쳐버릴 수 없다. 가장 곤란한 질문 두 가지는 "그렇게 악한 일에 왜 그런 보통 사람들이 연루되었지?"와 "왜 죄 없는 사람들이 그 극악무도한 행위의 희생자가 되었지?"라는 것이다.

스탠포드 대학의 감옥 실험과 그림자에 대한 우리의 결론은 이런 질문에 대해 근접한 대답을 주지만 모든 질문자를 만족시킬 수 있는 대답은 없다. 악이 발생할 때는 언제나 그림자가 우리를 방문했음을 알 수 있다. 아우슈비츠학살에 대해 내가 무엇을 할 수 있었을까? 우리 내부의 목소리는 대개 죄책감에 쌓여 힐난하는 어조로 말할 것이다. 어떤 대답도 과거를 바꿀 수 없거니와 그럴듯한 대답도 없다는 것을 깨닫는 게 중요하다.

집단적 악에 대한 최선의 접근이란 그것을 기억하는 게 아니라 스스로 내면에서 과거를 정화함으로써 완전히 근절하는 것이다. "보통 사람들이 어떻게 그런 사악한 일에 동참할 수 있었을까?"라는 질문에 대해 내가 할 수 있는 최선의 답변은 당신이 지금 막 읽은 페이지들에 있다. 악이란 '차이'에서 태어난다. 그 차이는 누군가의 사적인 전유물이 아니다. 그 차이에는 집단적 반응과 집단적 화제가 포함되어 있다. 언제나 문제를 일으키는 '아웃사이더'라는 화제를 사회적으로 받아들인다면, 악은 언제나 태어날 준비를 하고 있을 수밖에 없다. 우리가 아닌 '그들'은 언제나 악을 저지르고, 우리는 언제나 선의 편에 서 있는 편 가르기가 계속되며 이는 절대 멈추지 않을 것이다.

그럼에도 집단으로 행해지는 악행의 모든 경우에, 집단 충동과 자신을 동일시하지 않고 저항하면서 거기에서 벗어나 다른 사람을 도우려는 많은 사람들이 있었다. 당신이 그 집단적인 화제에 집착할지 거기에서 벗어날지를 결정하는 것은 개인적인 선택이다.

두 번째 질문은 "왜 그 착한 사람들이 극악무도한 범죄의 희생양이 되는 거지?" 라는 것이다. 이 질문은 더 어려운데 거의 모든 사람들의 마음이 닫혀 있기 때문이다. 질문을 하는 이는 새로운 대답을 원하지 않는다. 정의감에서 생긴 분노가 너무 지나치고, 신이 등을 돌렸다는 확신이 너무 지나친 나머지 아무도 더 거대한 악을 다른 이들에게 행하는 것을 멈추는 위험을 감수하려고 하지 않는다. 당신은 이런 것들에 대해 확신하는가? 확신한다는 것은 열려 있다는 것의 반대다. 왜 6백만 명의 유태인들이 학살당했는지 혹은 왜 르완다나 캄보디아, 스탈린 치하의 러시아에서 그런 일을 당했는지 스스로에게 자문할 때, 나의 동기는 우선 나의 번뇌를 날려 보내기 위한 것이었다.

내가 번뇌나 정의감에서 오는 분노나 혹은 공포에 사로잡혀 있는 한, 내가 할 수 있는 선택의 여지는 없다. 자유롭게 선택하기 위해 내가 해야 하는 것은 정화다. 순수함을 찾으려는 것이다. 비록 우리가 집단적 잣대에 의해 그런 요소를 행하지 않는다 하더라도 당신과 나는 악의 요소에 참가했다는 책임이 있다. 직접 행하지 않아도 그것들을 믿는 한 우리는 계속 참가하는 것과 마찬가지다. 그래서 분노, 질투와 다른 사람에 대한 판단을 멈추는 것이 우리의 의무인 것이다.

무고한 사람이 악의 희생양이 되는지에 대한 신비주의적인 이유가 있을까? 물론 없다. 어떤 희생자의 숨겨진 운명이 파멸의 태풍을 불러온다며 떠드는 행위는 무지에서 비롯된 것이다. 전 사회가 집단적인 악에 사로잡혀 있을 때, 외부의 혼란은 내부의 소동을 반영한다. 그림자는 집단적으로 봉기한다. 이런 일이 일어나면, 무고한 희생양들은 폭풍 속에 갇히는데, 그들이 숨겨진 카르마를 지녀서가 아니라 폭풍우가 너무 압도적이라서 모두를 삼킬 만하기 때문에 그렇다.

나는 선과 악을 절대적 투쟁 관계로 보지 않는다. 어떤 사람이 자신의 자유를 선택할 수 있는 권리를 빼앗김으로써 그림자의 에너지가 보이지 않는 힘을 실어주었다는 식으로 설명하는 메커니즘이 내게는 너무 신빙성 있어 보인다. 나는 내 안에서 어두운 에너지가 활동 중인 것을 볼 수 있으며, 그 어둠을 밝히는 게 앎을 얻는 첫 번째 단계임을 안다. 앎은 어떤 추진력이든 다시 만들어낼 수 있다. 그러므로 나는 악한 사람들이 존재한다는 것을 받아들이지 않으며, 오로지 그들의 그림자를 받아들이지 못한 사람이 있음을 받아들인다. 우리는 언제라도 자신을 열어둘 수 있으며, 우리 영혼들은 끊임없이 빛으로 나아갈 새로운 길을 열어놓고 있다. 이것이 사실인 한, 악은 영원히 인간 본성의 기본적인 것이 될 수는 없을 것이다.

연습 1 자신의 현실을 바꾸어 여덟 번째 비밀에 적응하기

여덟 번째 비밀은 마음의 '어두운 에너지'에 대한 것이다. 그림자는 보이지 않는 곳에 존재한다. 그림자를 찾기 위해서 당신은 밑바닥으로 내려가는 여행에 몰입해야 한다. 당신이 너무 수치스러워 하거나 죄의식을 가졌기 때문에 내팽개쳐 두었던 삶의 부분들을 재발견하러 간다는 의미로 이 여행을 이해하라. 그림자로부터 발생하는 분노는 과거에 해결되지 않았던 사건에 집착되어 있다. 지금 그 사건들은 모두 지나간

일이 되었지만 감정의 찌꺼기들은 아직도 남아 있다.

수치심, 죄의식, 두려움의 영역은 생각만으로 접속할 수 없다. 그림자는 생각과 말의 영역에 있는 것이 아니다. 심지어 당신이 스쳐 지나가는 기억이나 감정을 떠올렸다 하더라도, 당신은 고등뇌(대뇌)의 한 부분을 사용한 것이며 그림자를 건드리지도 못한다. 밑바닥으로 가는 여행은 오로지 당신이 저등뇌(이성적인 것이 아니라 강렬한 감정에 따르는 것으로 분류되는 경험이 있는 곳)로 가는 문을 찾았을 때만 시작된다.

당신의 저등뇌에서는 드라마가 진행 중이다. (저등뇌는 대뇌변연계라고도 하는데, 감정을 조절한다. 그리고 파충류의 뇌라고도 하는데 위협과 생존의 견지에서 작용하기 때문이다.) 이 드라마에서 교통 체증에 빠지거나, 사업에 실패하거나, 직장에서 일을 잘 못하거나, 데이트에서 실패하거나 하는 많은 사건들은 고등뇌에 의해 합리적인 것으로 해석될 것이며 이성적인 반응을 일으킬 것이다. 그것을 깨닫지 않는다면, 당신의 저등뇌는 일상적인 사건들을 다음과 같이 결론지을 것이다.

- 나는 위험에 빠졌어. 나를 죽일 거야.
- 나는 공격에 가담해야 돼.
- 나는 너무 아파, 회복하지 못할 거야.
- 이 사람들은 죽을 만한 짓을 했어.
- 그들이 나를 고통에 빠트렸어.
- 나는 살 가치가 없어.
- 모든 것이 절망적일 뿐이야. 나는 어둠 속에서 길을 잃었고 영원히 못 빠져나갈 거야.
- 나는 저주받았어.

- 아무도 나를 사랑하지 않아.

여기에 나오는 감정들을 전달하기 위해 말로 바꾸었지만, 실상 그것들을 바라보는 가장 적절한 방법은 바로 에너지로서다. 그 자체의 역학을 가진 강력하고 충동적인 힘으로서 말이다. 분명히 말하건대, 당신이 아무리 그림자 에너지로부터 자유롭다고 할지라도 그것들은 분명히 당신 안에 있다. 만약 그렇지 않다면 당신은 완전한 자유, 기쁨과 해방의 상태에 있을 것이다. 당신은 그림자의 어두운 에너지가 정화될 때 합일됨의 상태, 순결함의 상태에 있을 것이다.

지금 당신은 그림자로 들어갈 때 어떻게 느끼는지부터 배울 수 있다. 언제나 다음과 같은 경우에 그림자 에너지는 자신을 드러낸다.

- 스스로의 감정에 대해 이야기하지 못한다.
- 넋이 나간 것처럼 느낀다.
- 공포나 두려움이 스쳐 지나가는 것을 느낀다.
- 더 강렬한 느낌을 원하지만 아무것도 떠오르지 않는다.
- 아무 이유도 없이 낙담하여 눈물을 흘린다.
- 이성적인 이유 없이 누군가를 싫어한다.
- 이성적인 토론이 싸움으로 변한다.
- 당신을 도발하지 않았는데도 무턱대고 누군가를 공격한다.

그림자가 일상에서 모습을 드러내는 예는 그밖에도 수없이 많지만 위에서 말한 것들은 가장 흔하다. 이들의 공통점은 경계선이 혼란스럽다는 점이다. 이성적인 상황에서 갑자기 짜증을 내거나 예상치 못했던 분노나 공포를 일으킨다는 점이다. 다음에 이런 상황을 경험할 때는 그 후로 죄의식이나 부끄러움을 느끼는지 살펴보고 지켜보라. 만약 그렇다면 비록 짧지만 당신은 그림자를 건드린 것이다.

비이성적인 감정의 폭발과 해방은 다르다. 분출하는 것이 정화와는 다른 것과 마찬가지다. 그러니 카타르시스를 위해 목 놓아 우는 실수를 저지르지 마라. 그림자 에너지는 다음과 같은 단계를 거쳐 정화된다.

- 부정적인 감정이 닥친다.(화, 슬픔, 불안, 적대감, 후회, 자기연민, 절망)
- 그것들을 내보내도록 요구한다.
- 그 감정들을 겪은 후 그것들이 흘러가도록 내버려둔다.
- 그 감정들은 호흡, 소리 또는 몸의 감각들을 통해 떠난다.
- 그 감정들이 무엇을 의미하는지 이해하고 난 후, 해방감을 느낀다.

이것이 이 주제에 대해 말할 수 있는 마지막 단계다. 그림자 에너지가 진정으로 떠나고 나면 더 이상 저항하는 것이 없으며 전에 보지 못했던 무엇인가를 보게 된다. 통찰과 해방감이 함께한다. 밑바닥 여행 동안 당신은 그림자를 아주 많이 조우하게 된다. 수치심과 죄의식과 같은 강렬한 감정들은 한 번에 아주 조금씩 포기할 수 있을 뿐이며, 더 이상 원하더라도 많이 내보낼 수 없을 것이다. 스스로에 대해 인내하며, 당신이 내보낸 것이 아무리 작을지언정 다음과 같이 혼잣말을 하라.

"나는 지금 모든 에너지가 빠져나가도록 내버려두려고 한다."

당신은 그림자로부터 폭발하는 분출을 기다릴 필요는 없다. 어떤 것이 올지라도 감정을 허용하고 '그림자 명상'을 할 수 있도록 잠깐 동안 그대로 놓아두자. 그러면 당신은 해방을 위한 요청을 시작할 수 있다.

그림자 에너지를 겨냥한 또 다른 유용한 방아쇠는 자동기술이다. 종이 한 장을 꺼내서 다음과 같이 적어보라. "나는 지금 정말 _____하게 느끼고 있다." 빈칸에 지금 떠오르는 어떤 감정이든 채워보라. 당신이 그날 간직해야 했던 부정적인 감정을 쓰는 게 바람직하다. 그리고 계속 쓰라. 멈추지 마라. 최대한 빨리 쓰라. 당신의 머릿속에 맴도는 어떤 단어든지 써나가라.

이 연습을 위해 다음과 같은 다른 문장으로 시작할 수도 있다.

* "내가 했어야 한 말은 이랬다. _____"
* "누군가 _____라고 말할 때 참을 수 없었다."
* "내가 _____의 진실에 대해 말할 때 아무도 말릴 수 없었다."
* "아무도 내가 말하는 것을 듣고 싶어 하지 않았지만, _____"

이 방아쇠를 통해, 스스로를 표현할 수 있도록 허락하라. 더 중요한 목적인, 허용되지 않았던 감정을 표현할 수 있도록 하라. 그러니 어떤 말이든 상관없다. 당신이 감정을 허용했다면 진정한 해방의 작업이 시작될 것이다. 계속 해나가면서 완전함을 느끼라. 해방감을 끄집어내고, 자신에 대한 새로운 이해가 조금씩 생기기 시작할 때까지 계속 밀고 나가라. 진정한 깊은 해방감을 맞이하려면 연습이 필요하겠지만 서서히 그 저항의 벽은 허물어지기 시작할 것이다. 그림자는 우리 삶에 거의 영향을 미치지 못할 것이며 백일하에 드러나서 더 이상 밝힐 필요조차 없을 것이다.

우리는 다차원에서 살고 있다

You live in multidimensions

점잖지 않았더라면 사람들과 영적 투쟁을 벌였을지도 모르는 두 사람을 지난주에 만났다. 첫 번째는 지각이 있는 여성이었다. 그녀는 의류 사업에 종사하는데, 우리가 멋진 의류나 장식품을 걸치기 위해서 제3세계 아이들은 잔돈 몇 푼에 하루 16시간 이상을 노동한다는 사실을 알고 나서 헌신적인 활동가가 되었다.

"우리는 노예 노동자를 없애야 한다. 나는 왜 사람들이 이 사태를 보고도 분노하지 않는지 모르겠다."며 그녀는 열정을 담아 말했다. 그녀는 정말로 내가 왜 분노하지 않는지 궁금해 했다. 그녀의 시선은 격렬하고도 정열적으로 나를 향해 꽂혀 있었다. 당신이 공공연하게 영성과 관련된 삶을 살고 있을 때, 사람들은 자신이 믿는 영성을 왜 당신이 포용하지 않는지 궁금해 할 것이다. 이 경우에, 그 지각 있는 여성은 영성의 가장 지고한 경지는 박애주의라고 생각했다. 그녀는 당신이 가난한 사람을 돕고 불의와 불평등에 맞서 싸우지 않으면 진정으로 영적인 것은 아니라고 생각할 것이다.

며칠 후 그녀와는 딴판인 사람을 만났는데, 그는 원격 치료를 업으로 삼고 있었다. 그는 남아프리카에서 태어나 어릴 때 신비한 경험을 한 이후 오라와 에너지장을 볼 수 있는 능력이 생겼는데, 꽤 오랫동안 그는 타고난 재능을 발견하지 못한 채 거의 마흔 살이 될 때까지 무역업을 했다. 그러던 어느 날, 그는 몸져눕게 되어 어떤 치료사를 찾아갔는데 손도 대지 않고 그를 낫게 했다. 그저 에너지를 물리적으로 옮기는 것만으로 말이다. 그 순간부터 그는 그 일에 엄청난 열의를 가지게 되었다고 한다. 그 역시 내가 왜 그가 추구하는 영성을 따르지 않는지 궁금해 했다.

"변화는 애스트럴Astral 차원[신지학 등에서 주장하는 다차원계 중 하나. 성기계星氣界라고도 하며 감정이나 상념계를 말한다. 참고로 물질계(물리계), 에테르계(기계氣界), 멘탈Mental계(지적 혼계), 코잘Causal계(정신적 혼계) 등도 있다고 주장한다. - 역자 주]에서 일어나게 마련이지요."라고 그는 낮고 수줍은 어조로 말했다. "과학은 물질계의 차원에서는 힘을 발휘하지만 2012년이 되면 대변화가 일어날 겁니다. 나의 수호령이 그렇게 말했어요. 그 해부터 과학은 쇠퇴하고, 극단적으로 치우친 나머지 자멸하기 시작할 겁니다. 그러면 지구에 영성의 시대가 도래할 거예요."

열정적인 박애주의 대신, 그는 물질적인 세상에서 물러나 초연해져야 함을 힘주어 말했다. 첫 번째 여성과 마찬가지로 그는 내가 왜 자신의 이야기를 못 알아듣는지 이해할 수 없다고 했다. 세상에 대항해서 뭔가를 개혁하려는 것은 그에게 희망 없는 일임에 분명했다.

이상하게 들릴 수도 있지만 나는 그 둘 모두에게 동의한다. 그들이 표현하고자 했던 것은 신비였다. 우리 모두는 다차원에서 살고 있다. 우리는 관심을 기울일 곳을 선택할 수 있고, 우리가 집중하는 곳 어디든지 새로운 진실이 문을 열 것이다. 비록 서로가 서로에게 동의하지 않는다손 치더라도, 이들은 모두 같은 문제를 해결하기 위해 노력하고 있다. 물질주의의 요구에 굴하지 않고 어떻게 하면 영적으로 될 수 있을까 하는 문제에 매달리는 것이다. 그리고 그들이 찾은 답은 모두 가능하며 어느 한쪽만 답이 될 수는 없다.

다른 차원에 대해 말할 때 나는 앎의 주인에 대해 이야기한다. 앎은 실체를 구성한다. 우리는 때때로 그것에 대해 이야기하곤 했지만, '구성하는 이'는 실제로 '선택하는 이'를 뜻한다. 유일한 실체는 이미 가능한 모든 차원을 지니고 있다. 유일한 실체 안에서는 새로운 차원을 만들 필요도 없고, 원한다고 해서 만들 수도 없다. 이미 존재하기 때문이다. 그러나 우리의 관심을 통해 우리는 이미 존재하는 차원들을 삶으로 가져온다. 우리는 그들을 이식하고, 새로운 의미를 더하고, 독특한 그림을 칠한다. 우선 이런 영역들의 이름을 지어보자.

보이지 않는 영역들

앎은 근원으로부터 어떻게 펼쳐지는가?

- **순수한 존재** : 절대적이고 순수한 앎의 영역은 어떤 특징도 획득하기 이전이다. 창조되기 이전의 상태다. 이것은 개별적인 어떤 것의 주인이 될 수 없는데, 모든 것에 고루 스며 있기 때문이다.
- **축복의 상태** : 앎의 영역은 그 자신이 지녔던 잠재력으로부터 의식을 가지기 시작한다.
- **사랑** : 창조의 동기를 부여하는 힘
- **인식** : 내적 지성의 영역
- **신화와 원형** : 사회의 집단적 의식 패턴. 신과 여신, 영웅과 여걸, 남성과 여성 에너지의 주인이다.
- **직관** : 마음이 삶의 미묘한 메커니즘을 이해할 때의 영역
- **상상력** : 창조적인 발명의 영역
- **이성** : 논리적, 과학적, 수학적인 영역
- **감정** : 느낌의 영역

● 물리적인 육체 : 감각과 오감의 영역

이들 중 어떤 영역이 진정으로 영적인가? 모두 상호 연결되어 있음에도, 사람들은 자신의 특별한 거처를 구하거나 영혼을 탐구하기 위해 이들 중 어떤 영역에 거하는 것을 볼 수 있다.

앞서 말한 지각 있는 여성은 감정과 물리적인 육체에서 자신의 거처를 구했다. 그녀가 목격한, 날마다 벌어지는 가난에 대한 물리적인 투쟁이 그녀의 마음을 움직였기 때문이다. 그러나 그녀의 동기에는 역시 사랑이 있었음을 배제할 수는 없다. 아마도 그녀는 이런 박애주의가 자신의 위대한 성장을 이루는 길 중 하나임을 직관적으로 알았을 것이다.

원격 치유를 하던 남성은 직관의 영역에서 자신의 거처를 발견했다. 미묘한 에너지가 꿈틀거리는 곳이다. 그가 지닌 영성은 물리적 세계를 부여잡을 보이지 않는 힘을 조작할 수 있었다. 그의 동기에서도 사랑을 배제할 수는 없다. 그리고 자신의 일을 위해 천사와 수호령을 불렀기 때문에 그의 영역은 신화와 원형이었다.

회의주의자들은 이런 영역들이 존재하지 않는다고 반박할 것이다. 이것은 해결하기 매우 힘든 논쟁이 될 텐데, 어떤 것이 당신에게 존재하지 않는다고 여기면 그것은 아예 존재하지 않는 것이 되기 때문이다. 단순한 예를 들어보자.

겨울바람이 불고 나서 쌓인 눈 더미로 차가 돌진하는 것이 보인다. 그 차의 운전자는 바퀴를 전혀 보지 못하고 있다. 사람들은 무슨 일이 일어나는지 보려고 멈춰 서서 서로에게 묻기 시작했다. "왜 이런 일이 일어난 거지?" 한 명이 눈길에 난 바퀴 자국을 가리키며 말했다. "차가 갑자기 방향을 틀었어. 그래서 이런 일이 일어난 게 틀림없다고." 다른 사람이 뒤틀려 있는 바퀴를 가리키며 말했다. "이 차의 조향 장치 이상으로 이런 일이 일어난 게 맞아." 또 다른 사람이 운전자의 냄새를 맡고서는 "술에 취해서 이런 일이 일어났다니까."라고 말했다. 마지막으로 신경과 의사는 휴대용 MRI기기를 들고 와서 운전자의 머리를 촬영하고는 "그의 운동 대뇌피질에 이상이 생겨서 이런 일이 일어났어요."라고 말한다.

모든 대답은 사용된 증거의 종류에 의존한다. 각각 다른 차원의 실체에 같은 질문을 하면, 각각의 수준에서는 오직 한 가지 대답만 납득할 수 있다. 신경의학자는 자동차 정비공의 적이 아니다. 그는 단지 그의 답이 더 깊은 차원이기에 더욱 진실하다고 생각할 뿐이다.

우주가 의식적이라는 것에 대한 과학적인 증거가 없다는 사람들의 주장에 나는 이렇게 답한다. "나는 의식적이다. 그러면 나는 우주의 활동이 아니란 말인가?" 뇌에서 일으키는 전자기 임펄스impulse(전자기 충격파 – 역자 주)는 지구의 대기나 먼 항성에서 일어나는 전자기 폭풍과 맞먹을 정도로 대단한 활동이다. 고로 과학은 다른 형식을 연구하는 데 시간을 소비하는 전자기주의(electromagnetism)의 한 형식이다. 나는 어느 물리학자가 어느 날 내게 했던 말을 좋아한다. "과학은 결코 영성의 적이 아니다. 왜냐하면 과학은 가장 큰 동맹이기 때문이다. 신이 인간의 신경 체계를 통해 신을 설명하는 게 과학이다. 그게 바로 영성과 같지 않은가?"

어떤 철학자는 모든 차원의 해석을 내놓을 때까지 실체는 진정으로 알 수 없다고 반박할지도 모른다. 그런 점에서, 유일한 실체를 설명하는 이론은 물질주의에 맞서 싸우지 않는다. 오히려 범위를 확대한다. 눈 더미로 처박힌 운전자는 많은 차원의 동기를 지녔을 것이다. 그는 우울해서 일부러 차를 그런 식으로 몰았을지도 모른다(감정). 그는 마음의 눈으로 앞으로 다가올 자동차가 그의 진로로 끼어들려고 하는 것을 보았을지도 모른다(직관).

새로운 차원의 설명을 구하기 위해, 당신은 스스로의 차원을 초월하여 뛰어넘을 필요가 있다. 당신이 일상을 초월하여 뭔가 한다는 걸 인지할 수 있다면, 물질주의로 영성주의를 때려잡을 이유가 없다. 여러 차원이 동시에 존재한다는 걸 알기 때문에 서로 싸울 필요가 없다. 물질세계는 경험의 기본 수준이 될 수도 있고 아닐 수도 있다. 물질세계를 넘은 또 다른 수준은 초월에 의해서만 가능하다. 당신이 기본적인 차원에서 초월했을 때 당신의 뇌는 단순한 화학에서 생각으로 바뀌게 된다.

그렇다면 진짜 질문이란 이것이다. 당신은 어떤 것을 주 영역으로 하여 살 것인가? 나에게 이상적인 삶은 모든 차원의 의식에 거하는 것이다. 당신의 관심은 어딘가에 묶이거나 편협하지 않다. 당신은 완전한 앎에 자신을 개방한다. 당신이 그런 삶을 영위할 기회를 가진다고 해도 하나나 두 개의 차원에만 관심을 기울인다면 다른 것들을 쇠퇴하게 만들 것이다. 물질계 너머의 영역들은 당신의 앎에서부터 밀려나와 쪼그라들고, 당신의 초월할 수 있는 능력은 감소할 것이다. (가장 세속적인 수준의 사람들은 그렇게 탐구할 시간조차 없다. 나는 대안적인 사고로 의식을 탐구하는 과학자를 거의 만나지 못했다. 그들은 수치로 나타내는 실험실의 작업에 너무 찌들어 있었다. 의학 수업이나 양자 물리학을 통해, 이 세상을 이루는 심오한 기본 축이 존재한다는 것을 안다면, 그 전형적인 과학자들은 다음 날 그 기본 축을 과학적으로 조사하여 계측하려고 할 것이다.)

존재의 각 차원은 그 자체의 목적이 있으며, 언제 어디서나 모든 사람들이 지족(fulfillment)의 수준에 도달하는 것은 아니다. 앎이 완벽하게 확대될 때, 모든 차원을 받아들일 수 있다.

문이 열릴 때

✡ 앎의 모든 차원에 머물기

* **순수한 존재** : 이 문이 열릴 때, 당신은 스스로를 영원히 존재하는
  가장 단순한 상태, '나는 존재한다' 로 알게 될 것이다.
* **축복의 상태** : 이 문이 열리면 당신이 하는 모든 행동에서 생동감과
  활력을 느끼게 될 것이다. 축복은 기쁨과 고통을 초월한다.
* **사랑** : 개인적인 경험으로서의 축복의 영역이다. 이 문이 열리면 당
  신은 삶의 모든 것에서 사랑을 느낀다. 사랑은 모든 관계에서 가장
  원초적인 동기이며, 모든 관계를 사랑으로 시작한다. 더 심오한 차
  원에서, 당신은 사랑으로 우주의 리듬과 더욱 더 굳건히 결속된다.
* **인식** : 이것은 마음의 근원이다. 이 문이 열리면 당신은 창조에 관
  련된 어떤 것에 대해서든 지혜와 앎으로 접속할 수 있다.
* **신화와 원형** : 이 문이 열리면 당신은 자신의 삶을 대상으로 조각을
  해나간다. 당신이 존경하던 영웅이나 여걸과 같은 성취를 이루게 된
  다. 당신은 남성성과 여성성 사이의 영원한 역동성을 연출할 수 있다.
* **직관** : 이 문이 열리면 치유와 투시와 인간 본성의 통찰력에 대한 미
  묘한 힘을 창조할 수 있다. 직관은 고유한 방식으로 당신을 이끌고 가
  서, 당신의 인생을 어떤 과정으로 변화시켜 나갈지를 보여줄 것이다.
* **상상력** : 이 문이 열리면 마음속의 심상들은 창조적인 힘을 지니게
  된다. 그리하여 존재에 숨결을 불어넣어 이전에는 존재한 적 없었

던 가능성을 갖게 한다. 이 차원에 이르면 당신은 미지의 것을 탐구하는 열정을 발전시킨다.

- **이성** : 이 문이 열리면 당신은 실체에 대한 체계를 잡고 모델을 만들 수 있다. 논리를 사용하여 이성적인 사고로 무한한 가능성을 해석해 나갈 수 있다. 즉 전체로부터 분리된 것을 분석하기 위해 실체의 단면을 잘라 보일 수 있다는 말이다.
- **감정** : 이 문이 열리면 당신은 몸의 감각에 민감해지게 되며, 당신이 바라거나 피하고 싶었던 느낌을 기쁨과 고통으로 해석할 수 있게 된다. 감정의 영역은 너무나 강력하기 때문에 논리와 이성을 압도한다.
- **물리적인 육체** : 이 문이 열리면 당신은 물리적인 세상에서 독립된 존재로서 자신을 발견하게 된다.

어떻게 이 모든 차원들이 한꺼번에 작용할까? 존재의 실상이 그러하기 때문이다. 순수한 존재는 그 모든 차원들을 인지하고, 인지한 것으로부터 실행에 옮겨 그 안으로 들어갈 수 있다. 그것들은 우주의 회로도다. 그리고 당신의 신경 체계는 그것들에 접속되어 있다. 삶의 어떤 차원에 집중하며 살든 당신은 그것에 의식을 흘려 보내고 있다. 만약 당신이 관심을 기울이지 않으면 그 흐름은 그 차원으로 들어갈 수 없다. 비록 우리가 문, 회로도, 차원이란 말을 사용하긴 하지만 사실상 우주의 모든 파장과 함께 진동하는 실체를 설명하기에는 부족하다. 당신은 모든 차원에 영향을 끼친다. 심지어 진실이 무엇인지 관심이 없거나 탐구하거나 이해하지 않을 때조차 말이다.

누군가가 어떤 차원을 온전히 밝혀냈을 때를 산스크리트어로 비드야Vidya(중국이나 한국의 불교에서는 '明' 혹은 '밝음'으로 번역되곤 한다. 어두움을 밝힌다, 안다는 뜻 – 역자 주)라고 하는데, 문자 그대로 풀면 '앎'을 뜻하지만 사실은 더 엄청난, 자연법칙을 섭렵한다는 뜻을 내포한다. 도구와 기술이 전혀 알려지지 않은 어떤 작업장에 들어선다고 상상해보라. 그 안으로 발을 들여놓는 순간, 당신은 모든 것을 한눈에 파악하지만 숙련되려면 모든 면에서 기술을 익혀야 한다. 결국 당신은 인지력을 완전히 바꾼, 탈바꿈된 사람으로 출현하게 된다. 그리하여 줄리아드 음악학교 출신의 음악가들은 M.I.T.에서 전기기술 학위를 받은 사람들과는 다른 신경 체계를 갖게 되어 라디오에 나오는 모든 음계를 알아들을 수 있게 된다. 음악가나 기술자들은 당신이 수동적으로 학습했던 것보다 어떤 분야에서 더 높은 지식을 획득했다는 뜻으로 비드야를 획득했다.

영성에서 폭넓은 시야를 가진 사람들도 대개 비드야에 대한 열망이 있다. 그들은 근원에서 직접 흐르는 지식을 통해 자신이 탈바꿈되기를 원한다. 그러나 어떤 이의 근원이 하나님이라면 다른 사람의 근원은 브라만이다. 알라, 니르바나Nirvana(열반) 또는 약간 다른 존재들일 수도 있다. 사람들은 인식의 문이 닫히도록 내버려 두었기 때문에 이처럼 분열되었다. 이런 상태를 아비드야Avidyad(무명無明)라고 하는데 앎이 없음을 뜻한다.

아비드야

🕎 앎으로부터 당신을 차단시킴

• 순수한 존재 : 이 문이 닫히면 우리는 분리되어 존재한다. 죽음, 관계

의 상실 그리고 신성의 부재에 대한 공포가 삶의 기저에 깔려 있다.

- **축복의 상태 :** 이 문이 닫히면 삶은 기쁨을 잃는다. 행복은 단지 지나가는 상태일 뿐이다. 지복의 경험을 하는 절정의 순간에 대해 닫혀 있다.

- **사랑 :** 이 문이 닫히면 삶은 차가운 것이다. 사람들이 멀리 떨어져 있고, 고립된 회색 세상에서 외로움을 느낀다. 창조에서 비롯되는 사랑의 손길이 느껴지지 않는다.

- **앎 :** 이 문이 닫히면 자연의 법칙은 황당한 것이 된다. 앎은 심오한 의미를 찾지 않는 단순한 사실이나 제한된 경험으로서만 획득된다.

- **신화와 원형 :** 이 문이 닫히면 닮고 싶은 인물, 영웅이나 신 그리고 추구해야 할 정열적인 탐구 대상이 없다. 우리는 삶에서 더 이상 신화의 중요성을 알지 못한다. 남성과 여성을 초월한 이면의 관계에 대한 심오한 차원이란 없다.

- **직관 :** 이 문이 닫히면 삶은 그 미묘함을 잃는다. 사람들은 통찰력을 잃고, 촌철살인의 순간이나 황홀한 '아하' 라는 순간도 없다. 그 단절된 관계에 놓인 보이지 않는 거미줄이 우주의 모든 존재를 함께 엮고 있기에 진실된 견해는 완전히 숨겨진다.

- **상상력 :** 이 문이 닫히면 마음에는 환상이 사라지고 만다. 우리는 모든 것을 문자 그대로의 의미만으로 이해한다. 예술이나 상징은 빛을 잃고 만다. 중요한 결정은 기술적인 분석을 통해 이루어지고, 불현듯 창조적인 도약을 이룰 희망도 거의 없다.

- **이성 :** 이 문이 닫히면 삶은 납득할 수 없는 것이 된다. 예측 불가능한 충동에 지배받게 된다. 행동은 비이성적으로 결정되며, 행동의 이유나 결론도 없다.

- **감정** : 이 문이 닫히면 느낌은 얼어붙는다. 자비와 연민에 대한 자리도 들어설 여지가 없다. 사건들은 차단되어 있고, 흐름이 없으며, 다른 사람들과 결속할 수 있는 기회도 없어 보인다.
- **물리적인 육체** : 이 문이 닫히면 삶은 머리에 국한된다. 몸과 마음의 자생력이 없으며 이리저리 끌고 다니는 육체일 뿐이라고 생각한다. 몸은 시스템을 유지하기 위해 꼭 필요한 존재일 뿐 아무것도 아니다. 활발히 움직이고 활동할 만한 정력도 없다.

보다시피 아비드야는 한 가지가 아니라 여러 가지 상태로 이루어졌다. 전통적으로 인도에서는 더 세밀한 구분이 없었으며 사람들은 무지한 사람과 깨달은 사람으로 나뉠 뿐이었다. 당신이 합일을 이룬 사람이 아니라면, 비록 각성이 진행 중일지라도 당신은 완전히 무지한 사람일 뿐이다. (서양에서도 똑같은 개념이 있어 균형을 맞추고 있는데, 당신이 구원받았는지 그렇지 않은지 둘 중 하나로 구분하는 것이다.) 그래서 비드야에 속한 사람은 아주 소수이며, 대다수가 아비드야에 속한다.

그러나 전통적으로는 체계적인 앎에 대해서는 간과했다. 우리는 다차원적인 창조물이며, 그러므로 한 분야에서 비드야를 얻을 수는 있지만 다른 분야에서는 그렇지 않을 수도 있다. 피카소는 탁월한 예술가였지만(상상력), 형편없는 남편이었고(사랑), 모차르트는 음악의 신성이었지만(창조력과 사랑) 육체적으로 약했다. 링컨은 신화와 원형에 통달했지만 정서적으로 황폐했다. 당신의 삶에서도 이와 같은 불균형이 일어날 수 있다. 우리가 아비드야에서 비드야로 옮겨가는 한 우리는 영적인 삶을 영위하고 있는 것이다.

예수, 붓다, 소크라테스나 그 밖의 영적인 스승들은 각성의 순간에는 제한된 의식이 갑자기 힘을 잃고 초월한 실체를 눈 깜빡 할 사이에 마주치게 된다고 한다. 당신의 마음은 초월하기를 원한다. 편협한 집중은 오직 하나의 목표만을 비추는 미약한 빛일 뿐이다. 그것은 자신이 비추는 것 이외의 모든 것을 배제한다. 마음에는 거부감이 가득하다. 그러나 어떤 것에만 집중하는 편협한 태도를 배제한다면 모든 것에 평등하게 집중하는 자신을 발견할 것이다. 거부는 습관이다. 당신에게 뭔가가 떠오를 때 거부하지 않아도 사는 데 아무런 지장이 없다.

앎의 각 영역을 되새겨보고 어떻게 자신이 그 속으로 들어가려 하는지 적어보라. 이런 방법을 통해 당신은 스스로의 의식을 어떻게 제한하고 있는지 알아챌 수 있다. 그리고 그것을 알아챘다면 각각의 영역으로부터 영향을 받아 변화하기 시작할 것이다. 예를 들어보자.

- **순수한 존재** : 나는 내면이 고요해지도록 이완하지 않는다. 명상하는 시간을 따로 내지 않는다. 최근에 자연스러운 평정의 상태를 경험하지 못했다. 이제 나는 내면의 평화를 방해하는 것이 무엇인지 찾기 시작할 것이다.
- **축복의 상태** : 내가 단순히 살아 있다는 것만으로는 기쁨을 느낄 수 없다. 나는 경이로움을 경험하기 위해 뭔가 기회를 가지려고 하지 않는다. 어린 아이에게는 가까이 가지 않는다. 최근에는 밤하늘을 쳐다본 적도 없다. 나는 삶에서 기쁨에 차서 감사하는 데 방해가 되는 것이 무엇인지 살펴보고 시간을 투자할 것이다.

- **사랑** : 나는 한정된 사람만을 사랑하고 그 사랑도 충분히 표현하지 못한다. 나는 다른 사람에게 사랑받는 것을 불편하게 느낀다. 내가 가치를 두는 다른 것과 마찬가지로 사랑도 미루었다. 이제 나는 내 삶에서 사랑을 중요한 요소로 만드는 기회를 어떤 이유 때문에 거부하는지 살펴보고 시간을 투자할 것이다.

- **앎** : 나는 너무 자주 의심하곤 했다. 나는 반사적으로 회의적인 자세를 취해왔고 사실 관계만을 다루어 왔다. 내 주위에 현명한 사람을 가까이 두고 있지 않으며, 철학이나 영적 저작물을 읽는 데 거의 시간을 내지 않았다. 이제 나는 지혜를 거부하는 이유가 무엇인지 알아내고 시간을 투자할 것이다.

- **신화와 원형** : 나에게는 진짜 영웅들이 없다. 나는 오랫동안 어떤 것이나 어떤 사람에게서도 가치 있는 것을 찾지 못했다. 나는 좋은 게 좋은 거라며 살아왔다. 이제 나는 지고한 영감이 필요하다는 생각을 거부하는 게 무엇인지 찾아내고 살펴볼 것이다.

- **직관** : 나는 머리를 사용한다. 나는 직관처럼 확실하지 않은 것에는 흥미가 없다. 나는 무엇인가를 믿기 전에 증거를 찾는다. 나는 모든 초감각적인 힘이 꿈같은 일이라고 생각한다. 나는 주어진 상황을 분석하고 그에 따라 결정을 내린다. 이제 나는 나의 첫 번째 직감이 무엇인지 알아내고 그것을 찾는 데 시간을 투자할 것이다.

- **상상력** : 예술은 나의 일이 아니다. 나는 박물관이나 콘서트에 가지 않는다. 나의 취미는 TV 시청이나 운동 경기 관람 혹은 연예가 뉴스를 읽는 것이다. 창조적인 부류의 사람들을 살펴보면 땅에 발을 붙이고 있지 않은 것처럼 보인다. 이제 나는 상상력을 방해하는 것이 무엇인지 알아내고 그것을 찾는 데 시간을 투자할 것이다.

- **이성** : 나는 내가 아는 것만을 알고 있으며 거기에 집착한다. 토론할 때 내가 원하지 않는 다른 측면을 전혀 듣지 않을 때가 많다. 나는 그저 내가 옳다는 것만을 증명하고자 한다. 나는 비슷한 상황에 대해 마찬가지로 반응하곤 한다. 나는 내가 세우는 계획을 언제나 따르지 않는데, 심지어 좋은 계획일 때도 그렇다. 이제 나는 내가 비합리적이었음을 알아채고 여러 관점에서 생각하는 이성적인 태도를 지니겠다.

- **감정** : 나는 감동적인 장면을 일부러 만들지 않고, 다른 사람이 그럴 때도 싫어한다. 나는 다른 사람들이 감정을 내보일 때 별로 감동하지 않는다. 감정을 안에서 삭이는 게 내 모토다. 내가 우는 장면은 아무도 보지 못했다. 내가 자라는 동안 감정을 표현하는 것이 긍정적이라고 가르친 사람이 있었는지 잘 모르겠다. 이제 나는 진정한 감정을 거부하는 게 무엇인지 살펴보고 그것을 표현할 수 있는 편안한 방법을 찾겠다.

- **물리적인 육체** : 나는 자신을 돌봐야만 한다. 나의 외모는 5년이나 10년 전에 비해 아주 심하게 망가졌다. 나의 육체에 대해 전혀 만족하지 않으며 육체적 활동에도 시간을 투자하지 않는다. 여러 요법들에 대해 들어봤지만 별난 것으로 여기며 탐탁치 않아 했다. 이제 나는 육체적인 측면에 대해 내가 포기하고 있었다는 것을 알아채고 시간을 더 투자하겠다.

나는 아주 일반적인, 꼭 필요한 내용만을 적었지만 당신은 가능한 한 상세히 적어야 한다. '사랑'이라는 난에 당신이 사랑을 보여주지 못한 대상의 이름을 적거나 사랑받았을 때 불편했던 사건을 기억해 내라.

'상상력' 아래에 당신이 가지 못했던 박물관이나 당신이 그동안 피해 왔던 예술적인 사람을 적으라. 같은 방식으로 당신이 어떻게 거부하는 습관을 바꾸려고 하는지 가능한 한 자세히 적으라.

🌑 연습 2 나의 각성 청사진

이제 당신은 스스로의 한계점이 어디인지 알게 되었으니 각성 지도를 작성해 보라. 편안한 곳에서 다음 항목을 펼쳐놓고 당신이 어떻게 변했는지 지금부터 60일 후에 살펴보라. 각각의 목록에 따라 1점에서 10점까지 평가해보라. 60일 후에 당신이 이것을 다시 펼쳐보았을 때, 처음에 당신이 어땠는지는 보지 말고 점수를 매기라.

(0~10점)

순수한 존재 ( )	축복의 상태 ( )
사랑 ( )	앎 ( )
신화와 원형 ( )	직관 ( )
상상력 ( )	이성 ( )
감정 ( )	물리적인 육체 ( )

- 0점 : 내 삶에서 이 부분에 대해 더 이상 관심을 기울이지 않겠다.
- 1~3점 : 이 영역의 경험이 조금 있긴 하지만 최근에는 없으며, 빈도가 잦지도 않다.
- 4~6점 : 이 영역에 대해 익숙하며 적당히 열어둔 채로 경험하겠다.

- 7~9점 : 내 삶에서 중요한 부분이며, 관심을 아주 많이 기울인다.
- 10점 : 이 영역은 아주 편안하다. 아주 잘 알고 있으며 남는 시간은 주로 여기에 관심을 기울인다.

Secret 10

죽음이 있어야 삶도 존재한다
Death makes life possible

매디슨 가(Madison Avenue, 뉴욕의 거리 이름. 광고 회사가 많아 광고의 거리라고 불린다. – 역자 주)에 가서 영성에 대한 광고 아이디어를 얻는다면, "죽음의 공포로 사람을 놀라게 한다"쯤 되지 않을까 생각해 보았다. 수천 년 동안 그 작전은 먹혔다. 왜냐하면 우리 모두는 죽으면 그 순간부터 더 이상 존재할 수 없다는 것을 알고 있고, 그 사실은 큰 공포이기 때문이다. 사람들이 '죽음 너머 다른 편에 있는 것'에 대해 결사적이지 않을 때는 단 한 번도 없었다.

그러나 '다른 편'이 없다면 어떻게 할 것인가? 죽음은 오직 상대적일 뿐이라서 완전한 변화는 아닐 수도 있다. 우리는 날마다 죽어가는 셈이며, 죽음이라고 알려진 순간은 실제로는 이 과정의 연장일 뿐이다. 성聖 바울(St. Paul)은 죽어가는 순간부터 죽음에 이르기까지를 이야기했다. 그는 사후세계와 그리스도가 약속한 구원을 굳게 믿었으며, 믿음은 두려움을 만들어내는 죽음도 그 힘을 잃게 한다고 말했다. 그러나 죽어가기 시작하면서부터 죽음에 이르는 과정은 역시 수백만 년 동안 세포로 전해지는 자연의 현상이기도 하다. 삶은 죽음과 너무나 밀접하게 엮여 있다. 마치 피부 조직이 매 시간마다 탈바꿈하는 것처럼 말이다. 이런 박리의 과정은 나무가 그 잎들을 떨어트리는 것과 같다. [라틴어로 '잎(leaf)'은 'folio'다.] 그리고 생물학자들은 재창조를 위한 삶의 도구로서 죽음을 생각하는 경향이 있다.

그럼에도 그런 견해는 우리를 불편하게 한다. 내년 봄에 잎이 자라도록 나무에 빈 자리를 만들어주기 위해 떨어지는 잎이 막상 자기 자신이 되면 말이다. 비인격적인 견지에서 죽음에 대해 논하기보다 계속 살고 싶지만 결국 종말을 맞아야 할 자신의 죽음에 집중하기로 하자. 개인적으로 죽음을 맞이하고 싶은 사람은 없을 것이다. 그러나 죽음의 실체가 무엇인지, 이런 꺼림과 공포는 어떻게 극복할 수 있는지, 그리고 삶과 죽음에 더 관심을 가진다면 어떨지에 대해 이야기해볼 수 있다.

죽음을 피하지 않고 대면하는 것만으로도 당신이 살아 있다는 것에 대해 열정을 불러일으킬 것이다. 그러나 그런 열정은 근사하지는 않다. 그것은 공포가 불러오는 것이다. 그러나 지금도 깨어 있지 않은 차원의 많은 사람들은 죽음의 문턱으로 들어가면서 지구상에 머무는 시간이 너무 짧다는 사실에 대해 흥분한다. 그러나 자신이 영원의 일부라는 것을 안다면 탁자 위에 놓인 빵 부스러기를 치우듯 이런 공포는 사라져버릴 것이다. 또한 귀가 아프도록 많이 들어왔지만 도달한 사람이 극히 드문 삶의 지복과 풍요로움을 누릴 수도 있을 것이다.

간단한 예를 들어보자. 당신이 조부모라면 더 이상 아기나 십대나 젊은이는 아닐 것이다. 그런데 하늘나라로 갈 때쯤 되면, 대체 이들 중 누가 모습을 드러내는 것일까? 많은 사람들은 이 질문을 받으면 매우 혼란스러워 한다. 이것은 장난삼아 하는 질문이 아니다. 지금의 당신이 결코 십대 때의 당신과 같지는 않다. 분명히 당신의 육체는 십대 때와 완전히 달라졌을 것이다. 당신의 몸에 같은 분자라고는 하나도 남아 있지 않으며, 그 점에서는 당신의 마음도 마찬가지다. 당신은 분명히 열 살배기와는 다르다.

본질적으로 열 살배기 당신은 죽었다. 열 살배기의 견지에서 보면 두 살배기 당신 역시 죽었다. 그럼에도 삶이 연속성을 지니는 것처럼 보이는 이유는, 당신이 기억을 가졌으며 과거와 연결시키려는 욕망이 있기 때문이다. 그러나 모두 부질없는 뜬구름과 같다. 당신의 몸이 왔다 가는 것과 마찬가지로 당신의 마음도 그렇다. 당신이 과거의 어느 시점에도 집착하지 않은 채 당신 자신을 알아차린다면, 당신은 오고 갊이 없는 신비한 관찰자를 내면에서 발견하게 될 것이다.

단지 관찰하고 있는 앎을 관찰자라고 가정해보자. 그는 세상 모든 것이 변하는 와중에도 변함없이 한결같다. 경험의 증인 혹은 관찰자는 일어나는 모든 것을 경험하는 바로 자신(self)이다. 몸과 마음의 견지에서 본다면 지금 이 순간 당신이 누구인지 집착하는 것은 매우 쓸데없는 짓이다. (사람들은 천국에 갈 때 어떤 '자신'이 가는지 혼란스러워 한다. 왜냐하면 그들은 이상적인 자신이 그 곳에 간다거나 상상으로 만들어낸 자신이 그 곳에 간다고 생각하기 때문이다. 우리는 이상적으로 느꼈던 나이가 어떤 차원에서는 없다는 것도 안다.) 삶은 새로워질 필요가 있다. 삶은 스스로를 갱신할 필요가 있다. 만약 당신이 죽음을 극복하고 지금 당신의 모습을 유지한다면, 혹은 당신이 최고였다고 생각하는 시기의 당신일 수 있다면, 자신을 박제화하는 데 성공했을 뿐이다. 당신은 매 순간 죽기에 자신을 끊임없이 창조하고 있는 것이다.

우리는 이미 당신이 이 세상에 있는 게 아니라는 것을 확실히 했다. 당신 안에 세상이 있다. 유일한 실체에 대한 이 교의는 역시 당신이 몸 안에 있지 않다는 것을 의미하기도 한다. 당신의 몸이 당신 안에 있다. 당신은 당신의 마음 안에 있는 게 아니다. 당신의 마음이 당신 안에 있다. 뇌에는 사람이 숨어 있을 만한 공간이 없다. 당신의 뇌는 자아에 대한 감각을 유지하기 위해 포도당을 소모하고 있는 것은 아니다. 수백만의 시냅스가 폭발하여 자아가 세상에 존재한다는 것을 유지하고 있을 뿐이다.

그러므로 죽을 때 영혼이 사람의 육신을 떠난다는 말은, 몸이 그 영혼을 떠난다는 표현이 더 정확하다. 몸은 이미 가고, 또 이미 오고 있다. 그러나 지금 이 순간, 몸은 떠날 뿐 돌아오지는 않는다. 영혼은 떠날 수 없는데 왜냐하면 갈 곳이 없기 때문이다. 이런 근본적인 제안은 많은 토론이 필요하다. 죽을 때 아무 곳으로도 가지 않는다면, 당신은 이미 그 곳에 있어야 하기 때문이다. 그것은 애당초 모든 사물이 최초로 발생한 곳이 어디인지에 대한 지식에 의존하는 양자물리학에서 나온 패러독스 중 하나다. (현대 물리학의 패러독스는 최초로 공간이 발생했지만, 그 공간을 발생하게 한 공간이 이미 존재해야 한다는 점이다. - 역자 주)

때때로 나는 사람들에게 단순한 질문을 하곤 한다. "당신은 어젯밤에 무엇을 드셨습니까?"라고 물으면 사람들은 '치킨 샐러드'나 '스테이크'라고 대답한다. 그러면 나는 다시 묻는다. "내가 묻기 전 그 기억은 어디에 있었습니까?" 우리가 이미 살펴보았듯이, 뇌에 각인된 치킨 샐러드나 스테이크의 그림은 없었다. 그리고 음식의 맛이나 냄새도 없었다. 당신이 기억을 마음으로 가져올 때 당신은 어떤 사건을 실제화하고 있다. 시냅스synapse[두 신경세포(뉴런) 사이나 뉴런과 분비세포 또는 근육세포 사이에서 전기적 신경 충격을 전달하는 부위 - 역자 주]는 연소 작용을 통해 기억을 생산하고, 당신이 원하기만 하면 시각, 미각과 후각까지도 완벽하게 제공한다. 당신이 기억을 실제화하기 전, 그 기억은 지엽적인 것이 아니었다. 위치성이 없었다는 뜻이다. 그것은 잠재성, 에너지 혹은 지성의 영역 중 한 부분이다. 즉 당신은 기억의 잠재성을 가지고 있는데, 그것은 아무 곳에서도 보이지는 않지만 단 하나의 기억이 아니라 무한하게 광대하다. 이 영역은 비가시적으로 전 방향으로 확대된다. 우리가 논의하는 그 숨겨진 차원은 그 무한한 장 속에 다른 장들을 품고 있다고 설명할 수도 있으며, 스스로 존재한다. 당신이 바로 그 장(field)이다.

이 장에서 오고가는 사건을 정의할 때 우리는 실수를 저지르곤 한다. 그 사건들은 분리된 순간들, 즉 잠재성이 실제화되는 눈 깜짝할 순간일 뿐이지만 우리는 착각한다. 그 기저의 실체는 순수한 잠재성이며, 영혼으로 불리기도 한다. 나는 이런 말이 얼마나 추상적으로 들리는지 안다. 인도의 고대 현자들도 그랬다. 감각의 대상물로 가득 차 있는 창조의 과정을 관찰하자, 그들은 그 영혼에 맞는 용어를 찾느라 '아카샤 Akasha'라는 말을 만들어냈다. 아카샤라는 단어는 문자 그대로 '공간'을 뜻하지만 확장된 개념으로서 영혼의 공간이며, 앎의 장으로 사용된다. 당신이 죽을 때, 이미 모든 곳을 의미하는 아카샤의 차원에 있기 때문에 아무 곳으로도 가지 않는다. (양자물리학에서 가장 작은 아원자 입자는 그것이 분자로서 위치를 가지기 전에는 공간의 모든 곳에 존재한다.)

네 개의 벽과 지붕이 있는 집을 상상해보라. 만약 집이 타버린다면 벽과 지붕은 붕괴될 것이다. 그러나 공간 자체는 영향받지 않는다. 당신은 건축가를 고용해 새 집을 지을 수 있으며, 집을 지은 후에도 공간 자체는 여전히 아무런 영향을 받지 않은 채 그대로 있다. 집을 짓는다는 행위는 속박되지 않았던 공간을 안쪽과 바깥쪽으로 나눈 것에 지나지 않는다. 이런 분리는 바로 환상이다. 고대의 현자들은 당신의 육체가 바로 이와 같다고 말해 왔다. 육체는 태어날 때 만들어지지만 죽을 때 불탄다. 그러나 아카샤 또는 영혼의 공간은 변하지 않은 채, 속박되지 않은 채 남아 있다.

고대 현자들의 말인즉슨, 모든 고통의 원인은 첫 번째 클레샤 Klesha(번뇌 혹은 미혹—역자 주) 때문인데, 이는 자신이 누구인지 모르는 데서 비롯한다는 것이다. 당신이 속박되지 않은 장에 있다면, 죽음은 우리가 전혀 무서워할 대상이 아니다. 죽음의 목적은 시공간에서 새로운 장소에 새로운 형식으로 당신을 형상화하기 위해서다. 바꾸어 말하면, 당신은 스스로를 특정한 시공간의 특정한 생애로 형상화했고, 당신이 죽은 뒤에는 또다시 당신의 다음 형상을 이미지화하기 위해 미지 속으로 잠겼다가 돌아올 것이다. 나는 이런 결론이 신화적이라고 생각하지는 않는다. 왜냐하면 이와 같은 가능성을 지지하는 물리학자들과 토론을 벌인 적이 있다. 그들은 모두 에너지와 입자의 비국소성에 대해 아는 사람들이었다.

그러나 환생을 믿도록 당신의 생각을 바꾸는 게 나의 의도는 아니다. 우리는 그저 숨겨진 근원에 있는 유일한 실체를 좇을 뿐이다. 지금 당장 당신은 스스로의 잠재성을 실제화하기 위해 새로운 생각을 하고 있을 것이다. 사람은 이와 같은 과정으로 스스로를 창조한다고 하면 납득할 만할 것이다.

나는 리모콘이 딸린 TV가 있는데 버튼만 누르면 CNN에서 MTV로, 또 다른 채널로 바꿀 수 있다. 내가 리모콘의 버튼을 누르기 전에, 스크린에는 아무 프로그램도 나타나지 않는다. 마치 애당초 아무것도 존재하지 않았던 것처럼 말이다. 내가 아는 그 프로그램들은 전자기 진동이 선택되길 기다리며 공중을 떠돌고 있을 것이다. 마찬가지로 몸과 마음이 특정한 신호를 잡고 3차원 세계에 그것을 나타내기 전까지 당신은 아카샤에 존재했다. 당신의 영혼은 TV에 나오는 다중 채널과 같다. 당신의 카르마(업장, 행위)는 그에 맞는 프로그램을 선택한다. 양자를 모두 믿지 않더라도, 당신은 여전히 공간에서 떠돌고 있는 잠재성으로부터 놀라운 변화가 거행된다는 것을 알 수 있다. 마치 TV 프로그램이 화면에 등장하는 것처럼 3차원 세계에서 놀라운 사건이 벌어지고 있는 것이다.

그러면 당신이 죽을 때는 어떨까? 그것은 채널을 바꾸는 것과 마찬가지다. 언제나 그랬던 것처럼 상상은 계속된다. 스크린에 새로운 이미지를 떠올리는 것이다. 어떤 전통에서는 사람이 죽을 때 카르마를 없애기 위해 복잡한 의식을 행한다. 그 사람이 다음 생애를 위해 새로운 영혼을 잘 만들 수 있도록 인도하기 위해서다. 임사체험을 한 사람들의 경험에 따르면 죽을 때 지금까지 살아온 삶들이 주마등처럼 스쳐가지만, 태어난 이후 자신이 선택한 모든 일들이 천천히, 완전히 이해할 수 있도록 지나간다고 한다.

천국과 지옥이라는 견지에서 생각한다면 당신은 둘 중 하나로 가게 될 것이다. (그리스도교의 천국과 지옥이라는 개념은 티벳 불교에서 말하는 죽음 이후 여러 층의 세계에서 지낸다는 설과는 다르다는 것을 명심하라.) 의식의 창조적인 상상력 때문에 사후의 다른 곳에 대한 경험을 만들어낼 수 있는 반면에, 어떤 사람들은 아무런 신념 체계 없이 같은 삶을 살고 있을 수도 있다. 또는 이런 이미지들이 축복받은 꿈이나 집단적 환상의 구원(마치 동화처럼)이거나 아이 때부터 들은 동화 이야기처럼 나타날 수도 있다.

그러나 당신이 죽은 후에 다른 세상에 가면, 그 곳 또한 이 세상에서 그랬던 것처럼 당신 안에 있을 것이다. 이 말은 천국과 지옥이 실제로 존재하지 않는다는 뜻일까? 창 밖의 나무를 보라. 무한한 가능성의 장으로부터 특정한 시공간의 사건이 실제화되어 나타나는 것처럼 보이지만 그것이 결코 실체는 아니다. 그러므로 천국과 지옥도 마치 그 나무와 같다고 말하는 게 정당할 것이다. 삶과 죽음 사이가 절대적으로 분리되어 있다는 믿음은 환상일 뿐이다.

사람들이 육체를 잃는 것에 대해 괴로워하는 이유는 끔찍한 끝이라고 여기기 때문이다. 이런 끝은 허무로 묘사되곤 한다. 즉 한 개인이 소멸되는 것을 뜻한다. 그러나 엄청난 공포를 부르는 이런 견해는 에고에 국한되는 것이다. 에고는 영원성을 갈망한다. 에고는 오늘이 어제의 연장이라고 느끼고 싶어 한다. 죽음의 위협에 집착하지 않아도 일상생활이 매일 단절되었다고 느낄 수도 있으며 에고도 그것을 무서워한다. 그러나 어떤 이미지나 욕망을 가져도 당신은 상처받지 않을 수 있다. 당신은 새로운 생각에 대한 무한한 가능성의 장에 거하고 있으며, 실제로 일어날 수 있는 셀 수 없이 많은 가능성 중 특정한 이미지로 형상화되어 돌아온 것이다. 이 순간 당신은 1초 전의 당신이 아니다. 당신은 연속성의 환상에 집착하고 있다. 이 순간을 포기하면 완전함을 얻을 것이라는 게 성 바울의 죽음에 대한 금언이다. 당신은 불연속성의 지속이며, 끊임없이 변하고 있고, 지속적으로 새로운 것을 가져올 수 있도록 가능성의 바다에 잠겨 있음을 느낄 것이다.

죽음은 완전한 환상으로 보일 수 있다. 왜냐하면 당신은 이미 죽었으니까. 나, 나의 것이라는 견지에서 나를 생각해보라. 당신은 당신의 과거에 대해 언급할 뿐인데 그 시간은 이미 사라졌고 가버렸다. 그 기억은 지나가는 시간이 만들어놓은 자취일 뿐이다. 에고는 이미 아는 것을 끊임없이 반복함으로써 그것을 생생하게 만들 뿐이다. 삶이 여전히 미지의 것이라고는 하지만 당신이 새로운 생각, 욕망과 경험을 이미 알고 있다면, 그것은 또 이미 알고 있는 것처럼 그렇게 되어야 한다. 과거를 반복함으로써 새로운 것으로부터 삶을 차단시키고 있다.

아이스크림을 처음 맛보았을 때를 기억하는가? 만약 그렇지 않다면 아주 어린 아이가 아이스크림을 처음으로 맛보았을 때를 상상해보라. 아이의 얼굴은 아이가 순수한 기쁨에 빠져 있다는 것을 말해준다. 그러나 두 번째 먹는 아이스크림은 아이가 그토록 고대했건만, 처음보다는 덜 환상적인 맛이었을 것이다. 반복하면 할수록 그 정도는 덜하다. 이미 알고 있으므로 처음으로 경험할 수 없는 것이 되기 때문이다. 지금 먹는 경험은 습관이 되어버렸다. 미각은 변하지 않았지만 이미 당신은 아이스크림 맛을 알고 있다. 당신이 에고와 벌이는 흥정이란 나, 나의 것을 습관의 쳇바퀴에 올려놓는 것이다. 그 나쁜 흥정으로 말미암아 당신은 죽음이라는 삶의 반대쪽을 선택하게 된다.

기술적으로 말하자면, 창밖에 있는 그 나무조차도 과거의 이미지일 뿐이다. 당신이 무엇을 보자마자 그것은 당신의 뇌 속에서 처리된다. 그 나무는 우주의 진동 그물에 의해 흐르는 양자의 차원에서는 계속 움직인다. 만약 당신이 이 세계의 허위에 속지 않을 수만 있다면, 당신은 영혼이라고 불리는 불연속적이고 국소적인 삶에서 벗어나 영원히 살수 있을 것이다.

왜 기다리는가? 당신은 놓아버림으로써 당신이 원하는 대로 살 수있다. 다음은 죽음을 정복하기 위한 과정이다. 지금까지 이 장에서 해왔던 죽음과 삶에 대한 이야기는 너무 모호해서 머릿속에 남지 않을지도 모르겠다. 놓아버린다는 것은 지금까지 읽었던 글들을 머릿속에서 완전히 지워버리는 행위를 뜻한다. 당신이 스스로를, 죽음 속에 삶이 있고 삶 속에 죽음이 있는 완전한 사이클로서 바라보고 있다면 당신은 놓아버린 것이다. 그것이 물질주의에 대한 가장 강력한 신화적인 도구다. 유일한 실체로 들어가는 문턱에서, 신화는 모든 경계에 대한 요구를 포기하고 곧바로 존재 속으로 뛰어든다. 그 사이클이 닫히면 모든 신화는 그 자신을 유일한 실체로서 경험한다.

놓아버린다는 것은

- 완전한 집중
- 삶의 풍요로움에 대한 이해
- 당신 앞에 있는 것에 당신을 완전히 열기
- 판단하지 않기
- 에고의 부재
- 겸손
- 모든 가능성을 수용하기
- 사랑을 허용하기

많은 사람들이 놓아버린다는 것을 어렵게 생각하지만, 불가능한 게 아니라면 일단 행하라. 놓아버린다는 행위는 아주 드문 극소수의 성인聖人들이 신에게 헌신한다는 의미를 내포한다. 놓아버린다는 행위가 어떻게 이루어지는지 뭐라고 말할 수 있을까? "나는 신을 위해 이 행위를 한다"는 말은 영적으로 들린다. 하지만 방구석에 비디오카메라를 놓고 신을 위해 행위하는 사람과, 가슴으로 신을 위하지 않고 행동하는 사람을 비교하면 차이점을 말할 수 없을 것이다.

　당신 스스로 놓아버리고, 신이 원한다면 나타나게 하는 게 더 쉬울 것이다. 렘브란트나 모네의 그림에 자신을 열어라. 창조물은 결국 영광스럽기 때문이다. 그림에 완전히 집중하라. 이미지의 깊이를 감상하고 그 기법에 집중하라. 당신을 혼란하게 만드는 것을 따르느니 차라리 당신 앞에 있는 것에 마음을 열라는 것이다. 그 그림이 대단하다고 들었기 때문에 반드시 좋아해야 한다고 미리 판단하지 마라. 어떻게 반응하는 것이 똑똑하거나 감수성이 있어 보일지 꾸미지 마라. 그림을 집중력의 중심에 두라. 그것은 겸손함의 정수다. 당신의 어떤 반응도 수용하라. 이 모든 놓아버림의 단계들이 이루어진다면, 위대한 렘브란트나 모네는 사랑을 일으킬 것이다. 왜냐하면 그 예술가들은 그의 가식 없는 인간성으로 거기에 그냥 존재하기 때문이다.

그런 보이지 않는 존재에게 자신을 놓아버리는 일은 어렵지 않다. 사람들에게 그렇게 하기가 더 어렵다. 그러나 누군가에 대해 자신을 놓아버린다는 것 역시 우리가 열거한 같은 단계를 따라야 한다. 아마도 다음 기회에 당신이 가족과 함께 식사할 때, 당신은 놓아버림의 첫 번째 단계에 관심을 집중해야 할지도 모른다. 온 정신을 집중하거나 판단하지 않은 채로 말이다.

첫 번째 단계는 다가가기 쉬운 것으로 정하는 게 좋다. 아니면 당신이 놓아버릴 수 있는 어떤 것으로 정하는 게 나을 것이다. 우리 대부분은 가족과 관계되는 일이면 기꺼이 겸손해지곤 한다. 예를 들어, 아이에게 겸손하게 대한다는 것은 어떤 의미일까? 그것은 아이의 의견을 당신의 것과 동일하게 대한다는 것을 뜻한다. 심오한 앎의 차원에서도 역시 마찬가지다. 당신이 식탁에서 부모로서 수년 동안 우세한 위치에 있었다고 해도 그런 사실이 반감되지는 않는다. 우리는 모두 아이였으며, 그때 생각했던 일들은 모두 그 나이 나름대로의 삶의 무게와 중요함이 있었다. 그러나 놓아버릴 때 주의할 점이 있다. 다른 사람을 기쁘게 하려는 행위에 좌우되지 말고 당신의 내면에서 행해야 한다는 것이다.

우리가 놓아버리지 않고 계속 저항하는 한, 결국 우리 모두는 아주 늙고 약하고 죽어가는 누군가의 존재 속에서 우리 자신을 찾을 수 있을 것이다. 그러나 그렇다고 해도, 그 상황에서 역시 놓아버리는 단계들을 밟을 수 있다. 당신이 그 단계를 따르면, 죽어가는 사람의 아름다움 또한 렘브란트 그림의 아름다움처럼 드러날 것이다. 죽음은 당신의 두려움을 초월한 어떤 곳에 도달하게 하는 경이감을 불어넣을 수 있다. 나는 최근에 생물학에서의 어떤 현상과 조우하고 이런 경이감을 느낀 적이 있다. 그것은 죽음이 삶과 완전히 결부되어 있다는 개념을 뒷받침하는 것이었다. 그것은 우리 몸이 이미 놓아버림의 열쇠를 찾았다는 것을 드러냈다.

그 현상은 '아포토시스apotosis'라고 불린다. (아포토시스는 '아포프토시스'라고도 한다. 세포가 죽는 방식은 크게 나누어 세포의 괴사나 병적인 죽음인 네크로시스necrosis와 아포토시스가 있다. 네크로시스는 화상과 타박, 독극물 등의 자극에 의한 것으로, 세포의 '사고사'라고 할 수 있다. 이 경우에는 세포 밖에서 수분이 유입됨으로써 세포가 팽창하여 파괴된다. 이전에는 세포의 죽음은 모두 네크로시스라고 생각했다. 그러나 최근 30여 년 사이에 세포에는 자발적인 죽음을 일으키는 요인이 있다는 사실이 알려졌다. 유전자가 제어하는 이와 같은 능동적인 세포의 죽음이 아포토시스다. 네크로시스가 오랜 시간에 걸쳐 무질서하게 일어나는 데 반해 아포토시스는 단시간에 질서 있게 일어난다. - 역자 주) 이 낯선 용어는 나에게 아주 새로웠는데, 깊은 신화적 여행을 떠났다가 돌아오게 하는 것이었다. 나는 이후에 삶과 죽음에 대한 인식이 바뀌었음을 깨달았다. 인터넷 검색 창에 아포토시스를 치면 357,000개의 목록이 나온다. 그리고 가장 먼저 나오는 단어는 사전적인 정의다.

모든 세포는 살아야 할 때와 죽을 때가 있다. 아포토시스는 세포의 계획적인 죽음이다. 우리가 그것을 깨닫지 못한다 하더라도, 우리 모두는 삶을 유지하기 위해 계획된 일정에 따라 날마다 죽어가고 있다. 세포는 그들이 원해서 죽는다. 세포는 매우 조심스럽게 탄생 과정을 반전시키고 있다. 그 자신의 기초 단백질을 축소하고 파괴한다. 그리고 그 자신의 DNA를 해체한다. 세포가 외부 세계로 통하는 문을 열고 필수적인 화학물질을 내보내면 세포막에 거품이 발생하며, 외부에서 침입한 미생물을 잡아먹는 체내 백혈구가 그것을 삼키게 된다. 이 과정이 완료되면 세포는 융해되고 아무 흔적도 남지 않는다.

이렇게 조직적으로 자신을 희생하는 세포의 설명을 들으면 감동받지 않을 수 없다. 그럼에도 신화적인 영역은 여전히 남는다. 아포토시스는 당신이 상상하는 것처럼 병들거나 늙은 세포를 제거하기 위한 것이 아니다. 그 과정을 통해 우리는 탄생을 얻는다. 자궁 속의 수정란은 우리 모두가 가장 기초적인 발전 단계로서 겪는 과정이다. 이때 우리는 올챙이 꼬리, 물고기 아가미, 손가락 사이의 물갈퀴뿐 아니라 너무 많은 뇌세포를 지니고 있다. 아포토시스는 이러한 퇴화된 흔적을 처리해준다. 뇌의 경우, 신생아가 태어날 때 과도한 뇌의 조직을 제거해 적절한 신경 연결망을 형성해준다.(태어날 때 뇌의 세포 수가 가장 많다는 것, 그리고 수백만의 세포들이 더욱 지능이 높은 정교한 연결망을 형성한다는 것을 신경과학자들이 밝혀낸 것은 매우 놀라운 일이었다. 지금까지는 뇌세포가 죽는 것은 노화와 관련된 병리학적 과정이라는 게 통설이었다. 이제 모든 문제는 다시 검토되어야 할 것이다.)

그러나 아포토시스는 자궁에서 끝나는 게 아니다. 우리 몸은 계속 죽음을 발판으로 삼아 번영을 누린다. 면역세포가 인체에 침입한 박테리아를 삼키고 죽으면 그 부분의 인체 조직은 변하는데, 만약 그 조직들이 죽지 않으면 침입자와 똑같은 독성물질로 인체를 공격한다. DNA가 파괴되었거나 감염된 세포들을 찾아낼 때마다 이 같은 일이 반복된다면 육체는 매우 고통스러울 수밖에 없다. 다행히도 모든 세포는 스스로 자살할 수 있도록 P53이라는 독성 유전자를 지니고 다닌다.

그러나 그게 다가 아니다. 오래 전부터 해부학자들은 피부 세포가 며칠마다 한 번씩 죽는다는 것을 알았다. 레티놀(레티날, 비타민A 알데히드-역자 주) 세포, 적혈구 세포, 그리고 위 세포 역시 특정한 짧은 기간의 삶을 살다가 그들의 조직을 연료로 제공한다. 각각은 모두 고유한 이유 때문에 죽는다. 피부 세포는 피부가 유연함을 유지할 수 있도록 허물을 벗어야 하며, 위 세포는 음식물을 소화시키기 위해 화학적으로 연소되어 죽는다.

태어나기 전 자궁에서부터 우리가 이미 그런 작용에 의존해왔다면 죽음은 우리의 적일 리가 없다. 다음의 아이러니를 생각해보라. 만약 육체가 영원히 살기로 한 세포들을 생산해냄으로써 죽음으로부터 휴가를 얻을 수 있다고 밝혀진다면. 이 세포들이 그 자신의 DNA가 감염되었을 때 P53을 발사하지 않는다면. 그리고 자신에게 임종을 선언하기를 거부하고, 죽기는커녕 끊임없이 침략적으로 분열한다면. 가장 무서운 병으로 알려진 암은, 죽음으로부터 육체가 휴가를 받는 것이며, 계획된 죽음은 삶으로 가는 티켓이다. 이것은 우리가 정면으로 부딪혀야 하는 삶과 죽음의 패러독스다. 매일 죽는다는 신비주의적인 생각은 육체의 가장 구체적인 사실로 밝혀지고 있다.

이것이 의미하는 것은 다음과 같다. 우리는 긍정의 힘과 부정의 힘 사이에 정교하기 이를 데 없이 균형을 맞추고 있으며, 그 균형이 깨지면 죽음은 자연스러운 결말이 될 것이다. 니체는, 인간은 삶을 유지하도록 독려되어야 하는 창조물일 뿐이라고 말했다. 그는 문자 그대로의 그 말이 사실이었음을 몰랐을 것이다. 화학물질이 성장 인자에게 신호를 전달하면 세포는 살아 있으라는 긍정적인 신호를 받는다. 이런 긍정적인 신호가 쇠퇴하면 세포는 살고자 하는 의지를 잃는다. 마피아의 죽음의 키스처럼 그 세포에게는 수용체가 알리는 죽음의 전달 물질이 당도한다. 이런 화학적 전달 물질은 실제로 '죽음의 활성화 인자'라고 불린다.

이 문장을 쓰고 난 몇 달 후, 나는 하버드 의과대학의 교수를 만났는데 그는 매우 엄청난 사실을 발견해냈다. 암세포가 양분을 공급받을 수 있도록 새로운 혈관을 활성화시키는 물질이 있다. 그 교수는 이 미지의 악성 물질에 영양 공급을 차단하고 성장을 제어하여 암세포를 괴멸시키는 연구를 집중적으로 진행하고 있었다. 그런데 그것의 정확히 반대 물질이 임신한 여성에게는 독혈증(세균의 독소가 혈액 속에 들어와 온몸에 증상을 나타내는 병 – 역자 주)을 일으킨다고 그는 말했다. 이것은 혈관을 상하게 하기 때문에 아주 치명적인 장애이며 정상적인 세포를 죽음에 이르게 한다. 어떤 경우에는 약이 되지만 다른 경우에는 병이 된다는 것이다. 즉 우리는 암을 병이라며 부정적으로 보지만 반드시 그렇게 볼 수만은 없는 것이다. "이게 무슨 의미인지 알겠습니까?" 그는 깊은 외경심을 가지고 말했다. "육체는 삶과 죽음 사이의 균형을 잡는 역할을 하는 화학물질을 분비할 수 있는데, 과학은 그 균형을 잡고 있는 게 무엇인지는 완전히 무시하고 있었다는 겁니다. 건강함의 온전한 비밀은 화학적 물질이 아니라 우리 안에 있다는 말이 아닐까요?" 그 장면들의 뒤에 감추어진 X요소는 바로 의식이라는 사실을 그는 발견한 것이다.

신비주의자들은 과학을 제쳐놓고 있었다. 많은 신비주의적 전통에서는 모든 사람들이 정해진 시간에 죽고, 어떤 시간에 죽을지도 미리 알 수 있었기 때문이다. 그러나 나는 매일 죽는다는 개념에 대해서 더 깊이 검증하고자 한다. 매일 죽는다는 것은 모든 사람들이 간과한다. '나' 라는 정체성을 보존하기 위해 매일 나를 같은 사람으로 생각하고 싶은 것이다. 나는 매일 같은 육체 속에 거하는 '나' 자신을 보고 싶은 것인데, 내 육체가 끊임없이 나를 버린다고 생각하기 싫어서다.

그러나 그래야만 한다. 만약 내가 살아 있는 미라가 아니라면 말이다. 아포토시스의 복잡한 시간표에 따르면 나는 죽음의 메커니즘을 통해 새로운 육체를 공급받는다. 이 과정은 아무런 예고도 없이 아주 미묘하고 정교하게 이루어진다. 아무도 두 살배기 아이의 몸이 세 살짜리로 변해가는 것을 눈치 채지 못한다. 아이는 매일 같은 몸을 가진 것처럼 보이지만 결코 그렇지 않다. 죽음이라는 선물로 인한 갱생의 끊임없는 과정을 통해서 각각 발전 단계에 맞는 변화가 전개되고 있다. 신비한 사실은 그렇게 끊임없이 모양을 빚어내는 동안에도 그 사람이 같은 사람이라고 느낀다는 점이다.

세포가 죽는 것과는 달리, 나는 나의 생각이 태어나고 죽는 것을 관찰했다. 어린 시절부터 어른의 생각까지 그 경로를 추적해보면 마음은 매일 죽어야 했다. 나의 추억 속의 생각은 죽고 다시는 나타나지 않았다. 나의 가장 강렬한 경험들은 그 자신의 정열에 의해 소멸되었다. "나는 누구인가?" 라는 스스로의 질문에도 한 살에서 두 살, 세 살, 네 살, 그리고 인생을 통틀어 그 답은 달라졌다.

삶이 반드시 연속적이어야 한다는 환상을 없앨 때, 우리는 죽음을 이해한다. 자연의 모든 존재는 한 가지 리듬에 복종한다. 우주는 광속으로 죽고 있지만 마찬가지로 유지되어 이 행성을 창조하고 그 행성 위에 생명의 형태를 창조했다. 우리 몸은 각기 다른 속도로 죽어가고 있지만, 하나의 광자로 시작하여 많은 화학적 융해와 세포의 죽음과 세포의 재생으로 발전하고 있으며, 결국에는 모든 기관이 죽음을 맞을 것이다. 그렇다면 두려울 일이 없지 않은가?

아포토시스는 공포로부터 우리를 구원해준다고 생각한다. 단세포의 죽음이 육체에 큰 영향을 끼치지는 못한다. 중요한 점은 그 행위 자체가 아니라 그 계획이다. 긍정적인 신호와 부정적인 신호가 서로 상응하고, 모든 세포가 반응하여 균형을 이루는 그 총체적인 디자인이다. 그 계획은 시간을 초월해 있는데, 무엇이 만들어지는 바로 그 순간에만 나타나기 때문이다. 그 계획은 공간을 초월해 있는데, 몸 속 모든 곳에 있으면서도 어떤 곳에도 없기 때문이다. 모든 세포들이 스스로의 계획을 가지고 그것에 따라 죽지만 계획 자체는 남아 있지 않기 때문이다.

이 유일한 실체 안에서 어떤 편을 들어서 논쟁에 이길 수는 없다. 양쪽의 논증이 모두 똑같은 진실이기 때문이다. 그래서 나는 사후에 일어나는, 눈에 보이지 않는 일을 인정하는 데 어려움이 없거니와, 물질적인 사건으로 증명할 수도 없다. 나는 우리가 전생의 삶을 기억하지 못한다는 점을 흔쾌히 인정할 수 있거니와, 그런 지식이 없어도 잘 살수 있다는 점도 인정할 수 있다. 그러나 아포토시스가 작용하는 것을 보고도 어떻게 물질주의자가 될 수 있는지는 이해 못하겠다. 당신이 세포, 광자, 분자, 사고와 육체에 대해 밝혀진 모든 것을 무시할 때만 죽음과 삶이 상호 보완적이며, 죽음 뒤에 삶이 있다는 것을 강하게 거부할 것이다.

모든 차원의 존재는 그 자신의 시간표에 따라 탄생하고 사망한다. 아마도 지금으로부터 수백억 년 전에 백만분의 일초도 되지 않는 시간에 새로운 우주가 탄생했을 것이다. 죽음 이면에 놓여 있는 희망은 갱생할 수 있다는 약속에서 비롯된다. 모든 스쳐 지나가는 형태와 현상의 행렬 대신 자신을 삶 자체로서 정의할 수 있다면, 죽음은 갱생의 대리자로서 적절한 역할을 할 것이다. 타고르는 그의 시에서 이렇게 말했다. "무엇을 줄 것인가 / 언제 죽음이 문을 두드릴까?" 그의 대답은 죽음을 둘러싼 두려움 위로 떠오른 고통을 극복한 즐거움을 보여준다.

> 내 삶은 풍요롭지
> 가을날과 여름밤이라는 달콤한 와인이 있네
> 내 울타리에는 수많은 세월 동안 모은 것들이 있네
> 그리고 삶에는 충만한 시간이 있네

> 죽음이 내 문을 두드릴 때
> 하늘이 내게 준 선물은 바로 그것들이라네

❈ 연습 1 자신의 현실을 바꾸어 열 번째 비밀에 적응하기

열 번째 비밀에서 말하기를, 삶과 죽음은 본질적으로 상호 보완적이라는 것이다. 당신은 사실상 자신과 분리되어 있는 과거의 이미지를 떠올려서 이 신비를 당신의 것으로 받아들일 수 있다. 자신이 스스로 만든 자아상을 벗겨내면 된다. 수행 방법은 아주 간단하다. 눈을 감고 앉아서 자신이 유아라고 상상해보라. 당신이 상상할 수 있는 가장 적당한 아기 사진을 이용하라. 그런 심상을 떠올리기가 쉽지 않다면 만들어서

242

상상하라.

그 아이는 깨어서 주위를 두리번거리고 있다. 아기의 주의를 끌어 당신의 눈을 보게 하라. 당신이 아이와 접촉할 때, 둘 다 편안함을 느끼고 서로가 연결되었다고 느낄 때까지 그저 응시하라. 이제 그 아기를 당신에게로 불러들이고 당신의 가슴 한가운데에서 그 이미지가 사라지는 것을 지켜보라. 당신이 원한다면 그 이미지를 흡수하는 빛의 장을 형성할 수도 있고, 그저 당신의 가슴에 따뜻한 감정을 느낄 수도 있다.

이제 자신을 걸음마하는 아기라고 상상해보라. 아까 했던 것처럼 아기와 눈을 맞추고 당신에게로 불러들이라. 당신이 마음속에 불러들이고 싶은 과거 어느 때의 자신이든 이런 식으로 불러오라. 어떤 특정한 나의 과거에 대한 생생한 기억이 있다면 그곳으로 가라. 모든 심상들을 지우고 없애라.

현재의 나이까지 계속 해보라. 그리고 지금보다 더 나이가 든 자기 자신의 모습을 상상해보라. 두 가지 심상으로 끝내라. 하나는 아주 늙었지만 건강한 노인이며, 다른 하나는 임종할 때의 모습이다. 각각을 다 만났다면 이제 그 이미지를 당신에게 흡수시키라.

당신의 이미지가 죽어가는 것이 사라지면 조용히 앉아서 무엇이 남았는지 살펴보라. 아무도 정확히 자신의 죽음을 떠올릴 수 없다. 왜냐하면 당신이 끝까지 한다 하더라도 그것은 많은 이들에게 너무 끔찍한 일이 될 것이다. 당신의 시신이 땅 속에 묻혀 부패되어 사라지고 관찰자만 남는다. 당신의 시신이 장례식장에 있다고 시각화해보라. 거의 모든 사람들이 무엇이 중요한지 알고 있다. 그것은 섬뜩하거나 무서운 것과는 아무 상관도 없다. 지구상에 있는 당신의 자취가 사라지는 것을 볼 때, 당신은 자신을 소멸시키는 것은 불가능하다는 것을 깨달을 것이다. 관찰자는 결코 죽지 않고 끝까지 남을 것이며, 삶과 죽음의 춤을 초월하여 길을 제시할 것이다.

❀연습 2 의식적으로 죽기

다른 모든 수행처럼, 죽음은 당신에게 일어나는 다른 일들과 마찬가지로 당신이 창조하는 것이다. 동양 문화권에 '의식적으로 죽기'라는 수행법이 있는데, 죽음의 과정을 스스로 창조하는 데 적극적으로 참가하는 것이다. 기도자, 의식, 명상, 살아생전의 도움 등을 이용해 죽어가는 사람은 "나에게 이 체험이 일어나고 있다"에서 "나는 이 체험을 창조하고 있다"로 균형을 이동하는 것이다. 서양에서는 의식적인 죽음이라는 전통이 없다. 사실상 우리는 차갑고 소름끼치고 몰인간적이며 비인격적인 병원에서 죽어가는 사람을 홀로 둔다. 정면으로 맞서서 바꾸어야 할 것들이 많다. 이 순간 당신이 개인적으로 할 수 있는 것은 당신의 앎을 죽어가는 과정에 대입하여 과도한 공포와 불안을 없애는 것이다.

죽음을 앞둔 나이 지긋한 이가 당신 가까이로 왔다고 생각해보라. 그가 어디에 있는지 정확하게 모른다손 치더라도 어떤 방에 그 사람과 같이 있다. 그 사람의 몸과 마음에 자신을 대입시켜보자. 자신을 자세히 들여다보자. 침대를 느끼고, 창으로 비쳐드는 빛을 느끼고, 당신을 둘러싼 가족들의 얼굴과 왕진하는 의사와 간호사, 그리고 상상할 수 있는 모든 것을 느껴보라.

이제 수동적으로 죽음을 맞는 데서 적극적으로 그 경험을 창조하도록 그 사람의 의식 전환을 돕자. 자신이 보통 때 하던 음성으로 이야기하는 것을 들어보라. 엄숙할 필요가 없다. 편안하게 확신을 갖고, "이 일이 나에게 일어났어"라는 수동적인 의미에서 "나는 지금 이 일을 창조하고 있어"라는 적극적인 경험으로 확실히 의식을 전환하는 것이 가장 중요하다. 마치 친한 친구에게 말하듯이 한 아래의 예를 보자.

- 너는 참 근사한 삶을 살았다고 생각해. 네가 떠올릴 수 있는 가장 좋은 것들만 이야기해보자.
- 너는 좋은 사람이라는 평판이 자자해서 스스로 자랑스러워 할 만해.
- 너는 사랑도 존경도 많이 받았지.
- 여기에서 이제 어디로 가고 싶니?
- 무슨 일이 일어나고 있는지 느낌을 말해줘. 만약 할 수 있다면 어떻게 바꾸고 싶니?
- 만약 후회하고 있는 게 있다면 말해주렴. 내가 도와줄게.
- 너는 더 이상 슬퍼할 필요가 없어. 네가 그렇게 느끼는 게 있다면 내가 도와줄게.
- 너는 이제 평화롭게 쉴 자격이 있어. 너는 네 역할을 다했고 이제 그 역할은 끝났어. 이제 내가 편안하게 쉬도록 도와줄게.
- 너는 믿지 않을지 모르지만 나는 네가 부럽다. 너는 이제 커튼 뒤에 뭐가 있는지 보려고 해.
- 네가 떠나려는 여행에 필요한 건 없니?

물론 당신은 죽어가는 누군가의 침대 맡에서 실제로 이렇게 할 수도 있다. 그러나 자기 자신에게 전달하기 위해서는 상상력으로 대화하는 것이 가장 좋은 방법이다. 그 과정은 대충 한번 훑어보는 것만으로는 부족하다. 각각의 주제는 한 시간 동안 지속되어야 한다. 당신 스스로에게 충분히 몰입했다는 것을 느낄 필요가 있다. 이 수행은 아주 복합된 감정을 불러일으킬 텐데, 우리는 죽음에 대한 생각에 공포와 슬픔을 숨겨두고 있기 때문이다. 만약 당신이 완전한 작별인사를 할 사이도 없이 누군가를 떠나보냈다면, 그 사람을 떠올려 위에서 열거한 주제들로 말을 걸어보라. 삶과 죽음이 융합된 영역은 언제나 우리와 함께할 것이다. 그리고 그것에 관심을 기울임으로써 당신은 앎의 소중한 측면에 자신을 연결하게 될 것이다. 당신이 온전한 앎 속에서 살았다면 온전한 앎 속에서 죽는 것은 완벽히 자연스럽다.

Secret 11

우주는 우리를 통해 사고한다

The universe thinks through you

나는 최근에 작은 운명적 조우를 했다. 너무 작은 일이라 완전히 무시할 수도 있었다. 자신의 삶을 완전히 영성에 바쳤다는 사람이 나를 찾아왔다. 그는 자신이 여러 번 인도를 방문했으며 여러 가지 방식으로 헌신했다고 말했다. 그는 사원이나 성소 같은 데서 구입할 수 있는 부적을 지니고 있었다. 그는 성스러운 주문이나 찬가(bhajan)를 알고 있었다. 여행에서 많은 성자들에게 축복을 받기도 했다. 어떤 이는 그에게 선물로 주문(mantra)을 들려주기도 했다. 짧은 주문은 한 음절이지만 긴 것은 하나의 문장일 때도 있다. 길든 짧든 기본적으로는 소리일 뿐이다. 그런데 어떻게 소리가 선물이 될 수 있단 말인가? 인도의 전통에 흠뻑 빠져든 그에게 그 주문은 만트라 자체가 아니라 만트라가 가져올 것, 예를 들면 부나 좋은 혼처 같은 것이었다. 수천 개의 만트라가 있으며 그것이 초래할 수천 개의 결과가 있다.

내가 그의 직업이 무엇이냐고 물었을 때, 그는 손을 가로저으며 말했다. "소소한 치료 같은 걸 하지요. 심령적이라고나 할까요. 독심술 같은 건데 크게 신경 쓰고 있지는 않아요." 그의 대수롭지 않다는 태도가 나의 호기심을 자극했다. 그래서 나는 시범을 보여 달라고 했다. 그는 어깨를 으쓱하더니 "누군가를 생각하고 그에게 묻고 싶은 질문을 적어보세요."라고 말했다. 그 날 마음속에 떠오르는 유일한 인물은 바로 나의 아내였다. 마침 아내는 한동안 뉴델리에 묵고 있었다. 나는 그녀에게 언제 돌아올 건지 물어야겠다고 마음속으로 생각했다.

다 적고 나서 그를 쳐다보았다. 그는 눈을 감고 긴 주문을 외웠다.

잠깐의 시간이 흐르자 그는 말했다. "화요일. 당신은 아내에 대해 생각하고 있고, 아내가 언제 집에 올지 궁금해 하는군요." 그는 정답을 알고 있었다. 나는 즉시 아내에게 전화를 해보았다. 그는 역시 아내가 돌아올 날도 정확히 맞추었다. 내가 그에게 축하한다고 말하자 그는 웃으며 역시 대수롭지 않다는 듯이 손을 내저으며 말했다. "별 것도 아닌데요 뭘."

한 시간이 지난 후 혼자 있으면서 나는 이 심령적인 사건에 대해 생각해보았다. 이건 따지고 보면 신기한 일도 아니다. 미디어에서 초자연현상에 대해 얼마나 많이 보여주었는가. 특별히 나는 자유의지와 결정론에 대해 궁금해 했다. 그는 내 마음을 읽는다고 했다. 그러나 아내가 화요일에 온다는 것은 나도 모르고 있었다. 만약 상황만 허락한다면 아내는 기한 없이 눌러앉을 수도 있었다.

자유의지와 결정론에 대한 질문은 물론 너무 광대하다. 유일한 실체 안에서 반대를 이루는 모든 쌍들은 궁극적으로는 환상이다. 우리는 이미 선과 악, 삶과 죽음의 분리에 대해 대충 훑어보았다. 자유의지는 결정론과 같은 것일까? 그 답에는 많은 것이 담겨 있을 것이다.

- 자유의지 = 독립, 자기 결정론, 선택, 사건을 제어함, 미래가 열려 있음

- 결정론 = 외부 의지에 의존함, 운명에 따른 결정, 사건을 제어할 수 없음, 선택됨, 미래가 닫혀 있음

이런 구절들은 무엇이 결정적인 문제인지에 대한 일반적인 이해를 적

어놓은 것이다. 자유의지 난에 적힌 모든 것들은 매력적으로 들린다. 우리 모두는 독립적이고 싶어 하고, 스스로 결정하고 싶어 하고, 희망으로 일어나고, 열린 미래를 지향하며, 끝없는 가능성을 원한다. 반면에, 결정론 난에서는 아무것도 매력적으로 보이지 않는다. 만약 당신을 위한 선택이었다손 치더라도 당신이 태어나기도 전에 정해진 계획이라면, 미래는 열려 있다고 볼 수 없다. 적어도 정서적으로는 자유의지에 대한 전망이 논쟁에서 이길 것이다.

그리고 어떤 차원에서는 아무도 더 이상 파고들어갈 필요가 없다. 신, 운명, 카르마로 불리는 보이지 않는 꼭두각시를 부리는 이가 당신과 나를 조정한다면 그가 당기는 줄도 보이지 않을 것이다. 우리가 자유로운 결정을 하고 있지 않다는 증거는 없다. 때때로 내가 뭔가를 하려는데 미리 본 것 같아 소름끼치는 순간도 있지만 말이다.

그럼에도 더 깊이 조사해볼 필요는 있다. 그리고 그것은 '바사나 Vasana(욕망, 성향 – 역자 주)'라는 단어에 집중된다. 산스크리트어로 바사나는 무의식적인 이유다. 그것은 영혼의 소프트웨어인데, 당신이 무엇인가를 자의적으로 하려고 생각할 때 그것을 하게 만드는 원동력과 같다. 이처럼 바사나는 아주 난처한 것이다. 프로그램이 내장되어 모든 움직임을 만들어내는 로봇을 상상해보라. 로봇의 입장에서 보면, 프로그램이 존재하는지 아닌지는 뭔가가 고장 날 때까지 문제가 되지 않는다. 뭔가 문제가 있을 때, 로봇이 뭔가를 하고 싶지만 할 수 없을 때, 우리는 프로그램에 대해 생각한다.

바사나는 자유의지처럼 느껴지는 결정론이다. 나는 거의 20년 동안 알고 지냈던 친구 진Jean을 떠올렸다. 진은 자신을 매우 영적이라고 생각했고, 90년대 초반, 직장이었던 덴버의 신문사에서 멀리 떨어진서 매사추세츠의 아시람ashram(수행자들의 공동체 – 역자 주)에서 거주했다. 그러나 그는 점점 그 분위기에 질식해갔다. "그들은 모두 열성 힌두교 비밀결사당원 같았어." 그는 불평했다. "그들은 기도하고 염불하고 명상하는 것밖에 아무것도 안 해." 그래서 진은 그의 연인과 함께 다시 거처를 옮겼다. 그는 두 명의 여성과 사랑에 빠졌지만 결혼은 하지 않았다. 그는 정착이라는 개념을 싫어하는 것 같았고 4년마다 새로운 주로 이주하곤 했다. (태어난 후부터 지금까지 마흔 번이나 이사했다고 말한 적도 있다.)

하루는 진이 나에게 이야기를 들려주었다. 그는 수피즘에 관심이 있는 어떤 여성과 데이트를 했는데, 그들이 차를 몰고 집에 돌아오는 길에 그녀의 수피 스승이, 모든 사람은 한 가지의 우세한 특질을 가지고 있다고 말했다는 것이다.

"그러니까 사람들의 가장 현저한 특징, 외향적이냐 내성적이냐 같은 것을 말하나요?" 진은 물었다.

"아뇨, 현저한 특징이 아니라 우세한 특질이요. 당신의 우세한 특질은 은둔이에요. 당신은 스스로 그렇게 행동하고 있는지도 모른 채 그렇게 하고 있지요." 그녀가 말했다.

진은 이 말을 듣자마자 흥분했다. "나는 창 밖을 보고 있었는데, 갑자기 어떤 생각이 떠올랐어. 나는 방관자야! 아무것도 책임지지 않고 두 마리 토끼를 모두 가지려고 했던 거지." 갑자기 많은 것들이 제자리를 찾기 시작했다. 진은 아시람에서도 왜 그 곳의 일원이 아니라는 생각을 했는지 이해할 수 있었다. 그는 왜 여자들과 사랑에 빠지지만 언제나 그들의 잘못만을 보는지를 알 수 있었으며 더욱 많은 것들을 되돌아보게 되었다. 진은 가족들에 대해 불평을 늘어놓지만 정작 그들과 보낸 크리스마스를 그리워하지는 않는다. 그가 공부했던 모든 분야의 전문가라고 생각하지만 그 중 생계를 이을 만큼 추구한 것은 없었다. 그는 정말이지 뿌리 깊은 방관자였다. 그리고 데이트 상대가 말했듯이, 진은 바사나에 대한 생각이 없었으며 그런 이유로 어떤 일을 내팽개치고 다른 상황에 뛰어들곤 했다. 그는 놀라서 말했다. "생각해보라고. 내 안에 가장 많이 가지고 있었던 걸 내가 모르다니."

만약 의식하지 못하는 어떤 경향이 은밀하게 작용한다면, 그것들은 문제가 되지 않을 것이다. 펭귄이나 야생동물의 유전자 소프트웨어는 후천적 지식을 얻지 않고도 다른 펭귄이나 야생동물처럼 행동하게 한다. 그러나 모든 창조물 가운데 가장 특별한 인간은 바사나를 부수고 싶어 한다. 스스로를 왕이라고 생각하는 사람이 졸이 될 수는 없는 노릇이다. 우리는 절대 자유와 그 결과물, 완전히 열린 미래에 대한 확신을 갈구한다. 그것은 합리적인가? 가능하기는 한 것인가?

〈요가 수트라Yoga Sutra〉라는 고전에서, 현자 파탄잘리는 세 가지 종류의 바사나가 있다고 말했다. 기쁜 일의 원동력이 되는 것을 흰 바사나, 불쾌한 일을 초래하는 것을 검은 바사나, 그리고 그 두 가지가 섞인 것이 섞인 바사나다. 나는 진이 두 가지를 섞었다고 말하곤 한다. 그는 방관하기를 좋아했지만 다른 사람이 열망으로 끌고 가거나, 그를 그런 집단에 속할 수 있도록 꿈을 나누는 사람의 지속적인 사랑에 대한 보상을 그리워했다. 그는 누군가의 긍정적인 것과 부정적인 것 모두에 문을 열어두어야 한다는 것을 보여주었다. 영적인 갈망의 목표는 바사나의 속박을 벗고 명료함을 증득證得하는 것이다. 명료함 안에서 당신은 더 이상 꼭두각시가 아님을 알게 된다. 당신은 스스로를 즉자적으로 반응하도록 우롱했던 무의식적인 힘에서부터 해방된다.

여기서 말하는 해방의 상태가 자유의지는 아니다. 자유의지란 결정주의의 반대이며, 유일한 실체 안에서 반대의 것들은 반드시 궁극적으로는 하나로 융해된다. 삶과 죽음의 경우에도, 우리는 경험의 흐름 속에서 양자가 갱신할 필요 때문에 서로 융해되는 것을 보았다. 자유의지와 결정론은 그런 식으로 융해되지는 않는다. 그것들은 보편적인 논쟁이 한 번에 해결될 때만 융해된다. 이는 가장 단순한 형태의 논쟁이다.

궁극적인 실체에 대해서는 두 가지 주장이 있다. 한 가지는 물리적인 세계에서 기인하는데, 모든 사건이 명확한 원인과 결과가 있다는 것이다. 다른 주장은 절대적인 존재에서 기인하는데, 원인이란 없다는 것이다. 이 중 하나의 주장만이 진실일 것이다. 궁극적인 실체가 두 개일 리는 없기 때문이다. 그렇지 않은가?

물리적 세계가 궁극적인 실체라면, 당신은 바사나의 놀이를 계속할 수밖에 없다. 모든 경향에는 그것에 우선하는 경향으로서의 원인이 있으며, 당신이 그것에 속박되자마자 당신은 또 다른 하나를 창조하여 그것을 대체한다. 당신은 결코 완성품이 될 수 없다. 항상 어떤 것인가가 정해지기를 기다리고, 적응되고, 광내고, 닦이고 흩어지길 기다린다. (사람들은 자신이 완벽주의자가 되어 끊임없이 망상이나 결점 없는 존재를 좇는다는 사실을 대면하려 들지 않는다. 그들이 비록 깨닫지 못했다고는 하지만, 바사나의 법칙을 부수려고 노력하고 있다. 하지만 그렇다고 바사나의 법칙이 사라지는 것은 아니며, 하나에서 또 다른 하나의 원인이 되어 모습을 바꿀 뿐이다.) 물리적 세계는 역시 카르마의 영역이라고 불리는데, 그것도 그 나름대로의 우주적 특성이 있다. 우리가 아는 카르마는 '행위'를 뜻한다. 행위에 대한 질문은 다음과 같다. 행위에는 시작이 있는가? 그것은 끝나는가? 땅 위에 태어난 모든 사람은, 세계는 행위로 가득 차 있다는 것을 발견한다. 모든 것을 시작하게 한 첫 번째 행위가 시작되었다는 암시는 없다. 그리고 마지막 행위가 모든 것을 멈추게 한다고 말할 수도 없다. 빅뱅에 관한 이론에도 불구하고, 다른 우주가 존재할 가능성이나 무한한 우주에 대한 가능성은, 첫 번째로 일어났던 사건이 영원히 확장되는 것을 의미한다.

고대 현자들은 망원경으로 본 것 때문에 괴롭지는 않았다. 마음은 인과 관계에 지배받기 때문에 카르마 너머를 생각할 힘은 없다는 것을 통찰했기 때문이다. 내가 지금 하는 생각은 내가 1초 전에 했던 생각에서 나왔다. 1초 전에 했던 생각은 그 전에 했던 생각에서 나왔고 계속 그렇게 반복된다. 빅뱅이든 아니든, 내 마음은 카르마에 속박되어 있다. 왜냐하면 생각이란 게 하는 짓이 모두 그런 식이기 때문이다.

현자들은 이것에 대한 대안이 있다고 설파했다. 당신의 마음이 바로 답이다. 이렇게 하여 두 번째 주장을 법정에 세워보자. 궁극적인 실체는 존재 자체가 될 수 있다. 존재는 행위하지 않는다. (《금강경》의 "부처가 한 법도 전한 바 없다"라는 주장과 비슷하다. - 역자 주) 그러므로 카르마에 전혀 영향받지 않는다. 만약 존재가 궁극적인 실체라면, 바사나의 게임은 끝났다. 모든 카르마의 기원인 원인과 결과에 대해 고민하는 대신 그저 원인과 결과란 없다고 말할 수 있다.

나는 바사나가 자유의지를 더 깊숙이 탐구할 이유를 주었다고 말했다. 이제 왜 그런지 살펴보자. 꼭두각시로 남는 데 만족하는 사람과 어떤 대가를 치르더라도 자유롭고 싶다고 소리치는 사람은 전혀 다르지 않다. 이들은 둘 다 카르마에 속박되어 있다. 그들의 견해는 본질적으로 서로 다르지 않다. 하지만 바사나가 없는 상태를 어떻게 확인할 수 있을까? 자유의지와 결정론이 융해된 상태야말로 카르마 소프트웨어

매뉴얼의 유일한 지침이 될 것이다. 바꾸어 말하면, 그 둘은 스스로 완결되는 게 아니라 존재의 도구로서 사용된다는 것이다. 카르마가 절대적인 실체가 된다는 주장은 논의할 여지가 없음이 판명되었다.

어떻게 논쟁이 해결되었다고 말할 수 있는가? 권위 있는 현자들과 성자들이 존재가 궁극적인 실체의 기초라고 증언했기에 그렇게 말할 수 있다. 그러나 우리는 그런 권위에 의존하지는 않기 때문에 그 증거는 경험에서 나와야 한다. 나는 내가 살아 있다는 것을 경험하고 있다. 살아 있다는 것은 하나의 행위 뒤에 또 다른 행위가 수반되므로 필연적으로 카르마에 묶여 있다고 볼 수 있다. 그러나 만약 우주가 살아 있지 않다면 나도 살아 있을 수 없다. 시작하지도 않고 이런 결론을 내는 것이 부조리해 보인다. 하지만 진정 부조리함은 죽은 우주에 살고 있다는 것을 깨달을 만큼 우리는 많이 진전했다. 현대가 도래하기 이전에는, 아무도 검은 허공에 떠 있는 바위와 물 따위를 살펴보아야 한다는 것에 좌절하지는 않았을 것이다. 나는 과학에 무섭고도 가식적인 미신이 존재한다고 생각한다. 내가 아무리 노력한다손 치더라도 내 몸은 우주와 같은 분자로 구성되어 있으며 수소원자가 내 폐에 살아 있다가 죽으면 폐를 떠난다는 것을 믿을 수 없다. 원인과 결과로 이루어진 물질세계가 나를 살아 있게 하는 게 아니라 살아 있는 우주의 근원이 물질을 창조하고 있는 것이다.

나의 몸과 우주는 같은 근원에서 나왔고, 같은 리듬에 복종하며, 같은 전자기장적 행동에서 나온 폭풍으로 번쩍인다. 나의 육체는 이 우주를 창조한 이와 논쟁을 벌일 틈이 없다. 모든 세포는 자신을 창조하기를 멈추면 곧 사라질 것이다. 그리하여 우주가 살아 있고 나를 통해 숨쉬는 게 틀림없다. 나는 존재하는 모든 것의 표현이다.

어떤 순간이라도 활발하게 움직여 우주를 존재하게 만드는 아원자의 활동은 항상 유동적이다. 존재의 모든 입자들은 1초에도 수천 번씩 깜박거린다. 그 간격에 나 역시 깜박인다. 존재에서부터 무無에 이르기까지 그리고 계속하여, 하루에도 수백만 번씩 행위는 계속된다. 우주는 이런 광속의 리듬을 계속 유지할 것이며, 그 리듬 사이에 멈추어 다음에 창조할 것을 결정할 것이다.

똑같은 과정이 나에게서도 일어난다. 비록 나의 마음이 너무 느려그 차이를 볼 수 없다 해도, 공空으로 떠나는 수백만 번의 여행에서 돌아온 후에 나는 같은 사람이 아니다. 내 세포의 모든 과정은 재사고되고, 재검사되고, 재조직된다. 창조는 무한소(최대한 작은 – 역자 주) 단위로 일어나고, 모든 결과는 끝없는 창조다.

살아 있는 우주에서, 우리는 누가 창조주인지에 대해 어떤 질문에도 답할 수 없다. 여러 시기에 걸쳐 종교에서는 유일신, 다신 혹은 여신, 보이지 않는 삶의 힘, 우주의 마음이라고 이름을 붙였고, 물리학이라는 최근 종교에서는 확률의 주사위놀음(a blind game of chance)이라고 부른다. 하나 또는 모든 것을 선택하라. 왜냐하면 창조에 대해 훨씬 더 중요한 것은 당신이기 때문이다. 이제 모든 것이 제대로 돌아가는 것처럼 보이는가?

주위를 살펴 당신의 모든 상황을 되돌아보라. 제한된 자신이라는 견해로는 당신은 우주의 중심이 될 수 없다. 그러나 당신은 카르마를 보고 있다. 당신의 관심은 당신의 상황에 대한 사소한 것들이다. – 현재의 대인 관계, 직장에서의 사건들, 재정 문제, 아마도 어떤 정치적 문제나 주식시장 때문에 마음이 산란할지도 모른다. 당신이 이 많은 요소들을 아무리 이해하려 한다고 해도, 당신의 모든 상황을 이해할 수는 없다.

전체성의 관점에서 보면, 우주는 당신에 대해 생각한다. 그 생각은 보이지 않지만, 결국 어떤 경향성, 지금은 익숙해진 바사나를 만들어낸다. 때때로 모든 삶이 탈출 불가능한 전환점이나 기회, 신의 출현이나 약진을 가지기 때문에 당신이 마음을 집중한다면 더 큰 계획이 구상 중임을 느낄 수도 있다.

당신에게 어떤 생각은 당신의 마음을 떠도는 어떤 심상이나 사고다. 우주에게 생각이란 진화에서의 한 걸음을 말하는데, 은하수 무리나 블랙홀 그리고 성간星間 먼지까지 스며 있는 우주적 지성이다. 생각은 창조적인 행위다. 유일한 실체의 중심에 진정으로 거한다면, 진화는 당신에게 기본적으로 흥미로운 것이 틀림없다. 당신의 삶에서 위급하지 않은 사건들이 스스로를 움직이게 한다. 육체는 두 가지 다른 종류의 신경 체계를 작동시킨다. 불수의 신경 체계는 당신의 간섭을 받지 않고도 일상적인 육체의 기능을 규칙적으로 작동시킨다. 어떤 이가 식물인간 상태가 되어도 이 신경 체계는 다소간 차이는 있지만 정상적으로 심장 박동, 혈압, 호르몬, 전해질 등 완벽한 기능을 수행하기 위한 수백 가지 기능을 한다.

다른 신경 체계는 수의적인데, 이것은 의지 혹은 의욕과 관련되어 있다. 수의적 신경 체계는 우리의 욕구를 전달한다. 그것이 유일한 목적이다. 그리고 식물인간 상태의 사람이 그렇듯 욕구를 지니지 않아도, 어떤 움직임이 없이도, 깨어 있는 죽음 상태로 얼어붙어 있어도 삶은 유지될 것이다.

우주도 그와 같은 분리를 반영한다. 첫 번째 차원에서, 자연의 힘은 우리가 도와주지 않아도 삶이 유지될 수 있도록 모든 것을 규칙적으로 유지시킨다. 생태란 자기 균형이다. 식물과 동물들은 그들이 무엇을 하는지 몰라도 균형을 지키며 산다. 어떤 이에게는 기본적인 존재를 초월하여 확대되는 것이 없는 세상만 존재하며, 대신에 그들은 덜 먹고 덜 숨쉬고 덜 잘 수도 있다고 상상할 수 있다. 그러나 그런 세상은 없다. 심지어 단세포인 아메바들도 특정한 방향으로 수영하고, 먹이를 사냥하며, 빛을 향해 움직이고, 그들이 선호하는 온도를 찾는다. 욕구는 삶의 계획에 기본적으로 포함된 사항이다.

그러면 욕망의 주위를 회전하는, 우주 신경 체계의 두 번째 반쪽에 대해 살펴보는 게 놀랄 일은 아니겠다. 뇌에 욕구가 맺히면, 동시에 우주에도 욕구가 맺히는 것이다. "나는 아이를 가지고 싶어"와 "우주는 아이를 가지고 싶어"는 차이가 없다. 자궁에서 수정란이 자라는 것도 수백억 년 동안의 지성, 기억, 창조성, 진화에 의존한다. 우리가 자궁 안의 태아에 대해 이야기하는 이 순간에도 개체는 완벽하게 우주와 하나다. 이 융합이 멈추어야 하는 이유가 있는가? 당신이 스스로의 욕구를 개인적으로 경험했다고 해서 우주가 당신을 통해 경험하는 것을 부정하지는 않는다. 당신이 자신의 아들을 당신의 아들이라고 생각한다고 해서 그 아이가 거대한 유전자의 연못에서 태어났다는 사실을 거부하지 않는 것과 마찬가지다. 그 유전자 연못은 우주가 부모다.

지금 이 순간, 당신은 완벽하게 우주와 함께 흘러가고 있다. 당신의 호흡과 비 오는 숲의 호흡, 그리고 당신의 혈류와 세계의 강들, 그리고 당신의 뼈와 도버해협의 백악 절벽 사이에는 아무런 차이가 없다. 환경 체계에서의 모든 움직임은 우리 유전자와 같은 차원에서 영향을 미친다. 우주는 DNA로 쓰인 기록을 남김으로써 그 자체의 진화를 기억한다. 이것은 당신의 유전자가 세계에서 일어나는 모든 것에 대해 비국소적으로 집중하고 있음을 뜻한다. 유전자들은 당신의 아버지, 어머니뿐 아니라 전체로서의 자연과 의사소통을 나누는 회선이다.

이중 나선에 매달린 당의 끈과 아미노산으로서의 DNA에 대해 읽은 것은 일단 제쳐두자. 그 모델은 DNA가 어떻게 생겼다는 것을 알려주지만, 실제로 삶의 역동성을 실제로 구현하는 게 무엇인지에 대해서는 알려주는 바가 거의 없다. 마치 텔레비전의 회로도가 스크린에 무엇이 나올지 보여줄 수 없는 것처럼 말이다. 지금 이 순간 DNA를 통해 구현되는 것이 바로 우주의 진화다. 당신이 다음에 갖는 욕구가 기억에 저장될 것이고, 우주는 그것을 향해 움직이든지 그렇지 않든지 둘 중 하나의 행동을 할 것이다. 우리는 진화를 기초 유기체에서 고등 유기체로 가는 일렬종대의 행진으로 생각하곤 한다. 삶의 잠재성을 점점 더 확대하는 계획이 더 나은 상징일 수도 있다.

- 당신이 더욱 지성적으로 접근한다면 당신은 진화하고 있다. 반면에, 당신이 이미 아는 것이나 예측할 수 있는 것으로 당신의 마음을 제한한다면 진화는 더디다.
- 당신이 더욱 창조적으로 접근한다면 당신은 진화하고 있다. 반면에, 새로운 문제를 풀기 위해 낡은 해법을 사용한다면 진화는 더디다.
- 당신이 앎에 더욱 접근한다면 당신은 진화하고 있다. 반면에, 당신이 의식의 틀을 계속해서 사용한다면 진화는 더디다.

당신이 내리는 결정에 우주는 연관성을 지닌다. 더 확실한 증거는 우주가 정지 상태를 유지하는 것을 너머 진화를 선호한다는 것이다. 산스크리트어로 진화의 힘을 '다르마Dharma' 라고 하는데, 그 어원이 '지탱하다' 라는 뜻이다. 당신 없이, 다르마는 3차원에 한정될 수 있다. 당신이 얼룩말이나 코코넛 나무나 청록색의 해조류에 대해 거의 생각하지 않는다 하더라도, 진화의 계획 안에서 각각은 당신에게 친밀하다. 인류는 삶이 물리적으로 어떤 한계에 부딪혔을 때 진화의 계획을 확장시키곤 했다. 결국 물리적인 견지에서 지구는 인간보다는 청록색의 해조류나 플랑크톤에 더 의지하곤 하지만. 우주는 새로운 전망을 가지고 싶어 했고, 이런 이유로 우주 자신과 닮은 창조주를 창조해야 했던 것이다. (그 창조주가 인간이라고 말하고 있다. – 역자 주)

나는 한 물리학자에게 이제쯤 그의 집단에서 실체가 비국소적이라는 것을 모두 받아들였냐고 물었다. 그는 그렇다고 대답했다. "비국소적이라는 건 전지전능하다는 거 아니겠어요?" 나는 대답했다. "시간에서의 간격이 없고, 공간에서의 거리가 없죠. 즉각 통신하며 모든 입자들이 다른 입자들과 엮여 있죠."

"가능한 이야기입니다." 그는 말했다. 완전히 동의하는 건 아니지만 그냥 대화를 막지 않은 채 놔두었다.

"그런데 왜 우주는 괴롭게도 국소적이 되도록 내버려두는 것일까요?" 나는 말했다. "그것은 이미 모든 것을 알고 있어요. 그것은 이미 모든 것을 포함하고 있으며, 가장 깊은 차원에서는 이미 일어날 수 있는 모든 사건들을 망라하고 있어요."

물리학자는 "모르겠어요." 라고 답했다. "아마도 우주가 휴가를 원하는지도 모르죠."

이것은 그리 나쁜 대답이 아니다. 우리를 통해 우주는 놀고 싶은 것이다. 어떻게 놀고 싶을까? 다른 이들을 조정해서 만나는 것들을 이해하도록 조절하는 능력을 줌으로써. 우주가 경험하지 못하는 것은 자기 자신으로부터 분리되어 떨어져 있는 것이다. 그러므로 그런 의미에서,

우리는 휴가 중이다.

자유의지나 결정론과 같은 딜레마에 대한 문제는, 그것들이 놀 여지를 충분히 남겨놓지 않는다는 것이다. 정말이지 오락적인 우주다. 우주는 우리에게 음식과, 공기, 물과 탐험할 수 있는 무한한 풍경을 제공했다. 그것들은 모두 우주적 지성의 자동적인 측면에서 나왔다. 그것은 스스로 존재하며 지속되지만 놀고 싶은 측면이 진화에 접속되며, 다르마란 그 게임이 어떻게 작용하는지를 우리에게 알려주는 것이다. 당신이 스스로의 삶에서 중요한 분기점을 잘 살펴보면, 이 진화의 게임에 얼마나 긴밀하게 주의를 기울이고 있는지 알아챌 것이다.

다르마에서의 존재

- 당신은 앞으로 나아갈 준비가 되어 있다. 당신의 오래된 실체에서의 경험은 낡았고 변화할 준비가 되어 있다.
- 당신은 집중할 준비가 되어 있다. 기회가 왔을 때, 그것을 주의 깊게 보다가 필요한 도약을 이룰 것이다.
- 환경이 당신을 도와줄 것이다. 당신이 앞으로 나아갈 때, 당신이 미끄러지지 않도록 사건들이 제자리에 들어맞을 것이다.
- 당신은 새로운 장소에서 더욱 확장되고 자유로움을 느꼈다.
- 당신은 어떤 의미에서는 스스로를 새로운 사람이라고 생각했다.

이런 내면과 외부 모두의 환경이 짝을 이루는 게 다르마가 제공하는 것이다. 당신이 앞으로 나아갈 준비가 되어 있다면 실체는 어떻게 나아갈지 당신을 밀어준다는 것이다. 그런데 당신이 아직 나아갈 준비가 되어 있지 않을 때는? 그럴 때는 바사나의 지원 시스템이 있는데, 당신이 과거로부터 당신에게 속했던 습관들을 반복함으로써 앞으로 나아가게 해준다. 당신이 곤궁에 처했고 도저히 발전을 이룰 수 없다고 느낄 때는 다음의 환경이 적용된다.

1. 당신은 나아갈 수 없다. 오래된 실체에의 경험이 여전히 당신을 매혹시킨다. 당신은 습관적인 삶의 방식을 즐기며, 만약 그렇지 않고 기쁨보다 고통이 더 많다면, 당신은 아직 밝혀지지는 않았지만 어떤 이유로 인해 고통에 중독된 것이다.

2. 당신은 집중할 수 없다. 당신의 마음이 산만함에 사로잡혀 있다. 외부의 자극이 너무 많을 때 이것은 특히 진실이다. 만약 내부의 경고를 자각하지 못한다면, 하나의 실체로부터 오는 암시나 실마리를 전혀 감지할 수 없다.

3. 환경이 당신을 도와주지 않는다. 당신이 앞으로 나아가고자 할 때, 환경이 뒤에서 당신을 잡아끈다. 이런 식의 훼방이 뜻하는 것은 아직 배울 것이 더 많다거나 시기상조라는 것이다. 깊은 차원에서 앞으로 나아가는 당신을 이해하지 못한다는 것도 역시 진실일 수 있다. 당신의 의식적인 욕구는 의심과 불확신으로 갈등을 빚고 있다.

4. 당신이 했음직한 확장에 대해 두려움을 느끼며, 제한된 자아상의 편안함을 선호한다. 많은 사람들이 옹졸한 상태에 집착하고 그것이

스스로를 보호한다고 믿는다. 사실상, 당신이 요청할 수 있는 가장 강력한 보호는 진화에서 나오는데, 그것은 확장과 나아감으로 문제를 해결한다. 하지만 당신은 이 지식을 완전히 자신의 것으로 해야 한다. 만약 당신 중 어떤 부분이라도 제한된 상태에 머물게 하고 싶다면, 앞으로 나아갈 길을 미리 차단하는 데 부족함이 없을 것이다.

5. 당신은 스스로를 낡은 사람이라고 생각한다. 그 사람은 낡은 상황에 길들여졌다. 이것은 때때로 무의식적인 선택이다. 사람들은 그들의 과거로부터 정체성을 지니며 무슨 일이 일어나는지 알기 위해 과거의 인지를 이용한다. 인지는 모든 것이기 때문에 당신을 약하고, 제한되고, 가치가 없고, 모자라는 사람으로 보는 자체로서 앞으로 나아가는 걸음을 막을 것이다.

다르마와 일체가 되는 한 가지 방법은 그것이 듣고 있다고 가정하는 것이다. 당신에게 반응할 수 있도록 우주에게 여유를 주라. 다른 사람과 하는 것처럼 관계를 시작하라. 나는 2년 동안 손녀를 너무나 아끼는 할아버지였다. 어느 날 나는 손녀인 타라가 나무, 바위, 바다 심지어는 하늘과 이야기하는 데 별 문제가 없다는 것을 알고 소스라치게 놀랐다. 아이는 모든 것을 주관적으로 받아들이는 듯했다. "저기, 용이 보여?" 타라는 거실 한가운데서 텅 빈 공간을 가리키며 이쪽에 있는 푸른 용에 이름을 붙이고, 저쪽에는 빨간 용이 있다고 말하곤 했다. 나는 타라에게 용이 무섭지 않냐고 했지만 타라는 용들은 언제나 착하다고 말했다.

아이들은 상상력의 세계에 산다. 순수한 환상을 위해서가 아니라 그들의 창조적 본능을 시험하기 위해서다. 타라는 훈련된 창조주이며 타라에게서 나무, 바위, 용을 빼앗아버리면, 아이는 성장에 필요한 힘을 빼앗기게 될 것이다. 타라 또래에서 삶은 모두 노는 시간이며, 할아버지의 역할에서 나는 가능한 한 사랑과 기쁨으로 아이를 흠뻑 적시려고 노력했다. 타라의 바사나는 내가 도울 수만 있다면 흰색이 될 것이다. 하지만 좋은 나쁘든 간에 모든 경향성을 초월하여 큰 도전이 있으리라는 것도 역시 알고 있다. 타라는 다르마에서 거하는 깨어 있는 상태를 지켜야 할 것이며, 그런 사람들은 자라서 삶이란 놀기 위한 휴식 시간이 몇 번 없는 진지한 사업이며, 다르마는 우리가 신성으로 회귀하기를 기다린다는 사실을 알 것이다.

🌱 연습 1 자신의 현실을 바꾸어 열한 번째 비밀에 적응하기

열한 번째 비밀은 인과의 속박에서 탈출하는 것이다. 우주는 살아 있으며 주관성을 지닌다. 인과는 자신이 하고자 하는 것을 수행하기 위해 사용하는 기계에 불과하다. 그리고 인과는 당신을 통해 생존하고 숨쉬려고 한다. 이 진실을 알기 위해, 살아 있는 듯한 우주에 당신을 연결해야 한다. 그렇게 하지 않으면 우주가 어떤지도 알 수 없다. 오늘부터 이 습관들을 받아들이라.

- 우주에 말을 걸라.
- 그 대답을 들으라.
- 자연에 친근한 관점을 가지라.
- 모든 측면에서 삶을 이해하라.

- 자신을 우주의 아이처럼 여기라.

첫 번째 단계인 우주에 말을 건다는 것은 가장 중요하다. 그 말은 별들에게 말을 건다든지, 상상으로 우주와 대화를 시작한다든지 하는 의미가 아니다. 당신으로부터 분리된 세상이 '저기 있다' 는 식으로 보는 습관은 너무나 공고하다. 우리 모두는 식물과 동물에만 생명이 깃들어 있으며, 지능이 있는 장소는 뇌라는 문화적 선입관을 공유한다. 당신이 내면과 외부 세계가 연결되어 있다는 어떤 힌트라도 안다면 이런 선입관을 깨뜨리기 시작할 수 있다. 양자는 같은 근원을 가졌다. 양자는 모두 깊은 지성에 의해 조직되었다. 양자는 모두 각자에 반응한다.

당신이 우주에 말을 걸 수 있다고 말한다면, 당신이 우주에 연결될 수 있음을 뜻한다. 예를 들어, 당신이 회색빛 비 내리는 날에 의기소침했다면, 객관과 주관적 측면이 같은 현상으로 표현되고 있는 것이다. 일을 마치고 차를 몰고 귀가하는 동안 타오르는 석양이 당신의 시선을 사로잡았다면, 당신과 자연이 우연히 마주친 게 아니라, 자연이 당신의 관심을 끌기를 원하는 것이다. 당신의 존재는 우연이 아니라 의도적으로 우주의 톱니바퀴와 그토록 친밀하게 맞물려 있다.

생이 모든 곳에 존재한다는 것을 볼 때, 당신이 본 것을 인정하고 감사하라. 처음에는 다소 생뚱맞아 보일 수 있지만, 당신은 공동 창조주이며 당신이 만든 연결의 형태를 감상할 권리가 있다. 당신을 우주의 아이처럼 끌고 가는 것이 우주의 의도는 아니다. 이 장에서는, 당신은 모든 공간에 없는 곳이 없으며, 당신의 세계에서 이 시공간의 이 순간이 특별한 목적을 가진다고 말함으로써 우리가 아는 과학적 사실에서 한걸음 더 나아간 것이다. 세상은 당신의 것이며, 그렇게 대답함으로써 당신은 우주가 대답하는 것을 인지하기 시작할 것이다.

- 언젠가 모든 것이 제대로 될 거야.
- 언젠가 모든 것이 잘못 될 거야.
- 어떤 순간 당신은 우주의 리듬에 빠져드는 기분을 느낄 거야.
- 어떤 순간 당신은 하늘이나 바다로 빠져버리는 듯한 기분을 느낄 수도 있을 거야.
- 때때로 당신은 언제나 여기에 있다는 것을 알 거야.

이것들은 일반적인 예지만 당신에게 의미 있게 느껴지는 순간이 온다면 정신을 바짝 차려야 한다. 왜 어떤 순간만 특별히 마력적이라고 느낄까? 자신만 알겠지만 그런 감정에 스스로를 조율하지 않는다면 애당초 시작도 못 할 것이다. 이런 종류의 특별한 관계에 끌고 올 수 있는 가장 수평적인 관계는 사랑을 통해서인데, 그것은 방관자에게서는 느낄 수 없을 법한 존재감이나 특별함으로 뒤덮인 보통의 순간일 것이다. 당신이 사랑에 빠져 있는 동안 당신의 관심을 완전히 잡아끌 것이며, 한번 경험한다면 쉽게 잊을 수 없을 것이다. 당신은 마치 당신이 사랑하는 사람 안에 있고, 사랑하는 사람이 당신 안에 있는 듯이 느낄 것이다. 당신이 당신보다 큰 거대한 것에 녹아드는 느낌이 두 주관성의 혼합이다. 이것은 '나와 그대' 라고 불리는 관계이며 혹은 존재의 무한한 바다에서 파도로 존재하는 느낌이라고 할 수 있다.

이름과 개념이 당신을 혼란시키게 하지 마라. 당신이 우주와 연결되는 것을 한정짓는 것은 없다. 그저 당신의 방식대로 관계를 맺어나가라. 내 손녀 타라처럼 작은 아이가 나무와 보이지 않는 용들에게 말을 걸듯 자신만의 방법을 찾으라. 그것이 타라만의 특권을 가진 관계다. 당신의 것은 어떤 것일까? 기대감에 가슴이 부풀어 오를 것이다. 이제 찾아보라.

지금 이 순간밖에 없다

There is no time but now

삶이 무엇인지 온전히 이해한 순간이 있었다. 나는 내가 누군지 정확히 알았다. 내 삶에 존재하는 사람들은 모두 이유가 있었다. 확실하게, 그리고 한점의 의혹도 없이 나는 그 이유가 사랑임을 알았다. 그래서 그 순간에, 내게 적이 있다거나 내가 세상의 이방인 같다거나 하는 터무니없는 생각 때문에 웃을 수 있었다.

완전함은 신비한 방식으로 시간을 넘나들게 했다. 내가 묘사했던 순간을 겪어본 사람은 아마도 많지 않을 것이다. 그 순간을 계속 유지할 수 있는 사람은 아예 만나보지도 못했다. 그럼에도 사람들은 이러한 경험을 필사적으로 원하며, 때때로 이런 갈망이 그들의 영적인 삶의 견인차가 되기도 한다. 불교의 전통에는 완벽한 순간을 의식할 수 있는 충만한 앎에 전념하는 수련법이 많다. 그러나 당신이 앎을 얻기 위해서는 우선 아무것도 알지 못하는 자신을 알아차려야 하는데 그것이 어렵다. 결국 문제는 당신이 알지 못한다는 것을 모른다는 것이다.

누군가가 내게 말해줄 때까지 나는 이 모호한 개념을 이해하기 어려웠다. "그건 마치 행복한 것과 마찬가지입니다. 당신이 행복할 때는 그냥 행복하지요. 그것에 대해 생각할 필요조차 없어요. 그러나 '나는 지금 진정으로 행복해'라고 외치는 순간, 사라지기 시작한답니다. 사실상, 당신은 '나는 지금 행복해'라고 생각하는 것만으로도 마법을 깨트릴 수 있지요." 그 예로 앎에 충만하다는 것이 무엇을 뜻하는지 설명해주었다. 당신은 말이나 생각 없이 현재를 감지해야 한다. 말하기는 쉽지만 행하기는 어렵다. 이 일의 요점은 시간이다. 시간은 행복처럼 당신이 "나는 지금 행복합니다"라고 말하기 전까지는 좀처럼 잡히지 않는다. 그 순간은 정말로 흘러가는 것일까, 아니면 영원한 것일까?

우리 대부분은 시간이 당연히 흐른다고 생각하는데, 너무 빨리 간다는 것을 뜻한다. 그러나 앎이 충만한 상태에서 시간은 전혀 흐르지 않는다. 오직 한 순간만 있어 스스로를 무한한 다양성으로 변화시킬 뿐이다. 시간의 신비란 우리가 으레 그렇다고 생각할 때만 존재한다. 과거, 현재, 미래는 가까이 두고 싶거나 멀리 두고 싶은 물건들을 담아두는 마음속의 상자와 같으며, "시간은 흐른다"라는 말은 진실이 너무 가까이 다가오는 걸 막기 위한 사전 공모다. 시간이란 편의상 사용하는 신화에 불과하다.

여러 책에서는 현재를 사는 미덕에 대해 격찬한다. 인간의 마음이 과거로부터 오는 부담을 떠안고 있기 때문이라는 그럴 듯한 이유를 댄다. 그에 따르면 기억은 무게가 없으므로 시간도 그래야 한다. 사람들이 '지금'이라고 부르는 것은 실제로는 존재하지 않으며 심리적인 장애일 뿐이다. 이 장애가 제거되고 나면, 당신은 더 이상 과거나 미래에 대한 짐을 지지 않아도 된다. 당신은 앎이 충만한 상태를 찾는다. 그리고 말이나 생각이 필요 없는 행복도 찾는다. 시간을 심리적인 부담으로 만드는 것은 우리 자신이다. 우리는 우리의 경험이 시간을 거쳐 형성되었다고 스스로에게 확신을 준다.

- 나는 너보다 나이가 많아. 내가 이야기하려는 건 그거야.
- 나는 몇 번에 걸쳐 이 주변에 왔었어.
- 경험의 소리를 들어라.
- 나이 많은 이들의 말을 경청하라.

이런 공식들은 직관이나 통찰 없이 그저 주워들은 것을 축적해온 경험의 미덕을 만드는데 대다수가 쓸데없다. 어떤 차원에서는 시간에 대한 무거운 짐 가방들이 사람을 우울하게 만들 뿐이라는 걸 우리는 안다.

현재에 산다는 것은 그 짐 가방들을 놓아버리는 것이다. 그런데 어떻게 하면 그럴 수 있단 말인가? 유일한 실체 안에서 시계의 유일한 시간은 지금이다. 과거를 놓아버린다는 것은 어떻게 하면 현재를 영원처럼 살 수 있는지를 알아낸다는 것이다. 광자는 플랑크 시간(Planck time, 빛이 플랑크 길이를 통과하는 데 걸리는 시간으로 약 10~43초 - 역자 주)으로 움직이며, 빛의 속도에 맞추는 동안 우주가 수백억 년 동안 진화하고 있다. 만약 시간이 강이라면, 찰나의 시간과 무한한 시간을 모두 포함할 만큼 깊고 넓어야 한다.

그 '지금'을 포함한다는 것은 보기보다 매우 복잡하다. 당신은 가장 활동적이고 정력적일 때 지금 이 순간에 있는가? 아니면 가장 고요할 때인가? 강을 보라. 표면에는 물살이 빠르고 매우 불안정하다. 그러나 중간 깊이에는 느리고, 가장 밑바닥에 이르면 당신이 바닥을 건드리기 전까지는 거의 휘젓는 듯한 움직임이 없어서 표면에는 아무런 영향을 주지 않는다. 당신은 모든 사람들이 일상적으로 하는 것처럼 가장 빠른 물살과 함께 흐를 수 있다. 그들의 지금에 대한 생각은 '지금 당장' 해야 한다는 것을 뜻할 것이다. 그들에게 현재는 끝도 없는 드라마일 뿐이다. 시간은 행위와 동일하다. 강의 표면이 그런 것처럼 말이다.

그들이 그 경주에서 지칠 때가 되면(아니면 그들이 졌다고 생각했을 때가 되면) 서두르는 사람들은 결국 속도를 늦추고, 뛰다가 걸으면 일이 어찌나 답답하게 굴러가는지 놀란다. 그러나 당신이 "그래, 나는 계속 이렇게 갈 거야"라고 결심한다면, 강박증이나 순환적 사고, 경쟁에서 오는 우울증과 같은 새로운 문제를 가져올 것이다. 어떤 의미에서는, 이것들은 모두 시간이 가져온 장애다.

타고르는 이에 대해 놀랄 만한 글귀를 지었다. "우리는 늦기에는 너무 초라하다"라는 말이 그것이다. 바꾸어 말하면, 우리는 마치 1분도 버릴 여유가 없다는 듯이 삶을 통틀어 경쟁하고 있다는 말이다. 같은 시에서 타고르는 당신이 달려가고자 하는 곳에 도착한 다음 무엇을 찾을지에 대해 완벽하게 묘사하고 있다.

> 그리고 광란의 경주가 끝날 즈음에
> 결승점을 보았네
> 너무 늦을까봐 울음을 터뜨리며
> 결국 내가 찾은 것은 마지막 몇 분뿐인 것을 알았네
> 시간은 언제나 그대로였는데

타고르는 살면서 여유 시간이 전혀 없다고는 하지만 궁극에는 언제나 영원하다는 것을 발견할 거란 사실을 경주를 통해 비유했다. 그러나 시간을 남용하지 않아야 한다고 자신을 옥죄는 데 길들여져 있으면 더 느리게 사는 데 아주 애를 먹곤 한다. 예를 들어, 강박증이 있는 사람들은 이따금 시계만 보고도 놀라곤 한다. 회사 가기 전에 집을 두 번 치워야 하는데 시간이 빠듯하고, 양말 마흔 개를 정리해 서랍에 넣기도 바쁜데 여전히 아침을 짓고 있다. 도대체 시간은 어디로 새는 거지? 강박증의 근원은 밝혀낼 수 없었지만, 심리학자들은 한 시간에도 수백 번씩 게으르고, 모자라고, 멍청하고, 더럽고, 패배자이며, 가치 없고, 실패작이라고 말하는 자기비하에 빠진 사람을 발견했다. 속사포처럼 쏘아대는 이

유는 치유를 얻기 위한 심적 고통이며, 헛된 노력으로 비롯된 증상이다. 똑같은 말을 계속 반복하는데, 간절히 그것을 떠나보내려 애쓰지만 어떻게 그 습관을 끊을지 방법을 모르기 때문이다.

순환사고는 강박증과 관련이 있지만 더 많은 단계에도 관련이 있다. "집이 더러워"나 "나는 완벽해"라는 한 가지 생각을 중얼거리는 대신, 순환사고를 하는 사람들은 그릇된 논리에 빠져 있다. 사랑받지 못한다고 느끼는 사람이 바로 그 예다. 사람들이 아무리 그 사람에게 사랑을 표현해도, 순환사고에 빠진 사람은 사랑받는다고 느끼지 못한다. 왜냐하면 "나는 사랑받고 싶다. 지금 이 사람이 내가 사랑스럽다고 말하지만 나는 못 느끼겠다. 왜냐하면 저 사람이 말하는 의미는 사랑스럽지 않다는 게 틀림없기 때문이다. 이것을 바로잡는 일은 내가 사랑을 얻는 길뿐이다." 순환논리는 한 번도 성공하지 못한 사람, 한 번도 편안해보지 못한 사람, 한 번도 원하는 것을 얻지 못한 사람들을 괴롭힌다. 그들을 행동하게 하는 제1전제("나는 실패작이야" "나는 위험에 빠져 있어" "나는 뭔가 부족해")는 변하지 않을 것이다. 왜냐하면 외부에서 오는 어떤 결과든, 그것이 좋든 나쁘든, 원래 가졌던 생각을 강화할 뿐이기 때문이다. 이 예를 통해 '지금의 패러독스'를 알 수 있다. 당신이 제자리에서 빨리 뛸수록 현재의 시점에서 더욱 멀어진다.

질주하는 듯한 우울증은 그 패러독스가 어떤 것인지 우리에게 생생히 보여준다. 우울증에 걸린 사람들은 무기력하며, 절망감을 빼놓고는 아무 감정도 없는 죽은 순간에 사로잡혀 있다. 그들에게 시간은 정지해 있지만, 그들의 마음은 취한 생각과 감정으로 질주한다.

혼란한 심적 활동은 아침에 잠자리에서 일어나지 못하는 사람의 머릿속과 같아 보이지는 않는다. 그러나 이 경우, 심적 혼란함은 행동과 직결되지 않는다. 우울증에 걸린 사람들은 셀 수 없이 많은 것을 생각하지만 아무것도 행동에 옮기지는 않는다.

이런 문제들이 없다면, 마음은 더 깊이 잠수함으로써 더 느리게 흐른다. 외부로부터의 요구가 더 적어지는, 흔들리지 않는 고요함을 찾는 사람들은 스스로의 시간을 충분히 가진다. 마음이 자기 본연의 모습을 찾으면, 외부의 일시적인 자극이 사라지자마자 모든 반응을 멈춘다. 이 것은 마치 강물의 파도가 물살이 가장 느려지는 깊이를 찾기 위해 가장 얕은 곳에서 빠져나가는 것과 같다. 현재의 순간은 느릿한 순환의 소용돌이가 된다. 당신의 생각은 끊임없이 움직이지만, 당신이 밀고 나가는 생각이 지속적이지는 않다.

활동보다 고요함을 즐기는 사람들도 있는데, 그들은 표면의 물살을 전혀 건드리지 않는, 고요하고 깊은, 물살이 멈춘 곳을 찾을 때까지 잠수한다. 이런 안정된 중심을 찾으면, 그들은 스스로의 경험을 극대화하고 외부세계에 대한 경험을 최소화한다.

이럭저럭 우리는 진땀나는 달리기부터 움직임 없는 고요함까지 현재 순간들의 다양한 입장들을 모두 경험해보았다. 그러나 그 지금이 당신 바로 앞에 있는 '지금 이 순간'이라면 어떨까? 유일한 실체 안에서 지금 이 순간은 머무름이 없다. 빠르고 느린 것과 과거와 미래라는 상대적인 개념이 적용되지 않는다. 현재의 순간은 아주 빠른 것보다는 덜 빠르고, 아주 느린 것보다는 덜 느리다는 것을 포함한다. 당신이 강의 모든 것을 포함할 때, 유일한 실체 안에서 거한다고 할 수 있다. 또한 당신은 언제나 새롭고 변화 없는 앎의 상태에서 살고 있다.

그렇다면 어떻게 그 경지에 도달할 수 있을까? 그것에 대답하기 위해 우리는 관계를 살펴볼 필요가 있다. 당신이 잘 아는 누군가를 만났을 때 어떤 일이 일어날까? 일단 당신의 가장 친한 친구라고 치자. 당신의 이야기는 오래되고 익숙하며 편안함을 느낄 수 있다. 그러나 당신은 역시 새로운 일에 대해 뭔가를 말하고 싶기도 할 것이다. 그렇지 않으면 그 관계는 활기 없고 지루하기 쉽다. 당신과 그는 서로를 이미 속속들이 아는데, 그것이 가장 친한 친구가 될 수 있는 요소지만, 그렇다고 해서 서로를 완전히 예측할 수는 없다. 미래는 새로운 사건들과 어떤 행복, 어떤 슬픔에 대해 완전히 열려 있다. 지금부터 10년 후 당신들 중 누군가는 죽고, 누군가는 이혼하고, 누군가는 전혀 다른 사람이 되어 있을 것이다.

이 새로운 것과 오랜 것, 알려진 것과 알려지지 않은 것의 교차가 모든 관계, 우주, 당신의 본질이다. 궁극적으로 당신은 단지 유일한 관계를 가지고 있을 뿐이다. 당신이 진화하면 우주도 진화한다. 그리고 당신 둘의 교차점은 바로 시간이다. 하나의 실체만 존재하기 때문에 하나의 관계만 존재하는 것이다. 나는 요가의 네 가지 길에 대해 오래 전부터 이야기해왔지만, 그 각각은 실제로는 관계의 취향에 대한 문제일 뿐이다.

- 앎의 길(기아나 요가)은 신비의 취향이다. 당신은 삶의 불가해함을 감지한다. 당신은 모든 경험 안에서 경이로움을 경험한다.
- 헌신의 길(박티 요가)은 사랑의 취향이다. 당신은 모든 경험에서 달콤함을 경험한다.
- 행위의 길(카르마 요가)은 사심 없음의 취향이다. 당신은 모든 경험에서 유대감을 경험한다.
- 명상과 내면의 침묵의 길(라자 요가)은 고요함의 취향이다. 당신은 모든 경험에서 존재함을 느낀다.

시간이 존재하는 이유는 당신이 이런 취향들을 가능한 한 깊이 느낄 수 있도록 하기 위함이다. 헌신의 길에 올랐을 때 만약 당신이 어렴풋한 사랑이라도 경험할 수 있다면, 더 이상의 사랑을 경험하는 것도 가능하다. 당신이 그것을 약간 더 경험할 때, 다음번에는 더 강하게 경험할 수 있다. 그리하여 당신이 신성한 사랑에 완전히 빠지는 포화상태에 도달할 때까지 사랑은 사랑을 낳는다. 그것이 바로 신비주의자가 그들 스스로 사랑의 바다에 몸을 던진다고 말할 때의 진정한 의미인 것이다.

시간이 있기에 당신이 그 바다에 도달할 때까지 경험의 정도가 더해진다. 당신이 매력을 느끼는 어떤 것이든 골라 그것에 헌신과 정열을 가지고 충분히 추구해보라. 당신은 그것에 완전히 녹아들 것이다. 그 길의 마지막에 이르면, 당신이 골랐던 것의 특징은 사라지고 존재가 그것을 삼켜버릴 것이다. 시간은 화살이나 시계나 강이 아니라 존재가 어떤 취향을 가지고 춤을 추는 것뿐이다. 이론적으로는, 자연은 적은 것에서 더 많은 것으로 진화됨 없이 발생했을 것이다. 당신은 사랑과 신비 또는 사심 없음을 닥치는 대로 경험할 수 있다. 그러나 실체는 그런 식으로 짜맞추어진 것은 아니다. 적어도 인간의 신경 시스템을 통하여 경험한 것과는 다른 식이라는 것이다. 우리는 삶을 진화로써 경험한다. 관계는 왠지 마음이 동하는 것에서부터 깊은 관계까지 커져 나간다. (첫눈에 반하는 사랑도 같은 여정을 거치지만, 몇 주 몇 달이라는 시간 대신 몇 분이 걸린 것뿐이다.) 당신이 허용하기만 한다면, 당신이 우주에 대해 가지는 관계도 똑같은 과정을 따른다. 시간이란 진화를 위한 도구를 의미하지만, 만약 당신이 시간을 오용하면 공포와 불안의 씨앗이 될 수도 있다.

시간의 오용

- 미래에 대해 불안해하기
- 과거를 재현하기
- 오래된 실수들을 후회하기
- 어제를 재현하기
- 내일을 기대하기
- 서두르기
- 덧없는 일들에 끊임없이 신경 쓰기
- 기회에 저항하기

당신이 시간을 오용할 때, 문제는 시간의 차원 그 자체에 있는 게 아니다. 자신이 암으로 죽을지도 모른다는 걱정 때문에 다섯 시간 동안 뜬 눈으로 밤을 샌 사람의 집에 있는 시계에는 아무 이상이 없다. 시간의 오용은 엉뚱한 곳에 관심을 쏟은 것에 대한 결과일 뿐이다. 당신이 누군가와 관계를 가지려면 그에게 관심을 줘야 한다. 당신이 우주와 관계를 맺으려고 할 때도 마찬가지다. 바로 지금 여기에 관심을 기울이지 않으면 아무것도 얻을 수 없다. 사실상 바로 지금 당신이 인지하는 것을 배제하는 우주는 없다. 그러기에 당신이 우주와 관계를 맺으려면 바로 당신 앞에 놓여 있는 것에 집중해야 한다. 어느 영적인 스승이 "창조의 완전함은 현재의 순간을 만들어내는 게 필요했다"라고 이야기했듯이 말이다. ("창조는 너무나 완전하기 때문에 현재의 순간을 만들어내지 않을 수 없었다."는 말로 바꿀 수도 있다. - 역자 주)

당신이 이 말을 가슴에 새겼다면 당신의 관심은 움직일 것이다. 바로 지금, 당신이 처한 모든 상황은 과거, 현재, 미래의 복합이다. 당신이 일자리를 구하고 있다고 상상해보라. 면접관 앞에서 스트레스를 다스리고 좋은 인상을 주려고 노력하고 있으면, 당신은 현재에 존재하지 못한다. "내가 이 직장을 얻을 수 있을까?" "내가 어떻게 보이지?" "나에 대한 평판들은 어떨까?" "어쨌거나 이 사람은 나를 어떻게 생각할까?" 당신은 과거와 현재, 미래를 끼워 맞추고 있다. 그러나 오랜 것과 새로운 것을 섞는다고 바로 지금이 될 수는 없다. 그것은 명료하고 열려 있는 것이다. 그렇지 않다면 당신 스스로를 펼쳐 보이지 못하며, 그런 이유로 시간은 존재하는 것이다.

현재의 순간은 진실로 열려 있으며 머물지 않는다. 시간이 존재하기를 멈출 때 당신은 현재에 거하는 것이다. 그런 경험을 얻는 최선의 방법은 '현재(present)'라는 단어가 '현존(presence)'이라는 단어와 연결되어 있음을 깨닫는 것이다. 모든 것을 받아들이며, 완전한 평화이며, 완전히 만족하는 현존으로 당신의 현재 순간을 채울 때 당신은 현재에 거하는 것이다.

현존은 경험이 아니다. 언제라도 앎이 활짝 열려 있을 때마다 현존한다는 것을 느낄 수 있다. 가까운 장래에 어떤 일이 반드시 일어나거나 안 일어난다는 것은 없다. 역설적으로, 강한 통증을 느끼는 사람이 그 고통의 와중에서 도저히 육체의 고통을 참을 수 없게 되자 갑자기 그 통증을 놓아버리자고 결심한다. 이것은 특히 심리적 고통에서는 진실이다. 전쟁 공포증에 사로잡힌 군인들은 무아의 해방감이 밀려와 강한 스트레스를 떨치는 해방감의 순간을 경험한다.

무아지경은 모든 것을 바꾼다. 육체는 더 이상 무겁고 둔중한 것이 아니다. 마음은 슬픔과 공포의 배경음악을 경험하기를 멈춘다. 이것이 바로 과즙과도 같은 달콤함으로 개체성을 제거하는 길이다. 이런 달콤함은 마음속에서 긴 시간 동안 지속될 수 있다. 어떤 사람들은 그 순간을 꿀처럼 달다고 말하기도 한다. 그러나 그 순간이 지나고 나면, 당신은 '바로 지금'의 순간을 잃고 회의에 사로잡힌다. 당신은 완전한 지복의 사진을 마음속의 스크랩북에 끼워 넣을 수 있다. 그러면 그것은 아이스크림의 첫 번째 맛처럼, 언제나 좇아가지만 도달할 수 없는 목표가 되어 늘 손길이 닿지 않은 채 머무는 황홀경이라는 것을 알게 된다.

그 황홀경에 대한 비밀이란, 만약 당신이 그것을 찾아냈다면 그것을 버려야 한다는 것이다. 그 경험을 했다는 것만으로도 당신은 그 현재의 순간, 현존함이 살아 있는 곳을 다시 경험한다는 것이다. (특히 대승불교에서는 깨달음을 얻었다면 그 깨달음을 얻었다는 생각마저도 버리라고 말한다. ─ 역자 주) 앎은 자신이 스스로를 아는 속에 거한다. 만약 우리가 달콤함, 지복이나 과즙과도 같은 낱말을 뺀다면, 대다수 사람의 삶에서 그런 특질은 사라진다. 현재에 거하는 것을 가장 방해하는 것은 절제다. 그러나 당신은 황홀경의 상태가 되기 전까지는 맑은 정신이어야 한다. 이것은 패러독스가 아니다. 당신이 추구하는 것, 현존, 현재 혹은 황홀경은 완전히 닿지 않는 곳에 있다. 당신은 그 순간이 다가오도록 사냥하거나 추구하거나 명령하거나 설득할 수 없다. 당신의 개인적인 운은 여기서는 전혀 쓸모없으며 당신의 사고나 통찰도 마찬가지다.

깨어 있음은 아주 진지하게 당신이 무엇인가를 얻기 위해 써왔던 모든 전략과 전술을 던져버려야 한다는 것을 깨닫는 것에서 시작된다. 만약 그것이 끌린다면, 당신은 아래와 같은 헛된 전략들을 던져버리고 깨어 있는 의도를 가지라.

영적 각성

♥ 현재에 거하는 것에 대해 진지해지기

- 주의를 기울이지 않는다는 것을 감지하기
- 자신이 말하는 것을 듣기
- 자신의 반응을 살펴보기
- 사소한 일에 얽매이지 않기
- 올라가고 내려가는 에너지를 따르기
- 자신의 에고에 질문하기
- 영적인 환경에 자신을 담그기

이런 지침들은 유령 사냥꾼이나 유니콘 사냥꾼의 지침서에서 나왔을 법하다. 현존의 순간은 이것들보다 훨씬 교묘해 잘 잡히지 않지만, 당신이 아주 강렬한 열정으로 원한다면 깨어 있음이야말로 당신이 설정해야 하는 프로그램이다.

주의를 기울이지 않는다는 것을 감지하기 : 가장 첫 단계는 신비적이거나 특별하지 않아야 한다는 것이다. 당신이 주의를 기울이지 않고 있다는 것을 관찰할 때, 방황에 빠져들지 마라. 당신이 원래 있던 곳으로 돌아가라. 당신은 왜 방황하는지 금세 밝혀낼 수 있을 것이다. 당신은 지루해하고, 걱정하고, 불안해하고, 무엇인가에 대해 염려하거나 미래의 사건을 기대한다. 그런 감정들을 피하지 마라. 그런 감정들은 삶의 타고난 습관들이다. 자연스럽게 따라오도록 당신이 훈련시킨 습관들이다. 당신이 표류하는 것을 알아챘다면, 다시 지금으로 돌아가라.

282

자신이 말하는 것을 듣기 : 산만한 상태에서 돌아와, 당신의 말 혹은 당신 머릿속 누군가가 하는 말을 듣는다. 관계는 말을 따라가게 되어 있다. 당신이 스스로의 말을 들으면, '지금 바로' 우주와 어떻게 연결되어 있는지 알게 될 것이다. 당신 앞에 다른 사람이 있다고 해도 구애받지 마라. 누가 말을 하고 있든지 실체를 대신하고 있는 것이다. 당신이 게으른 웨이터의 행동을 나무라고 있다면, 당신은 우주를 나무라고 있는 것이다. 당신이 만약 누군가에게 인상을 주기 위해 뭔가를 보여주고 있다면, 당신은 우주에게 인상을 주기 위해 노력하고 있다. 오직 하나의 관계밖에는 존재하지 않는다. 바로 지금 이 순간 그것이 어떻게 진행되고 있는지 들어보라.

자신의 반응을 살펴보기 : 모든 관계는 쌍방향이니 무슨 말을 하건 우주는 대답할 것이다. 그 대답을 지켜보라. 당신은 방어적인가? 당신은 수용적인가 진취적인가? 당신은 편안한가, 그렇지 않은가? 다시 한번 당신이 관계를 맺으려는 사람 때문에 산만해지지 마라. 당신은 관찰하는 자와 관찰되는 자를 포함한 우주의 반응에 귀를 기울여야 한다.

사소한 일에 얽매이지 않기 : 깨어 있기 전에, 실체에 합일되지 못함으로써 기인하는 상실감에 적응하는 방법을 찾아야 한다. 실체는 완전함이다. 그것은 모든 것을 포용한다. 당신이 그 안으로 뛰어드는 순간 모든 것은 사라지고 남는 것이 없는 허공이 된다. 전체성이 결여되었는데도 당신은 여전히 포용하려는 태도를 가졌고, 분리된 것 안에서 전체성을 찾으려고 노력했다. 바꾸어 말하면, 혼란과 소동이 당신을 완전함의 그 순간에 도달하게 하기라도 하는 것처럼, 부분 속에 빠져 전체를 놓쳐버렸던 것이다. 이제 당신은 그런 방법으로는 그 곳에 도달할 수 없음을 알기에 그 곳에서 빠져나와야 한다. 사소한 일에 얽매이지 마라. 성가신 일은 잊어라. 가능한 한 효율적으로 그것들을 처리하되 심각해지지 마라. 그것들을 당신에게 중요한 것으로 만들지 마라.

올라가고 내려가는 에너지를 따르기 : 만약 부분적인 것들이 법도에서 벗어나기 시작하면, 당신은 여전히 따라야 할 무언가가 필요할 것이다. 당신의 관심은 어딘가로 향할 것이다. 그러면 그 경험의 정수에 머물도록 하라. 그 경험의 정수는 새로운 상황을 향해 올라가고 내려가는 에너지를 쏟아 붓는, 바로 우주가 숨쉬는 리듬이다. 긴장, 피곤할 정도의 흥분, 평화에 이르는 황홀경이 어떻게 이루어지는지 눈여겨 관찰해보라. 결혼 생활에 밀물과 썰물이 있는 것처럼, 당신이 맺는 우주와의 관계에서도 오름과 내림이 있다. 당신은 처음에는 그런 움직임을 감정적으로 경험하겠지만 그렇게 해서는 안 된다. 그 속에는 훨씬 더 심오한 리듬이 있다. 그것은 새로운 경험이 인식될 때처럼 고요함 속에서 시작된다. 어떤 경험이 고요한 가운데 모양을 갖출 때 그것은 움직이기 시작하며, 그것이 어떻게 변해나갈지 암시함으로써 탄생을 향해 나아가기 시작한다. 마침내 어떤 새로운 것에 도달하게 되는 것이다. 이 '무엇인가'는 당신의 삶에서 사람이 될 수도 있고, 사건, 생각, 통찰, 어떤 것이든 될 수 있다. 이 모든 것에 공통적으로 적용되는 것은 올라가고 내려가는 에너지다. 당신은 모든 단계에서 그것에 연결될 필요가 있다. 왜냐하면 당신이 바로 지금 겪고 있는 현재의 순간은 그것들 중 하나이기 때문이다.

자신의 에고에 질문하기 : 당신을 바라보고 관찰하고 알아채는 것은 인식되지 않을 것이다. 당신의 에고는 이런 것들을 할 권리가 있으며, 당신이 이런 패턴을 깨트릴 때 에고는 자신의 불쾌함을 당신에게 통보할 것이다. 변화는 두렵지만 그보다 더 두려운 것은 에고에 대한 위협이다. 이 두려움은 당신을 원래 위치로 돌아가게 하려는 에고의 작전일 뿐이다. 당신은 에고의 반응과 싸울 수 없다. 아무리 싸워봐야 더 깊이 빠져들 뿐이기 때문이다. 그러나 질문을 던질 수는 있다. 침착함을 유지할 수 있는 거리에서 당신 자신에게 질문을 던져라. "나는 왜 이 일을 하지?" "나는 반사적으로 반응하는가?" "과거에 했던 것과 비슷한 일을 습관적으로 하는가?" "이런 일이 효과 없다는 것을 스스로에게 증명해보이지 않았던가?" 당신은 이런 우직한 질문들을 스스로에게 끊임없이 던져야 한다. 당신의 에고를 부수어버리겠다는 게 아니라 당신의 행위를 통해 반사적으로 계속되는 것을 조금이라도 누그러뜨리겠다는 태도로서 말이다.

영적인 환경에 자신을 담그기 : 자신의 행위를 진지하게 대면하면 에고가 사람을 분리하고 있음을 깨닫게 될 것이다. 에고는 삶이란 분리 속에서 사는 것이라고 생각하기를 원한다. 그런 믿음을 가지면 가능한 한 나와 나에 속한 것들을 합리적으로 움켜쥐고 있을 수 있기 때문이다. 그런 방법으로, 마치 에고가 새로운 획득물을 상으로 받은 것처럼 영적인 것을 획득하려고 노력한다. 이때 영적인 것은 장식품이 되고 만다. 그런 경향에 빠지면 당신은 분리의 세계에 빠지게 된다. 나는 사람들이 현존의 경험을 의식적으로 추구하는 곳, 이중성에서 합일로 변환되는 공통적인 비전을 가진 곳에 대해 언급한다. 당신은 위대한 영적인 글귀에서 그런 환경을 찾을 수 있을 것이다.

　그러나 그런 저작물에서 말로 할 수 없는 희망과 위안을 찾는 사람이 있다 해도, 나는 그에게 더욱 강력하게 그 저작물에 관심을 가지라고 주장할 수 없다. 진짜 세상에서 만날 수 있기 때문이다. 당신이 영적인 것을 정의하는 바에 따라 살 수 있도록 영적인 환경에 자신을 담그라. 당신이 영적인 환경에 푹 빠지면 실망감을 느낄 수도 있다. 자신의 불완전함과 싸움을 벌이는 사람들의 좌절감을 필연적으로 만나게 되기 때문이다. 그 소란은 당신이 감당해야 할 몫이다.

　당신이 영적인 것에 빠져들어 헌신한다면 더 이상 할 것이 없다. 현재는 스스로 모습을 드러낼 것이며, 당신의 앎은 그저 현재에 머물러 있을 수밖에 없다. 바로 지금 이 순간은 모든 세포에 내적인 변화를 초래한다. 당신의 신경 체계는 오래되거나 새로운 것이나, 알려지거나 알려지지 않은 것이 아닌 식으로 실체가 존재한다는 것을 배운다. 당신은 스스로 존재하는 현존 안에서 새로운 차원으로 상승할 것이며, 그것은 절대적인 의미를 갖는다. 모든 경험은 상대적이므로 거부될 수 없고, 잊어버릴 수 없고, 간과될 수 없고, 마음에서 지울 수 없다. 현존은 실체 자신을 접촉하는 것이며 거부되거나 잃어버릴 수 있는 것이 아니다. 실체를 만날 때마다 당신은 점점 더 실재하게 된다.

　이런 경험에 대한 증거는 여러 가지로 찾을 수 있는데, 그 중 당장 찾을 수 있는 것은 시간 그 자체다. 유일한 시간이 바로 지금이라면 당신은 다음과 같은 경험을 하게 될 것이다.

1. 과거와 미래는 단지 상상 속에서만 존재한다. 당신이 이전에 행한 모든 것은 실체가 아니다. 당신이 행할 모든 것도 실체가 아니다. 오

직 지금 당신이 하고 있는 것만이 실체다.

2. 당신이 당신 자신이라고 불렀던 육체는 더 이상 당신 자신이 아니다. 당신이 당신 자신이라고 불렀던 마음도 더 이상 당신 자신이 아니다. 당신은 애쓰지 않고도 거기에서 빠져나온다. 그것들은 우주가 움직이기 위해 일시적으로 취하는 모양일 뿐이다.

3. 당신의 진짜 자아는 이 순간, 앎이라는 스크린에 생각, 감정과 감각을 지나가게 함으로써 발현될 뿐이다. 당신은 변화와 무한성 사이의 타협점으로서 그것들을 인식한다. 당신 역시 자신을 그런 방식으로 본다.

당신이 스스로를 현재의 순간에서 찾는다면 아무것도 할 게 없다. 시간의 강은 흐르게끔 되어 있다. 당신은 소용돌이와 흐름, 여울과 심연을 새로운 관점인 무지의 차원에서 경험한다. 현존의 순간은 자연히 무지하다. 바로 지금은 아무 곳에도 가지 않는 유일한 순간으로 드러난다. 시간의 목적은 진화의 단계를 드러내는 것뿐이라고 말한다면 이게 어떻게 진실일 수 있을까? 그것이 바로 신비로움의 신비다. 우리는 성장하지만 삶은 여전히 그 핵심에 영원함을 유지한다. 우주가 모든 곳들을 한꺼번에 창조할 수 있도록 완전히 자유로워서, 무한한 차원을 통해 무한한 속도로 성장한다고 상상해보라. 그 흐름을 타려면 우리는 절대적인 고요를 지키는 것 외에 아무것도 할 필요가 없는 것이다.

열두 번째 비밀은 시간을 어떻게 사용하는가에 대한 것이다. 시간을 가장 잘 사용하는 방법은 당신의 존재와 다시 연결하는 것이다. 시간을 오용하는 것은 그 반대의 경우로 당신의 존재에서 이탈하는 것에 해당된다. 진화할 수 있는 시간은 언제나 충분하다. 왜냐하면 당신과 우주가 함께 펼쳐나가기 때문이다. 그런 사실을 스스로에게 어떻게 증명할 수 있을까? 한 가지 방법은 산스크리트어로 '상칼파Sankalpa'라고 불리는 것을 통해서다. 당신의 의지를 초월한 의도나 생각을 불어넣는 것이 상칼파다. 그 용어 안에는 그런 수단에 대한 모든 생각이 포함된다. 당신이 이루고 싶은 생각이나 바람을 만든다면 실제로 그것을 어떻게 실현시킬 수 있을까? 그 대답은 시간과 많은 관계를 맺으면 된다는 것이다. 다시 말해 많은 시간을 보내면 된다는 뜻이다. ('칼파'라는 어원은 '시간'을 뜻한다.)

- 무한함이 당신 존재의 부분이라면, 그런 바람은 지연됨 없이 즉시 이루어질 것이다. 당신이 당신 세계의 다른 것에 하듯 시간과 놀 수 있는 힘을 가지고 있기 때문이다.

- 무한성이 당신의 존재에 모호한 관계라면 어떤 소망은 즉시 이루어지지만, 다른 것들은 그렇지 않을 것이다. 당신이 원하는 것을 이루지 못할지도 모른다는 불편한 느낌이 있고, 소망이 이루어지는 데도 시간이 지체될 수 있다. 그렇다면 시간과 노는 능력이 흔들리지만 발전하고 있다.

- 무한성이 당신의 존재와 아무 관계가 없다면, 당신이 원하는 것을

얻기 위해 일과 결심이 수반되어야 한다. 당신은 시간에 대한 힘이 없다. 시간과 노는 대신에, 당신은 냉혹한 시간의 행진에 종속되어 있다.

이런 3개의 넓은 범주에서 3개의 각자 다른 신념 체계를 추출할 수 있다. 어떤 것이 당신에게 가장 잘 적용되는지 생각해보라.

1. 나는 늘 시간의 압박을 받고 산다. 내가 원하는 모든 것을 이루기에 늘 충분한 시간이 주어지지 않는다. 사람들은 시간이 많이 필요한 일을 나에게 요구하고, 거기에 균형을 맞추기 위해 항상 내가 할 수 있는 모든 것을 해야 한다.

2. 나는 자신이 꽤 운이 좋다고 여긴다. 나는 언제나 내가 원했던 많은 일들을 해왔다. 내 삶이 분주하긴 하지만 나는 나를 위해 많은 시간을 할애할 수 있는 방법들을 찾아왔다. 이따금씩 일이 저절로 제자리에 척척 들어맞기도 한다. 내심 나는 내 소망이 이루어지길 바라지만 그렇지 않더라도 상관없다.

3. 우주는 내가 원하는 것은 무엇이든 가져다준다고 믿는다. 내 삶에 그것은 확실한 진실이다. 나의 어떤 생각에든 반드시 반응하는 것을 보고 놀랐다. 내가 원하는 것을 얻지 못한다면 내 안에 있는 어떤 것이 막고 있다는 것을 깨달았다. 나는 바깥에 있는 장애물들과 싸우기보다는 내면의 앎이 원만해지도록 많은 시간을 쓴다.

이것들은 상칼파의 스냅사진들일 뿐인데, 대부분의 사람들은 이 범주에 들어간다. 아주 일반적인 방법으로, 그것들은 개인의 진화 단계를 대변한다. 열심히 노력하고 결심하는 게 당신이 원하는 것을 얻는 유일한 방법이라는 첫 번째의 경우를 안다는 것은 매우 가치 있는 일이다. 사람들은 그런 사실을 좀처럼 믿으려 하지 않는다. 그렇게 투쟁하지 않고도 원하는 것을 이룰 수 있다는 암시만을 얻는다고 해도, 새로운 성장의 단계로 나아갈 수 있다. 성장은 앎을 통해 성취되지만, 시간에 대한 관계를 변화시키는 것만으로도 오늘 당장 변할 수 있다.

- 나는 시간이 나에게 무엇을 베풀든 그것을 허용하겠다.
- 언제나 시간은 충분하다는 것을 명심하겠다.
- 나는 나 자신의 리듬을 따르겠다.
- 나는 꾸물대거나 미룸으로써 시간을 오용하지 않겠다.
- 나는 시간이 미래에 나에게 가져다줄 것을 두려워하지 않겠다.
- 나는 시간이 과거에 나에게 가져다준 것을 후회하지 않겠다.
- 나는 시간과 벌이는 경쟁을 멈출 것이다.

이런 변화 중 하나만이라도 받아들이고 나서 당신의 실체가 어떻게 변화되는지 보라. 시간은 강요하지 않지만, 우리는 마치 시간이 우리의 존재를 지배하는 것처럼 행동한다. (그렇지 않다 하더라도 우리는 여전히 늘 시계를 지니고 다닌다.) 시간은 당신의 욕구와 원하는 바를 펼쳐내기 위해 존재하는 것이다. 우리가 늘 시간의 지배 하에 있다는 신념을 버릴 때만 그런 변화가 시작될 것이다.

개체적 인간에서 벗어날 때
진정 자유롭다

You are truly free
when you are not a person

몇 년 전, 뉴델리 외곽의 어느 작은 마을에서였다. 나는 작고 답답한 방에서 나이 든 어르신과 젊은 수도승과 함께 앉아 있었다. 수도승은 앞뒤로 몸을 들썩이며 고대 문서로 보이는 야자수 잎에 쓰인 말들을 암송하고 있었다. 나는 듣고는 있었지만 수도승이 말하는 것을 하나도 알아들을 수 없었다. 그는 남쪽 끝에서 왔고, 그가 말하는 타밀어는 나에게 생소했다. 그러나 그가 나의 과거와 미래의 삶에 대해 이야기하고 있다는 것은 알았다. 나는 어쩌다가 이런 일에 말려들었는지 답답해지면서 언제쯤 이 자리를 벗어날 수 있을지 궁금했다.

이 작은 방에 온 것은 나의 오랜 친구가 간곡하게 설득한 때문이었다. "이건 단순히 점성술(Jyotish)이 아니야. 이건 훨씬 놀라운 일이야."라고 그는 나를 설득했다. 인도에서 점성가를 찾는 건 아주 흔한 일이다. 결혼이나 출생 또는 일상적인 상거래까지도 점성학 차트를 통해 계획하곤 한다. 인디라 간디도 인도 점성학을 따른 것으로 유명하다. 그러나 현대로 오면서 전통은 급속하게 사라졌다. 나는 현대적 교육을 받고 자랐으며, 나중에 서양 의사가 된 이후로는 점성술에 대한 것이라면 만성적으로 피했다.

그러나 친구의 설득은 집요했다. 마침내 나는 젊은 수도승이 하는 말에 관심이 많다고 대답하지 않을 수 없었다. 젊은 수도승은 맨 가슴에 치마처럼 천을 둘렀으며 머리에는 코코넛기름을 번들거리도록 발랐는데, 이 두 가지는 그가 남부 사람이라는 표식이나 다름없었다. 그는 처음에는 내 출생 차트를 작성하지는 않았다. 그에게 필요한 모든 차트는 이미 수백 년 전에 쓰인 것들이었다. 무슨 말이냐 하면, 내가 태어나기도 전인 몇 세대 전, 이미 어떤 이가 야자수 아래에 앉아 나디Nadi라고 쓰인 뭉치에 내 삶을 기록해 놓았다는 것이다.

이런 나디들은 인도 전역에 흩어져 있으며, 자신에게 해당되는 것을 찾는 일은 순전히 운에 달렸다. 내 친구는 오직 하나뿐인 자신의 것을 찾기 위해 몇 년의 세월을 탕진했다. 그 수도승은 나를 위해 한 꾸러미나 되는 나디를 가지고 왔는데 나보다 내 친구가 훨씬 더 기뻐했다. 친구는 내가 꼭 와서 들어야 한다고 주장했다.

이제 나이 지긋한 어르신이 그 수도승이 뭐라고 암송하는지 힌디어로 번역하기 시작했다. 여러 세기 동안 일어난 일들 중 출생 일시라든지 특정한 날 벌어진 사건 같은 것을. 나디와 들어맞아야 하는데 처음 몇 장은 별로 맞지 않았다. 그러나 석장 정도를 넘겼을 때, 노래 부르는 듯 암송하고 있는 수도승의 말은 놀라울 정도로 정확했다. 나의 생일, 내 부모의 이름, 내 이름과 아내의 이름, 그리고 우리가 낳은 아이의 숫자와 우리가 사는 곳, 최근에 아버지가 돌아가신 날과 시간, 그의 정확한 이름과 어머니의 정확한 이름까지 말이다.

맨 처음에는 약간의 결함이 있는 듯이 보였다. 그 나디에 우리 어머니의 이름이 수친타Suchinta라고 적혀 있었는데, 우리 어머니의 실제 이름은 퍼시파Pushpa였다. 이 실수 때문에 조금 신경이 쓰였다. 그래서 나는 잠시 숨을 고른 후 어머니에게 전화해서 자초지종을 설명했다. 어머니는 소스라치게 놀라면서 사실은 태어날 때 그녀의 이름이 수친타였지만, 힌디어로 '슬프다'라는 말로 오해할 여지가 있어 어머니가 세 살 때 삼촌의 권유로 이름을 바꾸었다는 것이다. 나는 전화를 끊고 나서 어떻게 이런 일이 벌어질 수 있는지 의아했다. 왜냐하면 그 젊은 수도승은 친척의 권유로 어머니의 이름을 바꿀 거라는 사실까지도 말했기 때문이다. 어머니만 알 뿐 우리 가족 중 누구에게도 그 사실을 알린 적이 없기 때문에, 그 젊은 수도승이 독심술을 한다고 해도 도저히 알아낼 수 없는 일이었다.

회의주의자들을 위해서 덧붙이자면, 젊은 수도승은 평생을 남부 인도에서 보냈고 영어나 힌디어를 한 마디도 못한다. 또한 젊은 수도승이나 그 어르신도 내가 누구인지 전혀 몰랐다. 아무튼 이 점성학 학교에서 점성가는 누군가의 출생 일시를 받아서 그것을 해석하는 것은 아니다. 대신 누군가가 나디 해설가에게 가면 그 사람은 지문을 찍으라고 하고, 그 지문과 들어맞는 차트를 고른다. (나디가 분실되었거나 사방으로 뿔뿔이 흩어져 있다는 것을 언제나 명심하라.) 점성가는 아마 누군가가 천 년 전에 적어놓았을 글을 읽는 것뿐이다. 여기에서 그 신비함은 또 한 번 증폭된다. 나디는 살아 있는 모든 사람을 망라하는 게 아니라 언젠가 점성가의 문을 두드리고 해독을 원하는 사람들의 것만 가지고 있다는 것이다.

이 믿을 수 없는 황홀한 경험을 하는 동안, 나는 한 시간도 넘게 앉아 전생에 남부 인도의 사원에 살았는데 어떤 죄를 저질러 현생의 고통을 받게 되었다는 불가해한 정보와 내가 죽는 날까지 듣게 되었다. 점성가는 한동안 망설이더니 정말 내가 죽는 날을 알고 싶은지 다시 한 번 확인하는 듯 물은 뒤 말해 주었다. 그 날짜는 먼 미래였고, 내 아내와 아이들도 장수할 것이라고 적혀 있었다.

나는 젊은 수도승과 어르신이 있는 건물을 나와 뜨거운 델리의 뙤약볕 아래를 걷고 있었는데, 이 새로운 지식으로 말미암아 내 삶이 어떻게 바뀔지 생각하느라 거의 현기증이 날 지경이었다. 그가 읽어준 세세한 것들이 문제가 되는 건 아니었다. 나는 지금에 와서는 거의 모든 것을 잊어버렸고, 틀에 넣어 소중히 간직하고 있는 닳고 닳은 야자수 껍질에 눈이 갈 때를 제외하고는 그 생각은 거의 하지도 않는다. 그 젊은 수도승은 우리가 헤어지기 전에 수줍은 미소와 함께 나디를 건네주었다. 그 중 나에게 가장 강한 충격을 준 것은 내가 죽는 날이었다. 나는 그 마을을 뜨자마자, 이전까지 내가 고수했던 삶의 우선순위를 보이지 않게(미묘하게, 나도 모르게) 바꾸는, 평화롭고 눈이 번쩍 뜨이는(정신이 맑아지는) 느낌을 가졌다.

지금은 모든 것을 심사숙고하여, 나는 점성학에 '비국소적 인식' 같은 또 다른 이름이 있었으면 하고 바란다. 수세기 전에 살았던 누군가는 나 자신보다 나를 더 잘 알고 있었다. 그는 겹겹이 쌓인 더 오랜 패턴에 연결되어 있는, 스스로 존재하며 그것을 드러내 보이는 하나의 패턴으로 나를 보았다. 나는 내가 '나'라고 부르는 몸과 마음과 경험에 제한되지 않았다는 직접적인 증거가 그 야자수 껍질이라고 느꼈다.

당신이 유일한 실체의 중심에 살고 있다면, 당신은 패턴이 오고 가는 것을 목격할 수 있다. 처음에 이런 패턴은 개인적인 것으로 지속될 것이다. 당신은 패턴을 창조하고, 그것은 집착의 느낌을 가져온다. 그러나 예술가들이 자신의 작품을 모으기 때문에 유명한 것은 아니다. 만족감을 주는 창조 행위 자체로 유명한 것이다. 한 번 완성되고 나면 그림은 더 이상 생명력을 갖지 못한다. 주스를 다 짜내고 난 오렌지가 되어버린다. 우리가 창조하는 패턴도 마찬가지다. 당신이 창조하고 있다는 것을 아는 순간 경험은 그 과즙을 잃는다.

수동적이고 나약한 삶으로 고통받는 것으로부터 벗어난다는 '해탈'의 개념은 동양의 모든 영적 전통에 있다. 그러나 거기에 내포된 정말 중요한 것은 어떤 창조든 한 번 이루어지고 나면 똑같은 해탈이 있다는 것이다. 경험을 창조해내고 그것을 살아 숨쉬게 하면, 그는 해탈이 자연스럽게 이루어지도록 찾아낸다. 그러나 그것은 갑작스럽게 이루어지지 않는다. 오랜 시간 동안 우리는 지속적으로 그 반대쪽에 있는 이중성의 놀음에 유혹당하고 있다.

그럼에도 궁극적으로 그리스어로는 마음의 변화를 가진다는 뜻인 회개(metanoia)라고 불리는 경험을 누군가는 겪을 준비가 된다. 그 단어는 성경에 너무 자주 등장하기 때문에 영적으로 더 많은 뜻이 있다. 죄 많은 삶을 영위하는 것에 대해 마음을 바꾸겠다는 뜻이며, 참회한다는 개념을 획득했으며, 마침내 궁극적인 구원을 뜻하는 것으로까지 확대되었다. 그러나 당신이 이론의 벽 바깥으로 한 걸음을 내디디면, 우리가 탈바꿈이라고 부르는 어떤 것과 매우 근접하다. 당신은 자아라는 감각을 지엽적인 것에서 비지엽적인 것으로, 국소적인 것에서 비국소적인 것으로 이동시킨다. 어떤 경험이든 '나의 것'이 아니라 일시적인 우주에 있는 모든 패턴을 본다. 우주는 그 자신의 기본적인 물질을 섞어 끊임없이 새 것들을 만들어낸다. 그렇게 모양 지어진 어떤 것들 중 하나를 한동안 당신은 '나'라고 부를 뿐이다.

회개는 나디 점성술 이면의 신비라고 나는 생각한다. 오래 전 어떤 현자는 스스로의 내면을 응시하고 디팩(이 책의 저자 자신의 이름 – 역자 주)이라고 이름 붙여진 의식의 파도를 골라냈다. 그는 그 이름 옆에 우주 공간으로 퍼져나가는 다른 시시콜콜한 일들까지 함께 기록했다. 이것은 내 스스로의 안에서 접근할 수도 있는 앎의 영역을 내포한다. 만약 내가 내 자신을 빛의 영역 안에 있는 파도로서 볼 수 있다면(Jyotish는 산스크리트어로 '빛'이라는 뜻이다) 나의 용인된 영역 안에 있는 나 자신을 유지함으로써 획득할 수 없는 자유를 얻을 것이다. 만약 내 부모의 이름이 내가 태어나기도 전에 알려졌다면, 그리고 나의 아버지의 죽음이 그가 태어나기도 전의 세대에 고지되었다면, 이런 필수적인 전제 조건들은 변하지 않을 것이다.

진정한 자유는 비국소적인 앎에서만 일어난다. 나에게 국소적인 것에서 비국소적인 앎으로 옮겨가는 능력은 구원이나 구조의 의미가 있다. 당신은 영혼이 죽을 필요가 없는 그 곳에 일착으로 간다. 이 일에 대해 형이상학적으로 논쟁하는 대신, 모든 사람들이 추구하는 행복의 비국소적인 문제를 정리해보자. 행복을 위해 노력한다는 것은 지극히 개인적이다. 그러므로 전적으로 에고에 맡기는 어떤 것인데, 에고의 유일한 목적은 나를 행복하게 하는 것이다. 만약 행복이 나의 바깥에 있음이 드러나면 비국소적인 앎의 지배 하에 놓이므로, 그것은 회개를 위한 확실한 논점이 될 것이다.

행복이란 인간에게 매우 복잡한 것이다. 우리는 행복하지 않았던 때를 떠올리지 않고 행복을 경험하기는 어렵다는 것을 안다. 이들 중 어떤 것들은 과거에 있었던 마음의 상처에 집착한다. 다른 것들은 걱정과 재앙에 대한 염려로 미래에 투사된다.

행복하기 어렵다는 것은 누구의 잘못도 아니다. 그 반대의 놀이는 우주의 연극이며 우리의 마음은 그것으로 조건지어지도록 맞춰진다. 누구나 아는 것처럼, 행복은 계속되기에는 너무나 좋은 것이다. 그리고 그것을 '나의' 행복이라고 한정짓는 한, 그것은 진실이다. 그렇게 함으로써 당신은 이미 다른 면으로 굴러가야 하는 바퀴에 당신을 묶은 꼴이다. 회개(사고의 변화) 혹은 비국소적인 앎은 모든 것을 초월함으로써 이런 문제를 해결한다. 그렇지 않고 다른 방법은 없기 때문이다. 당신의 삶을 이루는 요소들은 갈등을 일으키는 것들이다. 설령 당신이 모든 요소들을 조절해서 일관되게 행복으로 이끈다 할지라도 거기에는 상상된 고통이라는 미묘한 문제들이 있을 것이다.

실제 상황과는 전혀 상관이 없음에도 그들의 삶이 잘못될지도 모른다는 상상으로 고통받는 사람들이 있다. 이런 상상으로부터 사람들을 떼어놓는 일에 치료사들은 수년의 세월을 보내기도 한다.

이 이야기를 하자니 수년 전 내가 의학 수련을 하고 있을 때 나의 동창생이 떠오른다. 그가 맡은 환자 중 한 사람은 언제나 자신이 암에 걸릴 거라는 상상에 불안하여 겁을 먹고서는 몇 달에 한 번씩 병원을 찾곤 했다. 검사 결과는 언제나 음성이었지만 그녀는 그때마다 걱정하면서 끊임없이 병원을 찾아왔다. 많은 세월이 지난 후, 검사한 결과 결국 그녀에게 이상이 있다는 것을 알았다. "보세요. 내가 그렇게 말했잖아요?" 보란 듯이 그녀가 외쳤다. 상상된 고통은 다른 고통과 마찬가지로 실재하며, 때때로 그것은 차츰 현실이 되기도 한다.

당신이 국소적인 앎을 더욱 면밀하게 볼 때까지 어떤 이들이 행복에 집착하는 것만큼이나 다른 이들은 불행에 집착하게 된다는 사실이 혼란스러울 것이다. 국소적인 앎은 에고와 우주의 경계선 사이에 잡혀 있다. 그것은 불안한 장소다. 다른 말로 하면, 에고는 마치 통제 하에 있는 것처럼 작동된다. 당신은 스스로가 소중하며 당신이 원하는 물건을 얻을 수 있다는 암묵적인 가정 하에 세상을 항해한다. 그러나 우주는 광대하며 자연의 힘은 비인격적이며 비개인적이다. 인간이 단지 우주의 캔버스 위에 그려진 작은 점에 불과하다고 여길 때 에고의 조절력과 자기가 중요하다고 느끼는 감정은 완전한 환상에 불과하다. 그러나 당신이 국소적 앎에서 벗어나면 에고가 벌이는 게임 속의 놀이를 멈출 것이다. 즉 당신은 성큼 걸어 나가 '나'를 행복하게 만들고자 하는 것의 문제를 완전히 꿰뚫어볼 것이다. 만약 개체성이라는 게 없다면 우주는 개인을 결코 사라지게 할 수 없다. 당신이 스스로의 에고에 기반을 둔 개체성의 작은 부분까지도 당신의 정체성이라고 생각하고 집착한다면, 모든 것은 그와 따라다닐 것이다. 그것은 마치 극장으로 들어가 배우들이 말하는 "죽느냐 사느냐 그것이 문제로다."라는 대사를 듣는 것과 다를 게 없다. 당신은 그 즉시 그 배우의 성격, 그의 역사와 그의 비극적인 운명을 알게 된다.

배우들은 마음의 적응을 거치지 않고도 즉시 자신의 한 가지 역할을 버리고 다른 것을 할 수 있다. 맥베스 대신 햄릿이 되기를 기억하는 것은 한 번의 말로서 한 번에 되는 건 아니다. 당신은 올바른 성격을 구축해야 한다. 게다가 당신이 다른 캐릭터로 바뀐다면, 당신은 다른 장소에 있음을 알게 된다. 덴마크 대신 스코틀랜드, 북해의 성이 아니라 길옆에 있는 마녀의 집에 있을지도 모른다.

국소적인 앎을 포기하는 한 가지 길은 당신이 이미 그것을 가졌음을 아는 것이다. 당신이 추수감사절 때문에 집에 간다면, 당신은 자신이 한때 그랬던 것처럼 자동적으로 아기의 역할을 하게 됨을 알 것이다. 일하는 도중에, 당신은 휴가 갈 때와는 전혀 다른 역할을 한다. 우리 마음은 갈등을 겪는 역할들을 저장하는 데 너무나 익숙해서 심지어는 아주 작은 아이들마저도 한 역할에서 다른 역할로 자연스럽게 전환하는 것을 안다. 어른들이 없는 곳에서 아이들이 노는 모습을 찍는 몰래카메라를 본다면, 부모들은 자신의 눈앞에서 아이들이 변하는 것을 보고 충격받곤 한다. 집에서는 말 잘 듣고 착한 아이들이 화난 들소처럼 될 수도 있다. 어떤 아동심리학자들은 인간이 자라는 데 양육이라는 것은 아주 미미한 역할만 할 뿐이라는 극단적인 주장을 펼치기도 한다. 똑같은 집에서 자라 똑같은 부모 밑에서 똑같은 관심을 받고 자란 아이들이 바깥에 나가서는 도저히 알아볼 수 없는 십대로 변해 있을 수도 있다는 것이다. 그러나 자라는 아이들은 많은 역할들을 동시에 배운다고 말하는 게 더 정확할 것이다. 그리고 집에서 하는 역할은 그 많은 역할들 중 하나에 불과하므로 다른 것에 대해서는 상상하기 힘들 것이다.

당신 자신 안에서 이런 점을 발견한다면, 비국소적인 앎은 바로 한 발자국 앞에 있다. 그 점을 깨닫기 위해 당신에게 필요한 모든 것은 바로 당신의 역할이 동시에 존재한다는 것이다. 배우와 마찬가지로 당신은 특정한 시공간 하에서의 페르소나를 특정한 곳에 간직한다. 맥베스와 햄릿은 배우의 기억 속에서 동시에 존재한다. 그것을 무대 위에 끌어내어 연기하는 데는 몇 시간이 걸리겠지만, 그들의 진짜 집은 몇 시간을 보내는 그 곳이 아니다. 앎 속에서는, 완전한 역할은 침묵 속에 존재하지만 모든 시시콜콜한 것까지 완벽하다.

마찬가지로, 당신이 연극을 펼쳐 보인 무대보다 더욱 편안한 장소에서 중복되는 당신의 역할을 저장한다. 당신이 만약 이런 중복된 역할을 분류하려고 노력한다면, 그것들 중 당신은 아무것도 없다는 것을 알게 된다. 당신은 그 역할들 중 하나를 삶으로 바꾸게끔 마음의 버튼을 누르는 자다. 당신의 많은 레퍼토리 중에서, 당신은 개인적인 카르마를 연기하는 상황을 선택하며, 그 각각의 요소는 완벽하게 그 장소에 들어맞아 개체적인 에고가 있다는 환상을 제공한다.

진정한 자신은 어떤 역할, 어떤 장면, 어떤 연극에도 속하지 않는다. 영적인 의미에서, 해탈이란 그 자신에게 종말이 되는 게 아니라 일종의 지배(승리)로 발전한다. 당신이 그 지배력을 가지게 되면, 당신이 원하는 언제라도 비국소적인 앎으로 이동할 수 있다. 그것이 바로 기억이 당신을 사용하게끔 하지 말고 기억을 사용하라는 '시바 수트라Shiva Sutra'의 의미다. 당신은 기억된 페르소나의 바깥으로 걸어 나와 해탈을 연습한다. 그러면 어떤 한 역할에 고정된 카르마는 더 이상 들러붙지 않는다. 당신이 한 번에 한 조각씩 당신의 카르마를 변화시키려고 애쓴다면, 당신은 한정된 결과만을 얻을 것이다. 자신을 개선하고자 한다면 개선되지 않은 자신보다 더 자유스러울 것도 없는 개선된 자신을 얻을 것이다.

만약 행복을 여는 진정한 신비가 있다면 그것은 행복의 근원에서만 찾을 수 있을 텐데, 아래와 같은 특징이 있다.

행복의 근원은

- 비국소적
- 무집착
- 비개체적
- 우주적
- 변화를 초월함
- 본질로 이루어짐

이 목록은 회개(metanoia)를, 그것을 이루는 요소들로 쪼갠 것이다. 회개는 원래 마음의 변화를 뜻하지만, 나는 이와 같은 요소들이 적용된다고 생각한다.

비국소적 : 당신은 마음의 변화를 이루기 전에, 더 확장된 통찰을 얻기 위해 당신 밖으로 걸어 나와야 한다. 에고는 모든 문제에 대해 시야를 좁혀 "내가 이것에서 빠져나올 수 있는 방법은 무엇인가?"라고 할 것이다. 그럴 때마다 당신은 "우리는 여기서 어떻게 빠져나갈까?"라든지 "모든 이들이 여기서 빠져나오려면?" 등으로 질문을 고쳐라. 당신의 마음은 덜 제한된 것으로 느껴질 것이다.

무집착 : 특정한 결과에 대한 이해관계를 바란다면, 당신은 마음의 변화를 이루어내지 못할 것이다. 경계선은 만들기 나름이건만, 모든 사람들은 선 안에 서서 둘 중 하나밖에 고를 수 없다. 에고는 가장 중요한 상(prize)에 눈을 떼지 말라고 주장한다. 그러나 집착하지 않는다면 당신은 원하는 한 가지를 얻을 뿐 아니라 은혜로울 만큼 많은 결과물들을 얻을 것이다. 당신의 마음이 그렇게 해야 한다고 말할 때 집착을 끊고 움직인다면, 자신이 옳다고 믿는 결과물을 향해 다가갈 것이다.

비개체적 : 상황은 사람들에게 그저 일어나는 것처럼 보이지만 실체의 세계에서 보면 더 깊은 카르마의 원인에서부터 펼쳐지는 것이다. 우주는 스스로 펼쳐 보이며, 자신이 잉태해야 할 필요가 있는 모든 원인을 간직한다. 이 과정을 개인적인 것으로 여기지 말라. 인과의 작용은 영원하다. 당신은 영원히 끝나지 않을 뜨고 지는 흐름의 일부이며, 파도에 오르는 것만으로도 당신은 그 파도가 당신을 익사시키지 않을 거라고 확신할 수 있다. 에고는 모든 것을 개인적으로 만들어 더 지고한 지침이나 목적이 들어설 여지를 주지 않는다. 할 수만 있다면 우주적인 계획이 펼쳐지고 있음을 알아채고, 결코 평행하지 않은 불가사의함의

디자인으로 짜여진, 스스로 존재하는 놀라운 양탄자를 음미하라.

우주적 : 한때 나는 '자아의 죽음'이라는 불교의 개념을 이해하기 어려웠다. 실로 그 말은 너무 냉혹하고 잔인해 보였다. 그때 누군가가 다음과 같이 말해서 나를 편안하게 해주었다. "그것은 당신 자신을 파괴하는 것이 아니다. 당신은 작은 자아로부터 우주적 자아로 '나'라는 개념을 확대하는 것일 뿐이다." 그건 멋진 생각이었지만 무엇보다 그 말에서 나를 사로잡은 것은 아무것도 배제되지 않는다는 관점이었다. 당신은 우리 세계에 속하는 것으로 모든 것을 보기 시작한다. 그리고 심지어는 내 가족, 내 집, 내 이웃과 같은 작은 것을 포함하던 나의 감각이 자연스럽게 확대될 수 있다는 것을 안다. 에고는 나의 세상, 나의 은하수, 나의 은하계라는 내 세상에 가까운 곳이 변화되어 더 이상 자신의 존립을 지속할 수 없다는 개념이 매우 우스꽝스럽다는 것을 알게 된다. 가장 중요한 생각은 앎이 우주적이라는 것을 명심하는 것이다. 하지만 당신의 제한된 에고는 당신을 매번 그 순간만 느끼게 할 뿐이다.

변화를 초월함 : 당신은 행복이 왔다 가는 것에 매우 익숙해져 있다. 그것을 우물이 마른다는 식으로 생각하는 대신, 대기에 비유해보자. 대기는 항상 습기를 머금고 있으며 때때로 비로 바뀌어 흩뿌려지기도 한다. 비가 내리지 않는다고 해서 대기가 습기를 머금지 않고 있는 것은 아니다. 그것은 항상 공기 중에 존재하며 상황이 바뀌면 수증기로 응결된다. 행복도 마찬가지로 생각할 수 있다. 모든 순간 수증기처럼 응결될 필요가 없지만 언제나 앎 속에 존재하고 있다가 상황이 바뀌면 자신을 드러내 보이는 것이다. 사람들은 그 기준이 다르며, 어떤 이는 다른 이

들보다 더 쾌활하고 낙천적이며 만족해하기도 한다.

이런 다양성은 창조의 다변함을 표현한다. 당신은 사막과 숲에서 똑같은 비가 내리기를 기대할 수는 없다. 그럼에도 개인적인 구성에서의 다양함은 피상적이다. 변하지 않는 행복이 모든 이의 앎 속으로 접속될 수 있다. 그것이 진실임을 안다면 당신의 개인적인 행복의 고저를 근원으로 가는 여행의 이유로 삼아서는 안 된다.

본질로 이루어짐 : 행복은 독특한 것이 아니다. 본질의 여러 취향 중 하나일 뿐이다. 본질은 실제적이며 만약 당신이 그 뜻을 알아챈다면 행복은 따라온다. 왜냐하면 본질의 모든 특징들이 따라올 것이기 때문이다. 언젠가는 소멸되는 행복을 찾는 것은 한계에 부딪힌다. 당신은 운이 좋게도 행복한 삶을 위한 에고의 요구를 만족시킬 수도 있다. 하지만 그 대신 앎에서의 완전한 변화를 이루고자 자신을 온전히 바친다면, 행복은 앎이 제공하는 선물처럼 당신에게 당도할 것이다.

🌾연습 1 자신의 현실을 바꾸어 열세 번째 비밀에 적응하기

열세 번째 비밀은 개인적인 자유에 대한 것이다. 당신과 우주와의 상호 관계가 개인적이라면 당신은 진정으로 자유로워질 수 없다. 왜냐하면 한 개인은 한정된 포장이기 때문이다. 당신이 그 포장 안에 있기를 고집한다면, 당신의 앎도 마찬가지가 될 것이다. 오늘부터 당신의 영향력이 미치지 않는 곳이 없다는 듯이 행동하기 시작해보라. 인도나 동양에서 아주 보기 쉬운 광경이 있는데, 동이 트기 전 새벽에 붉은 가사를 걸친 승려들이 수도하는 모습이다. 나의 할머니와 어머니를 포함한 많은 사람들은 역시 같은 시간에 일어나 사원으로 기도하러 간다. 이 수행의 요점은 날이 밝기 전에 그 날을 맞이한다는 것이다.

날이 밝기 전에 그 날을 맞이한다는 의미는 날이 태어나기 전에도 당신은 존재한다는 것이다. 당신은 가능성을 향해 당신을 여는 것이다. 왜냐하면 아직 아무 사건도 없었는데, 이제 아기와 같은 날이 새롭고 신선하게 열리는 것이다. 그것은 변하여 무엇이든 될 수 있다. 수도하는 승려들과 기도하는 사람들은 가장 중요한 그 시점에 그들의 의식의 영향력을 보태고 싶은 것이다.

현재 시점에서 당신은 똑같은 일을 할 수 있다. 늘 그렇듯이 일찍 일어나라. 앉은 자세에서 처음으로 떠오르는 빛을 맞이하는 게 가장 이상적이지만 몸을 일으키기 전 침대에 누운 채로 할 수도 있다. 당신의 마음을 오늘 시작될 그 날로 향하고만 있으면 된다. 맨 처음에 당신은 스스로의 습관의 찌꺼기를 볼 것이다. 당신은 가족들과 다른 의무사항들이 빚어내는 일에서 기인한 습관적인 일상의 행위들을 보게 될 것이다. 당신은 어제로부터 떠내려온 습관의 찌꺼기를 경험하고 있을 가능성이 많다. 당신이 끝내지 못한 프로젝트, 당신이 지키지 못한 데드라인, 또는 풀지 못했던 갈등 같은 것 말이다. 다음에는 걱정이 떠밀려올 것이다. 당신의 머리 위에 그 순간 무엇이 떠 있든 말이다.

그럼 이제부터 습관의 차원에 머물렀던 것들을 의식의 차원에서 움직여보자. 우선 지금까지의 이런 이미지와 말들의 잡탕을 깨끗이 하겠다는 의도를 지니라. 그럼에도 당신의 에고는 아랑곳없이 이런 습관적인 문제들을 다루려고 할 것이다. 지금 이 순간을 잘 관찰한다면 그 이미지나 생각이 그 순간에 막 태어나는 게 아니라는 사실을 알게 될 것이다. 그때의 느낌을 잡으라. 당신의 존재로서 그것을 느끼고자 노력해보라.

약간의 시간이 지나면 당신은 마음이 벌떡 일어나는 경향이 덜해지는 것을 알게 될 것이다. 당신은 몽롱한 인식을 드나들며 표류할 것이다. 이것은 당신이 정처 없는 마음의 표층 의식보다 더 깊이 들어갔다는 의미다. 그러나 여기에서 잠들어서는 안 된다. 졸음이 밀려들면 오늘을 맞이하겠다는 처음의 의도로 돌아가라.

그 이미지들 대신, 이 지점에서 당신은 어떤 리듬을 가진 느낌으로 정착될 것이다. 이 상태는 이미지나 목소리로 정의하기가 훨씬 더 어렵다. 그것은 앞으로의 일들이 어떻게 될지의 느낌이나 앞으로 다가올 일들에 대해 준비하는 느낌에 더욱 가깝다. 어떤 것이든 극적으로 몰고 가지 마라. 나는 예언이나 예지력에 대해 이야기하는 것이 아니다. 당신은 아주 단순한 경험을 하고 있다. 당신의 존재는 사건들이 씨앗에서 새싹으로 피어나기를 기다리는 것처럼 이제 막 태어나는 오늘을 만나고 있다. 당신의 유일한 목적은 그 곳에 존재하는 것이다. 당신은 아무 것도 바꿀 필요가 없다. 당신이 생각한 것이 오늘 어떻게 펼쳐질지에 대해 판단하거나 주장하여 스스로에 집착하지 마라. 당신이 그 날을 맞이했다면, 당신은 침묵 속의 앎으로 영향을 더했을 것이다.

그렇게 하면 뭐가 좋으냐고? 영향은 미묘한 수준에서 일어날 것이다. 그것은 아이의 침대에 마치 잠들어 있듯 앉아 있는 것과 같다. 당신의 존재는 말이나 행동이 없이도 아이를 달래기에 충분하다. 하루는 안정된 상태에서 시작할 필요가 있다. 어제의 격랑과 파도에서 벗어나서 말이다. 그러나 당신은 역시 오늘을 맞이함으로써 미묘한 차원의 의도를 더하고 있다. 당신은 삶이 스스로의 의지대로 자신을 실현시키도록 놓아두려고 의도하고 있다. 당신은 열린 마음과 심장을 드러내 보였다.

나는 이 수련법을, 당신의 마음이 취할 수 있는 길을 여는 방법으로서 자세하게 묘사했다. 이미 개략적으로 말했던 단계를 정확하게 복사하기보다는 짧을지라도 아래의 앎의 단계 중 하나를 접하는 것이 성공적일 것이다.

- 나는 신선함을 느낀다. 오늘은 특별할 것 같다.
- 나는 평화롭다. 오늘은 스트레스가 심한 어떤 문제를 해결하는 날이 될 듯하다.
- 나는 조화를 느낀다. 오늘은 갈등에서 자유로울 것 같다.
- 나는 창조적이다. 오늘은 이전에 한 번도 보지 못했던 어떤 것을 볼 것 같다.
- 나는 사랑스러움을 느낀다. 오늘은 소외감을 느끼는 사람을 포함하여 불화들을 달랠 듯하다.
- 나는 온전함을 느낀다. 오늘은 완전무결하게 흐를 듯하다.

현자들과 성인들이 수천 년 동안 설파했던 동트기 전의 세계에 초대되었다. 그들이 하고 있는 것과 당신이 지금 막 시작하려는 것은 지구상으로 실체를 떨어뜨리려는 것이다. 당신은 새로움, 평화, 조화, 창조성, 사랑과 완전함을 통해 그 곳에 거하기 위해 기회를 잡도록 스스로의 앎을 통한 채널을 열고 있는 것이다. 오늘을 맞이하기 위한 누군가가 없이도, 이런 특징들은 개개인의 내면에만 존재할 것이다. 또는 때로는 전혀 그렇지 않을 것이다. 맑은 하늘에서 비가 쏟아지듯, 당신의 영향력은 극대화되기 위한 가능성을 일으키고 있다.

Secret 14

모든 것에 삶의 의미가 있다

The meaning of life is everything

우리는 궁극적인 질문 "삶의 의미는 무엇인가?" 의 대답에 한 걸음 더 가까이 다가섰다. 그 질문에 대답을 제시했던 이를 잠깐 상상해 보자. 직접적이든 간접적이든, 대부분의 전통적 견해에서 들을 수 있었던 대답은 모든 이들의 길과 만난다. 삶의 의미는 지고한 목적에 귀착한다. 다음과 같이 말이다.

- 신을 찬미하기 위해
- 신의 창조물을 찬미하기 위해
- 사랑하고 사랑받기 위해
- 자신에게 진실하기 위해

다른 많은 영적 질문에서처럼, 나는 이런 대답을 어떻게 검증해낼지 떠올리기가 아주 어렵다는 것을 알았다. 만약 누군가가 좋은 직업을 계속 유지하고, 가족을 부양하고, 세금을 내고, 법을 잘 지킨다면, 그것은 신을 찬미하거나 자신에게 진실한 본보기가 될 수 있을까? 전쟁과 같은 극도의 위기상황에서 삶의 의미는 변할까? 아마도 이것은 위기 속에서 생존을 유지하고 합리적인 행복을 지키려는 사람이 할 수 있는 모든 것일 테다.

"삶의 의미는 무엇일까?" 라는 질문의 대답을 시험하는 한 가지 방법은 그것을 종이에 적은 다음 봉투에 넣어 임의로 선정한 수천 명에게 우편으로 보내는 것이다. 만약 그 답이 온당하다면, 봉투에 든 종이를 꺼내 읽고서 "맞아, 이게 삶의 의미야."라고 이구동성으로 이야기할 것이다. 이제 막 결혼하려는 새색시는 그녀의 결혼식장에서 동의할 것이다. 몸져누운 노인은 그의 임종 자리에서 동의할 것이다. 정치적 또는 종교적 견해가 다르다는 이유로 피나는 전쟁을 하던 이들도 동의할 것이며, 그들의 마음은 하나가 될 것이다.

그러나 이런 시험은 불가능해 보인다. 모든 이들을 완벽하게 만족시킬 수 있는 답은 존재하기 어렵기 때문이다. 그러나 그 종이에 아무것도 적혀 있지 않거나, "삶의 의미는 모든 것이다."라고 적혀 있다면 어떨까? 하나의 실체 안에서 이는 말장난이 아니며 진실을 읽어낼 때도 매우 근접한 답이다. 아무것도 적혀 있지 않은 종이는, 인생이란 누군가가 그것을 어떤 모양으로 만들기 전까지는 순수한 가능성이라는 것을 의미한다. 마찬가지로 삶의 의미는 모든 것이라는 답은, 삶은 아무것도 남기지 않으며 아무것도 버릴 것이 없다는 것을 의미한다. '모든 것'이라는 것은 가능성의 무한한 범위를 포용하려는 또 다른 길이다.

삶은 핀으로 못 박듯 고정되기를 거부한다. 우주가 반영하도록, 우주는 당신이 원하는 것은 어떤 의미든 제공한다. 중세 유럽에서 사람들은 우주가 그들의 성삼위일체에 대한 강한 믿음을 반영해주기를 갈구했다. 역사상의 같은 시기에, 인도 사람들은 시바와 그의 배우자 샥티의 우주의 춤을 반영해주기를 바랐다. 이슬람의 지배 하에 있던 곳에서 사람들은 알라의 의지를 반영해주도록 우주에 기원했다. 현재는 불가지론자들이 우주에 그들의 영적 혼란과 의심을 반영해주도록 우주에 바라고 있다. 그런 이유로 우주는 빅뱅과 함께 비롯된 임의의 폭발과 같아 보인다. 일요일을 제외하고 우주가 신적인 조물주의 가능성을 약하게 반영하고 있을 때 많은 종교를 믿는 사람들은 이런 실체를 받아들인다.

당신이 우주를 한 가지만의 반영이라고 못 박고자 할 때, 당신은 동시에 스스로의 삶을 한정짓고 있는 것이다. 실체는 쌍방향 반사경과 같아서 다른 쪽에 있는 것은 물론이고 스스로까지 보여준다. 우주는 사실의 한 가지 측면만을 지닌 것이 아니므로 항상 상호작용이 벌어진다. 바로 당신, 관찰자는 당신의 버전으로 실체를 존재의 영역으로 일으킨다. 쌍방향 거울에서 어떻게 일이 일어나는지 의학 영역에서 예를 들어보자.

인체의 질병을 치유하는 방법이 너무나도 많다는 사실을 알면 아주 혼란스러울 것이다. 당신이 암과 같은 질병에 걸린다면 대개 그 질병의 전형적인 병력이 있다. 예를 들어, 유방암은 유방세포에 이상이 발견되는 첫 번째 시점부터의 생존율이 알려져 있다. 그 병은 어디선가는 생존의 정규곡선(종형곡선)에 이를 것이다. 한 종양학자는 몇 년 전에 말하길, 암이란 숫자놀음이라고 했다. 통계학적 수치에 따르면 대개 암에 잘 걸리는 나이가 몇 살 언저리인지 알 수 있다. 방사선 요법과 화학 요법에 대한 다양한 종류의 암에 대한 반응이 지속적으로 기록되고 있다. 이렇게 연구 중인 사실에 근거하여 의학은 확실한 치유법을 찾기 위해 진전되고 있고, 만약 아직 확실한 치유법을 찾지 못한다면 의학은 그것이 존재할 때까지 계속 전진할 것이다.

그러나 통계학적 수치 바깥에서 이상한 일은 늘 일어난다. 나의 의학적 경험 중에는 다음과 같은 환자들도 있었다.

- 어떤 젊은 여성이 말하기를, 버몬트 외곽의 농장에 사는 그녀의 어머니는 유방에 거대한 종양이 자라났지만 너무 바빠서 치료할 겨를

조차 없다고 여겼단다. 그녀는 의학적 치료 없이도 20년을 더 생존했다.

- 어떤 여성은 그녀의 가슴에 덩어리가 있음을 느끼고 시각화하여 없애기로 결심했다. 그녀는 백혈구가 눈처럼 내려와 덩어리를 잡아먹는 것을 보았다. 그녀가 이런 시각화를 6개월 동안 수행하고 나서 그 덩어리는 사라져버렸다.

- 큰 종양이 있는 여성이 수술 전날 병원을 퇴원했다. 수술의 공포와 두려움에 너무 질려 있었기 때문이다. 그녀는 몇 달이 지나 수술로 생존할 수 있다는 확신을 얻은 다음에야 병원에 복귀했다. 수술은 성공적이었고 그녀는 살았다.

자신의 가슴에 아주 나쁜 세포가 조금 있다는 소식을 들은 지 얼마 안되어 죽는 여성들과는 반대의 경우를 의사들은 목격하곤 한다. 자신의 몸에 있는 종양이 치명적일 수도 있다는 정보를 접하고는 갑자기 그 종양이 악성으로 변하는 경우도 있다. 그런 증상을 "병원에서 병을 얻어 죽는다"라고 표현하곤 한다. 나는 암에 대해 어떻게 접근해야 할지를 추천한 게 아니라, 질병에 대한 환자 스스로의 신념이 질병에 더해지는 것을 관찰한 것뿐이다. 현재 스탠포드 대학에 있는 데이비드 시걸David Siegel의 한 연구에서는 말기 유방암에 걸린 여성을 두 그룹으로 나누었다. 한 그룹은 최선의 의료 서비스를 제공하는 대신, 가타부타 아무 말도 하지 않았다. 나머지 한 그룹은 일주일에 한 번씩 함께 모여 병에 대한 그들의 느낌을 나누었다. 이 연구는 놀라운 결과를 만들어냈다.

2년 후에 장기간 생존한 사람들은 모두 2번째 그룹에 속해 있었으며, 감정을 나누지 않았던 동안에 이 그룹에서의 총 생존자는 다시 그 반밖에 되지 않았다. 본질적으로, 그들의 감정을 대면한 여성들은 거울 속에 그들을 비추어볼 수 있었다.

인체는 이중적으로 제어된다. 당신이 물질적인 수단을 사용해 외부로부터 치료했다면 그것은 반응할 것이다. 만약 당신이 주관적인 수단으로 내부로부터 치료한다고 해도 그것 역시 반응할 것이다. 당신의 감정을 나누는 것만으로도 항암제처럼(또는 그보다 강력한) 효과적인 치료약이 된다는 게 어떻게 가능할까? 대답은, 의식은 언제나 이 두 가지 길을 따른다는 것이다. 시각적으로 보이는 우주 같은 객관성과 마음속의 사건들과 같은 주관성을 펼쳐 보이고 있다. 그들은 모두 같은 의식이다. 같은 지성이 두 가지 가면을 쓰고 이 세계를 '저쪽'에 있는 것과 '이쪽'에 있는 것으로 차별화한 것이다. 그래서 암 환자의 내면에서 일어나는 감정의 부스러기는 마치 의약품 분자와도 같이 몸과 의사소통하는 것이다.

이런 현상은 더 이상 깜짝 놀랄 만한 일이 아니다. 심신의학의 모든 것은 생각, 신념, 소망, 두려움과 갈망처럼 뇌에서 비롯되는 전달물질(분자)에 근거한다. 의학이 물질(분자)에 의존하기를 멈춘다면 대변혁이 올 것이다. 모차르트가 새로운 교향곡을 작곡하고 싶어 했을 때, 그의 의도는 필요한 뇌의 기능을 야기했다. 모차르트의 뇌가 교향곡을 작곡하기를 원했고, 그 다음 전달물질이 그에게 그 사실을 알렸다고 이야기하면 우스꽝스러워질 것이다. 언제나 앎이 먼저고, 객체와 주체로 투사되는 것이 그 다음이다.

이런 일들을 통해 우리는 아주 중요한 새로운 원칙을 알 수 있다.

'동시에 상호의존적으로 공동 발생'한다는 것이다. '동시'란 하나가 다른 것에 영향을 끼쳐 발생하는 게 아니라는 것이다.(세상에서 눈에 보이는 원인과 결과는 A가 B에 영향을 미쳐 C가 발생했다는 거지만, 사실은 A와 B와 C는 원인과 결과로 이루어진 것이 아닐 수도 있다. - 역자 주) '상호의존적'이란 모든 면이 다른 면과 조화를 이룬다는 것이다. '동시 발생적'이란 모든 독립적인 부분이 같은 근원에서 기인한다는 것이다.

모차르트가 교향곡을 작곡하고자 했을 때, 그의 창조와 관련된 모든 것은 동시에 일어났다. 아이디어, 음표, 그의 머리 속에 있던 소리, 필요한 뇌의 활동. 그것들이 음악을 들려주자 그는 손으로 그 신호를 써내려갔다. 이 모든 요소들은 하나의 경험으로 조합되었고, 그것들은 함께 일어났다. 하나가 원인이 되어 다른 하나의 사건을 발생시켰다는 것은 사실이 아니다.

하나의 요소가 꼬이기 시작하면 전체 프로젝트가 붕괴될 것이다. 모차르트가 의기소침하다면 우울한 기분이 음악과 접하는 걸 봉쇄해버릴 것이다. 육체적으로 피곤하다면 피곤함이 음악과 접하는 걸 봉쇄해버릴 것이다. 이렇게 방해하는 장애의 종류는 백 가지가 있다고 생각할 수도 있다. 모차르트는 결혼 문제가 있을 수도 있고, 뇌일혈이나 심장마비, 기도 협착, 그 집 아이들의 시끄러운 소음 때문에 산만해질 수도 있었다.

창조는 동시 공동 발생에 따라 초래된 무질서와는 무관하다. 우주는 무시해버리기에는 너무나 근접하게 인간의 마음과 상응한다. 그것은 마치 우주가 무無에서부터 팽창하여 경이로운 은하계를 차려놓은 것이 단지 우리를 희롱하기 위한 것처럼 보인다. 수백억 광년의 거리를 거치고 수조억 개의 별들을 엄청난 속도로 생성해내는 그 클라이맥스가 인간의 DNA로 귀결된다는 것은 도무지 말도 안 되는 소리 같다. 이제 어떤 놀라운 해답이 나타나기 시작했다. 어쩌면 우리는 완벽한 쇼를 하고 있는 건지도 모른다. 삶의 의미는 모든 것이다. 우리는 우리 무대로서 우주 이외에 아무것도 요구하지 않기 때문이다.

양자물리학은 관찰자가 모든 관찰을 결정한다는 것을 오래 전에 인정했다. 전자電子는 누군가가 그것을 찾을 때까지 공간 속에서 고정된 위치를 갖지 않으며, 정확히 그것이 발견된 곳에서 불쑥 나타난다. 그 순간까지 그것은 공간 속의 모든 곳으로 퍼져나가는 파동으로만 존재한다. 그 파동은 어디서든 입자로 바뀔 수 있다. 우주 안에서 개개의 모든 원자原子는 가능한 한 멀거나 가깝게 위치할 수 있는 최소한의 개연성을 지닌다.

우주는 '켜짐'과 '꺼짐'의 딱 두 가지 상황에 스위치를 연결한다. '켜짐'은 모든 사건과 물체를 포함한 물질계다. '꺼짐'은 순수한 가능성이며, 아무도 보지 않을 때 입자들이 옮겨가는 방이다. '켜짐'의 상황은 외부적 수단에 의해서만 제어될 수 있다. 일단 불이 들어오면 물질 우주는 일련의 원칙에 따라 움직인다. 그러나 그것을 '꺼짐'의 상황으로 만들면 우주는 시간과 공간에 구애되지 않고 변할 수 있다. '꺼짐'의 상황에서는 대상이나 물체가 없으니 무거운 것도 고정된 것도 없다. 아무것도 가깝거나 멀지 않으며, 과거나 현재나 미래에 속하지 않는다. '꺼짐'의 상황은 순수한 가능성이다. 거기서 당신의 몸은 무언가의 사건을 기다리는 일련의 가능성이고, 지금 이 순간도 역시 이미 무언가의 사건을 맞이한 그 모든 가능성이자 맞이할지도 모르는 가능성들이다. '꺼짐'의 상황에서는 창조된 모든 것이 한 점點으로 변해버리고, 놀랍게도 당신은 그 점에서 살며, 그것이 당신의 근원이다.

그러나 '켜짐'과 '꺼짐'은 그다지 정확한 모습으로 구분되지 않는다. 물질적 현실에 여러 차원이 있는 것과 마찬가지로 비물질적 현실에도 여러 차원이 있다. 당신의 몸은 고체이고 원자들의 소용돌이이며 에너지의 환상인 동시에 그 모든 것이다. 이런 상태는 동시에 존재하지만 각자가 다른 원칙에 따라 움직인다. 이렇게 뒤범벅된 일련의 원칙들을 물리학에서는 '뒤얽힌 위계(tangled hierarchy)'라고 한다. '위계'라는 말은 여러 차원이 어떤 질서에 따라 쌓아올려진 것임을 암시한다. 당신의 몸은 사물들의 위계 속에서 고체 상태로 한 곳에 머물기 때문에 원자들이 제멋대로 떨어져나갈 위험은 없지만, 사실 당신은 전자電子들의 커다란 덩어리이고 파동과 모든 것들 사이의 존재일 수도 있다.

그것은 '켜짐'의 상황이다. '꺼짐'의 상황에서도 똑같은 뒤얽힘이 이어지지만 전혀 보이지 않는다. 불가시의 영역은 이상한 방식으로 나뉜다. 한 차원에서는 사건들이 모두 병합된다. 시작과 끝이 만나고, 모든 것이 서로 영향을 미친다. 그러나 또 한 차원에서는 어떤 사건들이 다른 사건들보다 더 중요하며, 어떤 것들은 제어될 수 있지만 다른 것들은 지극히 미약한 인과관계에 따라 떠다닐 수도 있다. 비유를 들기 위해 당신의 마음을 들여다보자. 어떤 생각은 실천을 요구하지만 다른 생각들은 바뀌면서 흐르고, 어떤 것들은 엄격한 논리를 따르지만 다른 것들은 아주 헐거운 연상 작용의 지배를 받는다. 우주 안에서의 사건들이란 그처럼 뒤섞인 잠재적 사건들의 집합이다. 원한다면 당신은 '꺼짐'의 상황으로 깊이 들어가서 당신의 소망이 이루어지도록 노력할 수 있다. 그러나 뒤얽힌 위계와 만나고 그것을 헤쳐 나갈 각오가 되어 있어야 한다. 왜냐하면 바꾸고 싶은 사건들이 많은 다른 사건들과 연루되어 있기 때문이다. 그리고 또 일정한 조건들이 있다.

순수한 가능성 속으로 뛰어들기

♆ 모든 것의 영역을 항해하는 법

1. 깊이 들어갈수록 사물을 바꾸기 위해 더 큰 힘을 이용할 수 있다.

2. 실체는 더 정묘한 세계에서 더 거친 세계로 흐른다.

3. 무언가를 바꾸는 가장 쉬운 방법은 그것의 가장 정묘한 차원으로 가는 것이고, 그것은 앎(awareness)이다.

4. 고요한 정적靜寂이 창조성의 시작이다. 일단 어떤 사건이 진동하기 시작하면 그것은 이미 가시可視의 세계로 들어서기 시작한 것이다.

5. 창조는 양자도약量子跳躍[quantum leap, 비약적인 발전 또는 갑작스러운 (연속적이지 않은) 변화－역자 주]에 따라 진행된다.

6. 한 사건의 시작은 동시에 그것의 끝이다. 시작과 끝은 고요한 인식의 영역에서 동시에 일어난다.

7. 사건들은 시간 속에서 전개되지만 시간 밖에서 태어난다.

8. 창조하는 가장 쉬운 방법은 진화의 방향 속에 있다.

9. 가능성은 무한하므로 진화는 영원히 끝나지 않는다.

10. 우주는 자신을 받아들이는 신경 계통과 상응한다.

이런 조건들을 검토함으로써 당신은 자신의 삶의 의미를 창조할 수 있다. 독자의 이해를 돕기 위해 위의 열 가지를 하나의 줄거리로 요약하겠다. 빅뱅 이후로 전 우주는 인간의 신경 계통과 같은 방식으로 작용한다. 만일 우리가 어떤 다른 방식으로 우주를 경험할 수 있다면 그것은 다른 우주일 것이다. 아무것도 보지 못하고 진화한 동굴 속의 장님 물고기에게는 우주가 캄캄하다. 아메바의 우주에는 소리가 없고, 나무의 우주에는 맛이 없으며, 뱀의 우주에는 냄새가 없다. 모든 생물은 그들이 지닌 잠재력의 범위에 따라서 자신의 표현 범위를 선택한다.

우주는 당신의 한계를 고려하지 않을 수 없다. 아름다운 광경이 동굴 속의 장님 물고기에게 영향을 미치지 못하고, 달콤한 향기가 뱀을 유혹할 수 없듯이, 당신의 한계 밖에 있는 삶의 국면들은 당신에겐 의미가 없다. 당신은 먹을 것을 얻기 위해 숲 속을 헤매는 사냥꾼(채집자)과 같다. 어떤 식물이 먹을 것이 못 되면 당신은 그것을 지나칠 것이고, 그리하여 진귀한 식물들로 가득한 숲이 당신에겐 텅 빈 숲과 같을 것이다. 진화의 힘은 무한하지만 관찰자가 그것을 의식할 때만 작용한다. 예를 들면, 사랑에 대해 닫힌 마음은 사랑이 없는 세상을 보면서 사랑의 어떤 징후가 있어도 응답하지 않지만, 열린 마음은 똑같은 세상에서 무한한 사랑을 발견한다.

우리가 자신의 한계에만 머문다면 그것을 넘어서서 진화할 수 없다. 양자도약이 일어나는 것은 이 시점이다. 모든 관찰자가 특정 의미와 에너지를 지닌 어떤 종류의 현실을 창조한다. 의미가 타당해 보일 때 에너지가 모여 현상을 유지한다. 그러나 관찰자가 어떤 새로운 것을 보고 싶어 할 때 의미가 부서지고 에너지가 새로운 방식으로 결합하면서 세상은 양자도약을 경험한다. 도약은 스위치가 켜져 있을 때 가시적 차원에서 일어나지만, 그것은 스위치가 꺼져 있을 때 불가시의 영역에서 준비된 것이다.

하나의 실례가 있다. 우리의 독서 능력은 선사시대의 인간이 대뇌피질을 발달시키면서 생겨났고, 선사시대의 사람들은 독서할 필요가 없었다. 많은 유전학자가 주장하듯이, 진화가 마구잡이식으로 이루어진다면 독서 능력이 생존에 전혀 도움이 되지 않던 백만 년 전에 그것은 사라졌을 것이다.

그러나 그런 특질은 새롭게 나타나는 생명들을 위해서 존속했다. 의식은 무엇이 올지 알고 있으며, 하나로 전개되는 미래만이 아닌 어떤 미래를 위해서든 창조의 모든 소립자에 잠재력을 부여한다. 자연은 모든 차원에서 어떤 일이 일어날지 미리 알릴 필요가 없다. 자연은 단지 성장을 위한 길을 열어놓을 뿐이고, 생명체는(이 경우에는 인간이) 적절한 시기라고 느껴질 때 도약한다. 잠재력이 있는 한 미래는 선택을 통해 발전할 수 있다.

몇 가지 경우에서 예리한 지성을 지닌 사람은 내가 지금까지 말해온 것을 비판할 수도 있다. "당신은 스스로 모순되는 말을 하고 있다. 원인과 결과가 영원히 이어진다고 하더니 이제는 시작과 함께 이미 끝이 존재한다고 말한다. 어느 쪽이 맞는 것이냐?" 그렇다. 그 양쪽 다이다. 이것은 그다지 만족스러운 대답 같지는 않다. 그런 대답은 예리한 지성의 비판자를 눈살 찌푸리게 만들 수 있다. 그러나 우주는 인과관계를 이용하여 어딘가에 도달한다. 우주가 양자도약을 원할 때 인과관계는 목적과 뒤섞여 하나가 된다. 실제로 당신은 이것을 매순간 체험한다. 당신이 마음의 눈으로 붉은색을 볼 때 당신의 뇌세포들은 특정 방식으로 신호를 방출한다. 그러나 당신은 그들에게 그렇게 하라고 지시하지 않았다. 그들이 당신의 생각에 스스로 동조한 것이다.

뒤얽힌 위계 속에서는 아메바와 뱀, 은하계, 블랙홀, 쿼크가 모두 똑같이 정당한 생명의 표현이다. 선사시대의 인류는 현대의 우리와 마찬가지로 자신들의 현실에 몰두했고, 거기에 매료되었으며, 그들의 현실이 전개되는 것을 관찰할 수 있었다. 진화는 개개의 생명체들에게 정확히 그들이 수용할 수 있을 만큼의 세계를 선사한다. 그러나 진화를 위해 가장 먼저 필요한 것은 공백(gap)이다. '삶의 의미는 모든 것' 임을 당신이 아직 받아들일 준비가 되어 있지 않다면 공백에 다가가서 당신 자신의 의미를 찾으라. 재앙의 위기에서 세상을 되돌려, 혼돈의 길을 피해 진로를 잡으라. 자연계의 법칙이 공백을 넘어설 어떤 생각이나 느낌, 행동도 도와줄 것이다. 왜냐하면 우주는 관찰자와 관찰 대상이 하나가 되도록 이루어져 있기 때문이다.

당신은 자신을 의식하고 있으므로 당신의 운명은 합일이다. 독서 능력이 크로마뇽인의 뇌 속에 각인되었듯이, 합일의 운명이 당신의 뇌 속에 각인되었다. 공백을 넘어서면 현대인은 그들 스스로 더 높고 낮은 생명의 형태들과 하나가 됨을 알게 될 것이다. 최초의 인류로부터 우리 이후에 무엇이 오든 그것에 이르기까지 모든 시대의 인류가 하나로 보일 것이다. 그런 다음에는 무엇이 있을까? 우리 스스로 어떤 고정된 상을 거부하면서 벽에 걸린 그림을 떼어낼 거라고 나는 상상한다. 물질계의 어떤 사건에도 얽매일 필요 없이 순수한 존재의 차원에 사는 것이 우리 여행의 끝이자 알 수 없는 어떤 것의 시작이다. 이것은 궁극적인 합일이고 최종적인 자유일 것이다.

❦ 연습 1 자신의 현실을 바꾸어 열네 번째 비밀에 적응하기

열네 번째 비밀은 종합적 이해에 대한 것이다. 이해한다는 것은 생각한다는 것과 다르다. 이해는 인식 속에서 발달한 기술이다. 그것은 당신의 잠재력으로부터 당신이 만들어낸 것이다. 예를 들면, 젖먹이는 걸음의 기술을 개발하여 아장거리는 아이가 된다. 이런 기술은 젖먹이의 의식 속에서 일상생활의 어느 공간에든 도달할 수 있게 만드는 양자도약에 해당한다. 뇌의 패턴이 바뀌고, 몸 안에서 새로운 감각이 생겨나며, 연결되어 있지 않았던 둘 이상의 기능이 연결되어 조화를 이룬다. 직립하여 앞으로 움직이는 관점에서 세상을 바라보는 법을 배우고 주변의 새로운 물건들을 만질 수 있게 된다. 첫 걸음의 경계를 넘어서면서 이 젖먹이는 에베레스트 산을 오르거나 마라톤 경주를 할 수도 있는, 아직 개발되지 않은 가능성의 세계로 들어선다. 그래서 이것은 우리가 흔히 말하는 한 가지 기술의 습득이 아니라, 젖먹이의 실체가 도달하지 못했던 어떤 부분도 그냥 남겨두지 않는 진정한 의미의 양자도약인 것이다.

아장거리는 아이와 마라톤 경주자의 차이는 한 가지 측면에서만이 아니라 개인 전체로서 이해의 차원이 깊어지는 것이다. 어떤 행동을 하든지 당신은 사실상 어떤 차원의 이해를 표현한다. 어떤 경주를 할 때 두 사람의 경주자는 정신력과 지구력, 협동정신, 시간 관리, 책임과 인간관계의 조화 등등의 관점에서 비교될 수 있다. 실제로 의식이 얼마나 멀리까지 미치는지를 알면 당신은 아무것도 남아나지 않는다는 것을 이해하게 될 것이다.

이해는 실체의 모든 상을 바꾼다. 당신의 모든 실체에 영향을 미칠 수 있다는 것이 '동시 상호 의존적 공동 발생'의 핵심이다. 당신의 영향력이 얼마나 멀리까지 도달할 수 있는지는 한계가 없지만, 그것을 알기 위해서는 열정을 갖고 삶에 몰입해야 한다. 무슨 일이든 열정을 갖고 한다면 자기 존재의 모든 측면이 드러날 것이다. 열정은 모든 에너지를 해방시킨다. 그럴 때 당신은 자신을 모두 드러낸다. 왜냐하면 당신이 지닌 모든 것을 어떤 목적에 활용할 때 당신의 결점과 약점도 함께 드러나기 때문이다. 열정은 모든 것을 표현한다.

이런 불가피한 사실은 자신의 부정적인 부분을 싫어하거나 두려워하는 많은 사람들이 용기를 잃게 만든다. 그래서 그들은 삶이 좀 더 안전할 수 있도록 자신의 열정을 통제한다. 그럼으로써 어느 정도 안전한 인생이 될 수도 있겠지만, 그와 동시에 그들은 삶이 제공할 수도 있는 것들의 이해 폭을 스스로 제한한다. 당신이 통제하는 방식은 크게 나누어 세 등급이 있다.

1. 실질적인 장애를 처음 만나는 상황까지 충분히 간다.
2. 몇 가지 장애를 극복하는 상황까지 충분히 간다.
3. 모든 장애를 극복하는 상황까지 간다.

이 기준을 적용하여 당신이 잘 해내기를 열정적으로 원하는 어떤 것에 대해 생각해보라. 그것이 그림 그리기든 등산이든 글쓰기든 아이 기르기든 직장 일이든 좋다. 당신이 어떤 차원에 해당하는지 정직하게 평가해보라.

1단계 : "내가 달성한 것이 만족스럽지 못하다. 일이 내가 원한 대로 되지 않는다. 내가 그럭저럭 한 것보다 다른 사람들이 훨씬 더 잘했다. 나는 흥미를 잃었고 실망했다. 해야 할 일을 아직 하고는 있지만 대부분 건성으로 한다. 나는 거의 실패한 것처럼 느껴진다."

2단계 : "내가 달성한 것이 상당히 만족스럽다. 항상 최선을 다하진 않지만 계속 관심을 갖고 있다. 자신이 무엇을 하고 있는지 아는 사람들처럼 나도 그렇게 느껴진다. 이런 바람직한 상태에 도달하기 위해 많은 장애를 극복했다. 나는 거의 성공한 것 같다."

3단계 : "내가 계획했던 일을 터득했다. 사람들이 나를 우러러보면서 노련한 대가로 여긴다. 나는 이 모든 일의 상세한 내용을 알고 있으며 그에 대해 깊은 만족을 느낀다. 더 이상 혼란스러울 일이 거의 없다. 나의 직관이 나를 돕는다. 내 삶에서 이 분야는 아주 중요하다."

각 단계는 당신이 달성하고자 하는 것에 대한 이해의 수준을 반영한다. 인간의 본성을 모른다면 당신은 그림 그리기나 등산, 글쓰기 같은 단순한 행위를 따로 떼어낼 수 있다고 생각할지 모르지만 그런 행위를 통해서 개인 전체가 표현되기 때문에 그 개인 전체가 영향을 받는다. 산 위에서나 흰색 도화지 앞에서 자신을 알게 된다고 말하는 것은 그런 이유에서다. 달리기나 요리와 같은 작은 기술을 예로 들더라도 실패하거나 포기하지 않고 열정으로 성공할 때는 당신 자신의 모든 감각이 움직인다.

자기 내면의 모든 부분에 도달하려는 마음을 통해 완전한 이해의 문이 열린다. 그럼으로써 분리된 어느 일부만이 아닌 당신의 모든 정체성이 드러난다. 이런 말에 기가 꺾일지도 모르지만 사실은 그것이 어떤 상황에 도달하는 가장 자연스러운 방법이다. 자신의 어떤 부분을 감춤으로써 당신은 그 부분이 삶에 노출되기를 거부한다. 당신은 그 부분의 에너지를 억누르고, 그리하여 그것이 알아야 하는 것을 이해하지 못하게 된다. 걷기를 원하면서도 이런 제약을 갖는 젖먹이를 상상해보라.

1. 나는 나쁘게 보이고 싶지 않다.
2. 나는 실패하고 싶지 않다.

3. 나는 내가 실패하는 모습을 다른 사람에게 보이고 싶지 않다.

4. 나는 실패의 부담을 안고 살기를 원치 않는다.

5. 나는 나의 모든 에너지를 소비하고 싶지 않다.

6. 나는 어떤 고통도 원치 않는다.

7. 나는 가능한 한 빨리 일을 달성하고 싶다.

젖먹이에게 이런 제약들은 부조리해 보일 것이다. 그러나 이들 중의 어떤 것이 적용되면 걷는 연습을 전혀 하지 않거나 일시적으로만 하게 될 것이다. 숙달할 기회는 저절로 오지 않는다. 성인으로서의 우리도 스스로 이런 제약을 부과하는 일이 비일비재하다. 우리는 어떤 결과로서의 숙달을 스스로 거부한다. 어떤 상황이 발생하는 순간, 그 상황의 모든 긍정적인 측면들에 이어서 모든 부정적인 측면들도 드러난다. 우리가 마음속에서 결심한 것들을 피할 수는 없다. 당신이 자신에 대해서 결심한 것은 그 즉시 효과를 발휘한다.

다행히도 이런 개인적인 결심들은 재검토하여 변경할 수 있다. 모든 부정적인 측면들은 당신의 면전에 있으므로 그것을 찾으려고 애쓸 필요는 없다. 사람들이 인생에서 장애로 경험하는 것은 이해를 거부했던 마음의 반사 작용이다. 이해를 너무 많이 거부한다면 당신은 당황스럽고 압도적인 힘들에 굴복하여 희생당한다. 이런 힘들은 알 수 없는 운명이나 불운이 아니라 당신의 인식력의 약점이고, 당신이 바라볼 수 없었던 부분이다.

이제, 당신을 삶에 철저히 몰입하지 못하게 만들었던 결심들 중의 하나를 바라보라. 그것은 위의 목록 속에 포함되어 있을 수도 있다.

나는 나쁘게 보이고 싶지 않다 : 이런 결심은 자아상自我像을 포함한다. '좋게 보인다는 것'은 어떤 이미지를 유지한다는 것이지만 이미지는 굳어버린 상像일 뿐이다. 그것은 당신이 누구인가에 대한 지극히 표면적인 인상이다. 대부분의 사람들이 그것을 알지 못하기 때문에 최근의 자아상을 깨달을 수 없다. 그들은 특정한 외관과 행동양식, 스타일, 자신들이 생각하는 자아를 장식할 신분과 태도와 생활양식 등을 만들어낸다. 그런 자아상이 모든 새로운 상황에 적용되고 결과는 단순하다. 그들은 좋게 보이거나 나쁘게 보인다. 이런 사람들은 할 수만 있다면 절대로 나쁘게 보이지 않으려고 오래 전에 결심한 사람들이다.

이런 결심은 당신이 어떻게 보일지를 생각하지 않으려는 의지를 통해서만 부서질 수 있다. 당신은 올림픽의 달리기 선수들이 마지막 남은 힘까지 짜내어 땀에 젖은 일그러진 얼굴로 결승점에 골인하는 장면을 슬로우 모션으로 본 적이 있을 것이다. 승리하려는 열정으로 인해 그들은 자신이 어떻게 보일지에 대해 최소한의 관심도 갖지 않는다. 이것이 당신 자신의 상황에 어떤 열쇠를 제공한다. 당면한 과제에 정말로 몰입한다면 당신은 자신의 모습을 고려하지 않을 것이다.

이제, 다음 개념을 이해하고 그것들이 당신에게 어떻게 적용되는지 이해할 때까지 그대로 따라해보라.

- 승리하는 것은 좋게 보일 필요가 없는 것이다. 둘은 서로 아무 관계도 없다.
- 무언가에 대해 열정적인 것이 내면으로부터 좋게 보이며, 정말로 중요한 것은 바로 그것이다.
- 내면으로부터 좋게 보이는 것은 이미지가 아니다. 그것은 만족감이다.

- 이미지가 마음에 있는 한 당신은 만족스럽지 않을 것이다.

나는 실패하고 싶지 않다 : 이런 결심은 실패를 의식하는 데서 생겨나고, 실패는 판단을 의식하는 데서 생겨난다. 회화 분야에서 명작이 나오려면 먼저 스케치가 있어야 한다. 이런 스케치들은 이따금 어느 정도 거친 낙서에 가깝고, 또 때로는 몇 년이 걸리거나 수십 번 반복되기도 한다. 화가가 스케치를 했을 때 그것이 실패한 것인가? 아니다. 기술을 터득하기 위한 발전 과정이 필요할 뿐이다. 자신의 이전 노력을 실패로 판단한다면 당신은 자연스러운 과정과 싸우고 있는 것이다.

실패를 두려워하는 사람은 대체로 과거에 조롱이나 창피를 당했던 사람이다. 그런 식으로 부정적인 판단을 하는 부모는 아주 나쁜 결과를 초래하기 쉽다. 실패하는 것은 용기를 잃게 만든 누군가에게서 당신이 물려받은 어떤 것이다. 두려움을 자아의 느낌에 연결함으로써 실패의 두려움이 생겨난다. '실패한다는 것은 내가 쓸모없는 인간이라는 것을 의미한다.' 나쁘게 보이는 것 다음으로 가장 곤란한 정신적 제약이 실패하는 데 대한 두려움이고 쓸모없는 인간이라고 느끼는 것이다.

이제, 솔직하게 자신을 마주하고 자신 안에 이런 두려움이 얼마나 많은지 정면으로 바라보라. 당신이 자신을 판단하는 등급이 당신이 치료해야 하는 등급이다. 대부분의 사람들이 실패를 싫어한다고 말하는 뒤에는 완전한 자괴감으로부터 최선을 다하지 못한 것에 대한 괴로움에 이르기까지 넓은 범위의 감정이 숨어 있다. 그 범위 안에서 당신은 어디에 속하는지 느낄 수 있을 것이다. 스스로 어떤 타입인지 등급을 매겨보라.

- 실패할 때 마음이 무너지는 것 같다. 며칠 동안 그런 기분을 떨쳐버릴 수 없고, 나의 큰 실패를 돌이켜 생각하면 창피하기 짝이 없다.
- 평소 같으면 성공할 수 있었던 일에 실패할 때 상당히 기분이 나쁘다. 원상을 회복하기가 힘들지만 결국은 회복한다. 그것은 자존심의 문제다.
- 실패를 쉽게 헤쳐 나간다. 내가 원하는 것을 달성하는 일이 더 중요하기 때문이다. 나는 실패를 통해서 배운다. 실패에도 어떤 긍정적인 측면이 있다. 실수에서 배울 수 있으면 나는 실패한 것이 아니다.
- 나는 성공과 실패의 관점에서 생각지 않는다. 어떤 상황에서든 내가 어떻게 행동하는지를 집중적으로 관찰한다. 어떤 반응이든 나 자신의 새로운 측면을 보여준다. 나는 모든 것을 이해하고 싶으니 그런 관점에서 보면 각각의 체험은 진화의 책을 읽으면서 새로운 페이지를 넘기는 것과 같다.

당신이 어디에 해당하는지 판단한 뒤 그에 필요한 변화 계획을 세우라.

첫 번째 타입의 사람들은 실패에 과민하고 자의식이 지나쳐서 항상 과거의 상처를 되살린다. 당신이 이런 사람이라면 최초로 되돌아가라. 성공하기 쉬운 일, 이를테면 오믈렛을 만들거나 속보로 동네를 한 바퀴 도는 등의 일을 찾으라. 이런 일을 할 시간을 비워두고 실천에 옮기면서 그것이 성공과 같은 것임을 느껴라. 자상한 부모 같은 마음으로 자신을 칭찬하라. 일이 조금 잘못되더라도 스스로 괜찮다고 타일러라. 당신은 목표를 설정하여 거기에 도달하는 데 대한 자신의 태도를 쇄신할 필요가 있다.

당신의 내부에는 무엇이든 너무 빨리 지적하고 너무 크게 기대하면서 용기를 잃게 만드는 목소리가 있다. 그러니 서서히 격려의 목소리와 관계를 맺도록 해야 한다. 그것도 당신의 내부에 있지만 비판의 목소리 때문에 듣지 못했다. 도전할 수 있는 문제의 수위를 차츰 높여 나가라. 이제 자신이 먹을 오믈렛을 만드는 것이 아니라 다른 사람이 먹을 오믈렛을 만들어라. 그것이 칭찬할 만한 일인 것처럼 느껴라. 그리고 당신은 이런 칭찬을 받을 자격이 있다는 사실을 받아들이라. 자신을 다른 사람과 비교하지 마라. 당신은 지금 여기에 있지 다른 곳에 있는 것이 아니다. 이런 식으로 성공을 확대해 나가라.

적어도 하루에 한 번 자신의 눈에 성공인 것처럼 보이는, 자신이나 타인에게서 칭찬받을 만한 어떤 일을 하라. 외부로부터의 칭찬은 그 진실성을 확인하라. 확인하는 데는 시간이 걸리겠지만 어느 정도 시간이 흐른 뒤에는 내부에서 격려의 목소리가 자라나기 시작함을 알게 될 것이다. 당신은 그 소리에 의지하는 법을 배울 것이며, 당신으로서는 그것이 옳은 일임을 알게 될 것이다.

두 번째 타입의 사람들은 평소 잘 극복해 나가던 새로운 문제에 실패할 때 상당히 기분이 나쁘지만 그렇다고 마음이 무너질 만큼 나쁜 것은 아니다. 당신이 그런 사람이라면 더 강한 동기 부여가 필요하다. 왜냐하면 당신은 승리를 원하는 최첨단에 있지만 실패의 위험을 꺼리기 때문이다. 그래서 이쪽이나 저쪽으로 기울 수 있다. 좀 더 강한 동기를 부여하기 위해 당신은 어떤 팀에 가담하거나 지도자를 찾을 수 있다. 단체의식은 용기를 잃게 만드는 당신 내부의 목소리를 극복하도록 도울 것이다. 지도자는 문제를 극복하는 데 우왕좌왕하지 않도록 초점을 잡아줄 것이다. 당신의 자신감에 무리한 부담을 줄 수준의 일을 하지 마라. 큰 문제를 해결하는 것보다 성공의 요소들을 내면화하는 것이 더 중요하다. 여기서 팀은 반드시 스포츠와 관련된 것일 필요는 없다. 단결심을 지닌 어떤 그룹을 찾으라. 정당政黨도 좋고 재즈 밴드라든가 자발적으로 형성된 어떤 그룹도 좋다. 외부적 지원을 통해서 당신은 내면적 장애를 극복할 수 있을 것이다. 당신은 그런 장애들이 높은 산과 같은 것이 아님을 알게 될 것이다. 그것은 성취감의 작은 봉우리들로 낮아질 수 있다.

세 번째 타입의 사람들은 실패로 용기를 잃기보다는 성공으로 용기를 얻는다. 이들은 유리한 자원들 속에서 긍정적인 동기를 부여받는다. 당신이 이런 사람이라면 오랫동안 성공 가도를 달릴 수도 있지만 결국은 외부적인 보상으로 내면적 만족을 얻을 수 없음을 알게 된다. 당신은 성장하기 위해서 자신에게 필요한, 철저히 내면적인 목표를 세워야 한다. 가장 가치 있는 내면적 목표들 중에는 좀 더 본질적인 사람이 되는 것, 사심 없이 남에게 봉사하는 것, 깊은 영성을 깨닫는 것 등이 있다. 어떤 종류의 외부적 성취와 무관하게 자신을 좀 더 깊이 이해할 수 있도록 노력하라. 시간이 흐를수록 성공과 실패 사이의 구분이 희미해지고, 과거에 했던 모든 일들이 자신을 밝혀나가는 과정이었음을 깨닫기 시작할 것이다. 인생의 가장 큰 만족은 당신이 오직 그런 과정만을 필요로 할 때 찾아온다.

네 번째 타입의 사람들은 실패를 정복했다. 이들은 세상의 모든 뒤틀림을 즐기고 모든 종류의 체험에 만족하면서 삶을 영위한다. 당신이 이런 사람이라면 한층 더 숙달되는 것을 목표로 삼으라. 당신에게 남은 장애는 미묘하며 에고의 수준에 머문다. 당신은 아직 분리된 자아가 그런 체험을 하는 중이라고 믿고 있다. 이런 제한된 자아 너머로의 확장과 초연성을 목표로 삼으라. 당신은 가장 깊이 있는 영적인 책들을 읽고 네 가지 길(비밀3 참조 - 역자 주) 중의 하나를 걸음으로써 큰 만족을 얻을 것이다.

나는 내가 실패하는 모습을 다른 사람에게 보이고 싶지 않다 : 이런 결심은 부끄러움을 의식하는 데서 생겨난다. 부끄러움은 마음속에서 타인들의 견해를 두려워하기 때문에 생긴다. 그들의 비난은 당신의 부끄러움이 된다. 부끄러움과 관련해서 동양인들은 흔히 '체면을 구기는' 것을 견딜 수 없다고 말하는데, 이런 통념은 사회적으로 큰 힘을 발휘한다. 부끄러움의 해결책은 뻔뻔스럽게 행동하는 것이 아니다. 젊은 시절에는 많은 사람들이 그렇게 행동한다. 그것은 난폭 운전이나 기이한 옷차림 같은 허세로 자의식 과잉을 해결하려는 시도다. 당신이 쉽게 부끄러움을 느낀다면 당신의 결심은 바뀔 필요가 있다.

먼저 타인들이 당신을 어떻게 생각하는지는 그들의 눈에 당신의 행동이 좋게 보이는가 나쁘게 보이는가의 여부에 의존한다는 것을 깨달으라. 사회적 평가는 피할 수 없고 우리는 모두 그 영향을 받는다. 타인들이 당신의 말이나 음색, 행동에 대해 창피를 주려 할 것이다. 당신 자신의 상황으로부터 비껴나서 어떻게 그런 일이 일어나는지 관찰하라. 주간지를 읽거나 유명인사에 대한 만담 프로그램 같은 것을 보라. 거기에는 언제나 풍자와 비판이 넘쳐난다. 타인들의 대우가 그러함을 알고 마음을 편하게 가져라. 당신이 여기에 존재하는 것은 그것을 바꾸기 위해서가 아니라 그것이 어떻게 돌아가는지를 깨닫기 위해서다.

그 다음, 타인들을 부끄러워하지 마라. 부끄러워하는 것은 탈을 쓰는 것이다. 당신은 비방과 조롱을 일삼거나, 우월하게 보이려고 노력하거나, 어떤 식으로든 공격을 계속하면 자신의 약점을 보호할 수 있으리라고 생각한다. 그러나 이 모든 짓은 사실상 부끄러움의 문화에 스스로 빠져드는 것이다. 거기서 떠나라. 더 이상 머뭇거릴 이유가 없다.

세 번째는 당신 스스로 좋은 사람인 것처럼 느끼게 만들, 칭찬을 얻는 방법을 찾는 것이다. 이것은 당신이 달성해낸 것에 대한 칭찬과는 다르다. 당신은 누군가로부터 좋은 일을 했다고 칭찬 들을 만한 많은 것을 할 수 있다. 그러나 당신에게 필요한 것은 당신의 부끄러운 느낌을 없애줄 칭찬이고, 그것은 감정에 관련된 문제다. 당신은 누군가의 감사로 따스함을 느끼고, 누군가의 눈 속에서 당신에 대한 감탄을 읽어낼 필요가 있다. 가난하거나 나이를 먹었거나 병든 사람들에게 봉사하는 것도 좋은 일이다. 당신이 생각하는 어떤 방식으로든 곤란한 처지의 사람들을 돕는 자원봉사 프로그램에서 얼마 동안 일을 해보라. 개인적으로 비판받을 어떤 이유도 없는 상태에서 사랑의 기본을 다시 찾게 될 때 당신은 부끄러운 느낌에서 해방될 것이다.

나는 실패의 부담을 안고 살기를 원치 않는다 : 이런 결심은 가책을 의식하는 데서 생겨난다. 가책은 잘못된 행위에 대한 내면적 지식이다. 가책은 양심으로부터 건전함을 일깨우는 장치다. 그러나 가책이 나쁜 것과 연결되면 파괴적이거나 불건전할 수도 있다. 가책을 느끼는 사람들의 대부분은 자신의 행위와 관련된 생각을 말할 수 없기 때문에 고통스럽다. 그들은 이 세상에서의 실제 행위보다도 정신적인 것으로 고통을 당한다. 이것은 이따금 '마음속의 죄'라고 불린다. 당신이 그것을 무엇으로 일컫든, 가책은 당신의 무서운 과거로 인해서 실패와 같은 느낌이 들게 만든다.

가책을 느끼는 사람들은 새로운 문제에 직면하기를 원치 않는다. 실패할 경우 과거로부터의 가책도 부담스러운데 더 많은 가책을 느끼게 될 것이기 때문이다. 그들에게는 이것이 합리적이라고 여겨지겠지만 사실은 가책 그 자체가 지극히 불합리한 것이다. 부끄러움에서처럼 가책도 그것의 불합리한 성분들을 몇 가지로 나눌 수 있다.

- 가책은 좋고 나쁜 것을 정확히 알지 못한다. 그것은 사소한 것들로 당신을 괴롭힐 수 있다.
- 가책은 모든 것을 덮어버리려는 모포와 같다. 그것은 당신이 가책을 느끼는 행위들과는 무관한 일과 사람들 – 그들이 우연히 근처에 있었던 경우를 제외하면 – 에 대해서 가책을 느끼게 만든다.
- 가책은 필요 이상으로 책임을 느끼게 만든다. 당신은 사실상 자신과 무관하게 발생한 잘못을 당신이 저질렀다고 믿는다.
- 가책은 편견에서 비롯한다. 그래서 어떤 구원의 여지 없이 항상 당신이 잘못했다고 느끼게 만든다.

이 네 가지를 이해하면 당신 자신에게 적용할 수 있다. 가책을 강제로 없애려 하지 마라. 가책으로 인한 당신의 반응을 그대로 두고 그것을 본래의 상태로 존재하게 하면서 당신 자신에게 물어라. "정말 내가 나쁜 짓을 했는가?" "누군가가 똑같은 일을 했다면 내가 그를 비난할 것인가?" "그런 상황에서 나는 최선을 다했는가?" 이런 질문들이 당신으로 하여금 좋고 나쁨에 대해 더 사실적인 감각을 갖게 할 것이다. 그래도 의심스럽다면 비난하지 않을 누군가에게 의견을 물어라.

"내가 실제로 누구를 괴롭혔는가?" 그것을 확실히 하라. 가책이 이불이 되어 당신을 덮게 하지 마라. 당신은 아무도 괴롭힌 적이 없음을 알게 될지도 모른다. 여전히 누군가를 괴롭혔다고 생각되면 그를 찾아가서 그가 어떻게 느꼈는지 물어보라. 당신의 행위에 대해 말하고, 용서를 빌 수 있는 방법을 찾아보라. 방법을 알게 되면 진지하게 받아들여라. 용서받은 내용을 마음의 비망록에 적어라. 가책의 목소리가 또다시 괴롭히면 당신이 용서받았음을 입증하는 그 페이지를 열고 이렇게 말하라. "보여? 네가 나를 어떤 식으로 느끼게 만들어도 상관없어. 내가 실제로 해를 끼쳤던 사람은 더 이상 그 일에 신경 쓰지 않아."

"내게 정말로 책임이 있을까? 나는 실제로 어떤 역할을 했을까? 그 상황에서 나의 행위가 차지한 부분이 작은가, 큰가?" 당신이 취했던 행동이나 취하지 못했던 행동에 대해서만 당신은 책임이 있을 수 있다. 그것을 확실히 하라. 그런 행동들을 상세히 확인하라. 그것들을 과장하지 말고, 단지 거기에 있었다는 이유로 전적으로 당신에게 책임이 있다는 비합리적인 개념에 속아 넘어가지 마라. 집단적인 여러 가지 상황이 우리에게 공동 죄의식의 보편적인 느낌을 갖게 하기도 한다. 그러나 주변 사람들의 언행이 아닌 당신의 언행에 대한 책임으로 한계를 정하고 좁힌다면 모든 것에 대한 책임의 가책을 분산시킬 수 있을 것이다.

"나는 나쁜 일들을 보상하기 위해 어떤 좋은 일을 했는가? 언제쯤이면 나는 자유로워질 수 있을까? 나는 자신을 용서할 수 있는가?" 잘못된 행위들은 모두 그들 나름의 한계가 있으며, 당신은 나중에 용서받고 가책으로부터 해방된다. 그러나 이미 보았듯이, 가책의 목소리는 편견에서 비롯하며, 그 법정으로 들어서는 순간 당신은 가책을 느끼고 영원히 그렇게 살 것이다. 가책을 느낄 어떤 행동을 취하고 그에 대해 용서받을 날짜를 적어라. 그리고 당신의 나쁜 짓을 보상할 수 있는 무슨 일이든 하라. 해방의 날이 오면 사면을 받고 떠나라. 아주 나쁜 어떤 행위도 영원히 비난받지는 않는다. 아주 가벼운 잘못까지도 영원히 책임을 지우게 될 그런 편견의 소유자가 되지 마라.

나는 나의 모든 에너지를 소비하고 싶지 않다 : 이런 결심은 에너지가 은행에 맡겨둔 돈처럼 한정되어 있다고 생각하는 데서 비롯된다. 많은 에너지를 소비하고 싶어 하지 않는 사람들은 게을러서 새로운 문제에 도전하지 않지만 그 배후에는 더 깊은 문제가 숨어 있다. 에너지도 한정되어 있는 것은 사실이지만 어떤 일이든 열정적으로 해본 적이 있다면 당신은 그 일에 에너지를 쏟을수록 더 큰 에너지가 생겨난다는 것을 알 것이다. 열정은 그 스스로를 다시 채운다.

에너지를 고갈시키는 것은 이상하게도 에너지를 사용하지 않고 붙들어두는 행위다. 에너지는 보존할수록 흐를 수 있는 통로가 좁아진다. 이를테면 사랑하기를 두려워하는 사람들은 사랑의 표현을 억압한다. 그들은 가슴이 넓어지기보다는 조여든다. 사랑의 말은 목구멍에 달라붙고 사랑의 작은 몸짓 한 번 하는 것도 아주 어설프다. 조여드는 느낌은 넓어지는 느낌에 대한 두려움으로 발전하고, 그리하여 뱀이 제 꼬리를 먹고 사는 식이 된다. 에너지를 적게 소비할수록 당신은 소비할 에너지가 적어진다. 여기에 에너지 통로를 넓힐 수 있는 몇 단계가 있다.

- 주는 것을 배워라. 축적되었다고 느낄 때 필요한 사람들에게 주고, 풍족하게 가진 것의 일부를 제공하라. 이것이 반드시 금전이나 재물일 필요는 없다. 당신은 시간과 배려를 줄 수도 있고, 실제로 이것은 현금을 주고 끝내는 것보다 에너지 통로를 여는 효과가 훨씬 더 크다.

- 관대하라. 이것은 돈에서보다 칭찬과 이해에서 더 관대하라는 뜻이다. 많은 사람들이 칭찬에 굶주려 있고, 받아도 되는 것보다 훨씬 적게 받는다. 누군가가 좋은 일을 했을 때 그것을 알아주는 첫 번째 사람이 돼라. 형식적인 말로 끝내지 말고 가슴 전체로 이해하라. 당신이 실제로 주의를 기울였던 사람에게 그가 무엇을 이룩했는지 짚어주면서 조목조목 칭찬하라. 사람을 제대로 응시하면서 만나고, 당신이 칭찬한 것과 같은 관계를 유지하라.

- 당신의 열정을 따르라. 당신은 인생에서 모든 에너지를 쏟고 싶은 어떤 분야가 있다. 대부분의 사람들이 어떤 일이든 너무 깊이 빠지면 안 된다는 그들 나름의 억제 장치를 갖고 있는데, 그 때문에 그런 분야에서조차 진정으로 자기를 다 활용하지 못한다. 극한까지 기꺼이 나아가고 거기서 조금 더 나아가라. 하이킹을 좋아한다면 어떤 산을 목표로 설정하고 그 산을 정복하라. 글쓰기를 좋아한다면 책 한 권을 쓰기 시작해서 끝내라. 중요한 점은 자신을 채찍질하는 것이 아니라 얼마나 많은 에너지가 실제로 있는지를 입증하는 것이다. 에너지는 인식의 도구다. 인식은 에너지를 통해서 활성화된다. 어떤 분야에든 더 많은 에너지를 쏟음으로써 더 많은 이해가 생겨난다.

나는 어떤 고통도 원치 않는다 : 이런 결심은 몇 가지 문제에서 비롯되는데, 모두가 육체적 고통보다는 정신적 고통과 관련된 것들이다. 첫 번째 문제는 과거의 고통이다. 치유 불가능한 고통을 당했던 사람은 새로운 고통의 가능성을 싫어한다. 또 다른 문제는 약함이다. 고통으로 좌절을 맛본 사람은 새로운 고통으로 더 약해지기가 두렵다. 마지막으로 취약성의 문제가 있다. 고통은 우리가 무방비 상태에 있으면서 안전하게 머무는 경우보다 더 큰 고통을 끌어들일 것 같은 느낌이 들게 만든다. 이런 문제들은 모두 뿌리가 깊고, 이런 것을 문제 삼지 않을 수 있는 사람은 극히 드물다. 다른 경우들처럼 여기에도 그 민감성의 정도가 있다.

고통은 우주 법칙 속에서 중립적이다. 물질계에서 고통은 우리를 부정적으로 반응하게 만들고, 쾌락은 우리를 긍정적으로 반응하게 만든다. 그들로부터 자유로울 수 있다는 것은 당신의 행위가 어느 쪽으로도 기울지 않는다는 것을 의미한다. 우리 모두가 쾌락과 고통의 법칙에 예속되어 있다는 사실을 생각하면 이보다 더 큰 문제는 없다. 관조의 상태에 도달함으로써만 쾌락이나 고통이 당신을 앞으로 몰고 갈 때 당신이 얼마나 초조한지 알 수 있다.

나는 가능한 한 빨리 일을 달성하고 싶다 : 이런 결심은 조바심에서 유래한다. 마음이 불안하고 혼란스러울 때 당신은 조바심이 난다. 시간을 두고 인내하면서 주의를 기울여야 하는 일에 당신은 그럴 만한 여유가 없다. 충분한 주의를 기울일 수 없어서 물러서는 사람들은 새로운 도전의 기회도 얻지 못한다. 그들의 이해는 지극히 피상적인 수준에서 머문다. 아이러니컬하게도 사려 깊은 응답에 시간이 꼭 필요한 것은 아니다. 얼마나 오래 주의를 기울이는지가 아니라 얼마나 깊이 생각하는지가 중요하다.

영화 〈아마데우스〉를 보면 아주 유능한 작곡가인 살리에리가 라이벌인 모차르트의 재능 때문에 고통을 당한다. 모차르트는 살리에리보다 더 유능한 사람이 아니다. 영화를 위해서 모차르트는 무분별한 어린애 같은 쾌락주의자로 바뀌었다. 그는 작곡을 하는 데 살리에리보다 더 많은 시간을 소비하지 않았다. 후원자들로부터 더 많은 후원을 받지도 않았고, 음악 학교에 더 오래 다니지도 않았다. 살리에리는 이런 극심한 재능의 불평등에 대해 신을 원망했다. 우리도 자신을 크게 능가하는 사람을 보면서 무의식적으로 그와 똑같이 생각한다.

조바심은 실패에 뿌리를 박고 있다. 우리는 결과가 빨리 나타나지 않거나 기대에 미치지 못하기 때문에 주의를 기울이지 않으려 한다. 마음은 이런 잠재적인 불쾌의 원인으로부터 달아나고 싶어 한다. 당신이 쉽게 초조해진다는 것을 안다면 아마 주변 환경을 나무랄 것이다. 버스가 좀 더 빨리 가지 않고, 마트 계산대의 줄은 언제 끝날지 모를 만큼 길고, 누군가에게 일을 시키면 그는 항상 꾸물거린다.

조바심을 외부세계로 투사하는 행위는 일종의 방어기제이고 적응 불능에 대한 두려움이 잘못 나타난 것이다. 주의력 부족의 극단적인 예에서는(특히 어린이들 사이에서) 표면상의 부주의 속에 항상 이런 두려움이 숨어 있다. 초조한 사람들은 용기가 없어서 내부로 깊이 들어가지 못한다. 모차르트 같은 경쟁 상대가 없다 해도 우리는 내면의 알 수 없는 경쟁자에게 두려움을 느낀다. 그는 당연히 우리보다 나은 어떤 존재다. 이 유령과 같은 존재가 의식 속에서 우리를 채찍질한다.

인식이 드러난다는 충분한 확신을 갖고 자신의 내부로 들어갈 수 있을 때 조바심은 사라진다. 확신은 억지로 얻을 수 없다. 이해의 깊고 깊은 차원을 체험할 때 당신은 스스로 만족할 것이다. 당신이 만일 초조하다면 자신이 어떤 일에서든 최상의 수준도 아니고 또 그래야 할 필요도 없다는 사실을 인정해야 한다. 재능이나 부富, 지위, 업적에서 더 뛰어난 사람을 만나 위축감이 든다면 자제하라. 당신 안의 진정한 한 인간은 바로 당신이다. 그 인간은 무한한 성장의 잠재력을 지닌 하나의 씨앗이다. 씨앗을 키우는 방법은 양육인데, 당신에게 필요한 양육은 주의를 기울이는 일이다. 자신의 단점이 무엇이든 자신을 직시하라. 자신과의 직접적인 만남을 통해서만 주의가 집중되고, 당신이 주의를 기울이면 기울일수록 당신은 그만큼 더 성장할 것이다.

Secret 15

모든 것은 순수한 본질이다

Everything is pure essence

양파의 모든 층이 결국 다 벗겨졌다. 이제 인생의 핵심에 존재하는 표현 불가능한 비밀과 마주하게 되었다. 그리고 언어도 거의 한계에 다다랐다.

말로 표현할 수 없는 것을 바라볼 때 당신은 어떻게 하는가? 당신은 그것을 부적절한 말로 설명하는 수밖에 없다. 마음은 그 스스로도 어쩔 도리가 없다. 모든 것을 개념화하기만 한다면 개념 너머의 어떤 것을 파악할 수 없다.

우리는 각각 보이지 않는 잉크를 사용하여 선과 형태와 색깔의 세계를 그린다. 우리의 도구는 백지 위를 달리는 연필심과 같은 의식의 작은 점이다. 그러나 그 작은 점으로부터 모든 것이 생겨난다. 그 어떤 것이 이보다 더 불가해하고 또 기적적일 수 있을까? 연필심보다 무한히 더 작은 한 점이 우주의 형상을 그린다.

그 점은 본질 또는 가장 순수한 형태의 '존재'로 이루어져 있다. 본질은 한꺼번에 세 가지 일을 할 수 있으니 무한한 신비다.

- 그것은 존재 속에서 모든 것을 표현한다.
- 그것은 자신이 상상했던 것을 현실로 바꾼다.
- 그것은 그 현실 속으로 들어가 그것이 살아 있게 한다.

바로 지금 당신도 이 세 가지 행위를 하고 있다. 당신에게 어떤 일이 일어나기 전 그것은 상상 속에, 즉 심상과 욕망의 덩어리들이 태어나는 상태에 있었다. 이런 심상들은 구체적인 물건과 사건으로 발전한다. 그러는 동안 당신은 그 사건 속으로 들어간다. 이 말은 당신의 신경 계통 속으로 그것을 흡수한다는 뜻이다. 삼부三部로 이루어진 이런 창조 작업을 설명하는 가장 쉬운 방법은 그림을 상상하고 그것을 그린 뒤 그 속으로 들어가는 것이다.

여기서 필요한 것은, 인생의 본질이란 그림 밖으로 나와 자신을 보는 일임을 아는 것이다. 당신은 어떤 사람이나 어떤 혼을 오직 의식의 한 점일 뿐이라고는 보지 않을 것이다. 그것은 가장 사랑스럽고, 무섭고, 세속적이고, 거룩하고, 놀랍고, 평범하고, 경탄할 만한 그림들을 그려내는 점이다. 그러나 이런 단어들을 사용한다 해도 나는 표현 불가능한 것을 표현하려는 유혹에 빠진 것이다. 어떤 심상도 다 던져버리고 진실인 가장 단순한 것들만을 말해보자. 나는 존재한다, 나는 인식한다, 나는 창조한다. 이것이 우주에 두루 충만한 본질의 세 가지 특성이다.

당신의 모든 비현실적 측면이 사라질 때 오직 본질만이 남는다. 그 본질이 진정한 당신임을 깨달으면 황금의 문이 열린다. 본질은 혼의 근원이기 때문에 소중하다. 자신이 그리는 그림 속으로 되돌아가면서 본질에 머물 수 있다면 당신은 매 순간 혼의 차원에서 사는 것이다.

그러나 황금의 문이 닫혀 있으면 큰 어려움이 발생한다. 이때는 아무것도 본질이 아니다. 당신이 하나의 현실을 그것의 본질로 환원시킬 때 모든 특징이 사라진다. 이제 나무와 말과 구름과 인간이 똑같다. 물질적 차원도 사라진다. 어떤 두 사건 사이를 흐른 시간은 제로다. 어떤 두 물건 사이의 공간도 제로다. 비와 어둠도 더 이상 존재하지 않는다. 완전한 충만과 완전한 공허는 똑같다.

달리 말하면 모든 것의 비밀을 안다고 생각하는 바로 그 순간, 당신은 아래를 보고 자신의 손이 비어 있음을 안다. 이것은 신을 찾아 영적인 길을 가는 사람들을 혼란스럽게 만든다. 신을 본질로 정의하지 않는 한 그도 역시 사라질 것이다. 그러나 인도에는 본질을 인격신보다 훨씬 위에 두는 강력한 전통이 있다. 현대의 위대한 성자들 중 한 사람인 니사르가다타 마하라지는 이 점을 전혀 인정하지 않았다. 그는 그 자신이 ─ 그리고 다른 모든 사람들이 ─ 순수한 본질이라고 주장해서 많은 논란을 불러 일으켰다.

여기에 마하라지와 그를 찾은 반론자들과의 대표적인 문답 사례가 있다.

　문 : 신이 당신을 위해 지구를 창조했는가?
　답 : 신은 나의 신봉자이고 나를 위해 이 모든 일을 했다.
　문 : 당신 없이는 신이 존재하지 않는가?
　답 : 어떻게 존재하겠는가? '나는 ~이다' 가 뿌리이고, 신은 나무다.
　　　내가 누구를 숭배해야 하는가? 무엇을 위해서?
　문 : 당신은 신봉자인가 아니면 신봉 대상인가?
　답 : 둘 다 아니다. 나는 신봉 그 자체다.

질문자의 말에 당신은 어리둥절해질 수도 있는데, 누가 그를 나무랄 수 있겠는가? 합일의 길은 마음을 억지로 정의하는 조직화된 종교에서 가르치는 것과는 너무 다르다. 마하라지는 항상 우리가 신을 위해 창조된 것이 아니라 신이 우리를 위해 창조되었다고 말하곤 했다. 보이지 않는 본질은 숭배받을 전능한 상像을 창조해야 했다는 것이 그의 취지다. 본질 그 자체는 어떤 특성도 없다. 거기에는 아무것도 매달릴 만한 게 없는 것이다.

본질은 느끼거나 생각할 수 있는 어떤 것이 아니어서 무엇이든 소멸시키는 것 같은 작용을 한다. 살아 있음은 느낌과 생각으로 이루어졌는데 본질이 무슨 소용이 있을까? 피상적인 차원에서 보면 당신이 모든 것을 구별하기 때문에 본질은 쓸모가 없다. 당신이 불행보다는 행복을, 가난보다는 풍요를, 나쁜 것보다는 좋은 것을 원한다고 하자. 이런 구분들은 당신의 본질과 관계가 없다. 본질은 다음의 오직 세 가지 사항을 통해 활동한다. 그것은 존재하고, 인식하고, 창조한다.

구별하지 않는 삶을 산다는 것은 전혀 불가능해 보이지만, 누군가가 그런 차원에서 사는 법을 이해했다는 내용의 기록이 있다. 〈요가 바시스타〉로 알려진 이 기록은 본질에 대해 사실적으로 이야기하면서 여러 가지 이상한 것들을 제시한다. 우리가 아는 요가는 '합일'을 뜻하고, 바시스타Vashistha는 저자의 이름이다. 그래서 이 책의 산스크리트 제목은 '합일에 대한 바시스타의 견해'라는 뜻이다. 과거에 이런 이름의 인간이 있었다는 증거를 제시한 사람은 아무도 없지만 – 이 문헌은 여러 세기 전에 발견되었다 –〈합일에 대한 바시스타의 견해〉는 독특한 저작물로 남아 있다. 나는 이 책이야말로 인간의 신경계가 존재 그 자체의 인식을 추구하여 가장 멀리 나아간 결과라고 생각한다.

바시스타의 중요한 문장 몇 개를 읽으면 인생에 대한 그 특유의 관점을 알 수 있다.

- 무한한 의식 속에서 우주들은 지붕에 난 구멍을 통해 비치는 햇살 속의 먼지 입자들처럼 오고 간다.
- 죽음이 우리의 삶을 항상 지켜보고 있다.

- 모든 대상은 다른 곳 아닌 경험의 주체 안에서 경험된다.
- 모든 세계가 바다의 잔물결처럼 오르내린다.

바시스타의 가르침은 영적인 책들 중에서 가장 어렵고 추상적인 책들 중의 하나로 알려졌고, 따라서 초심자에게는 적합하지 않다. 나는 그의 책을 본질에 대한 이야기로 좀 더 단순하게 받아들인다. 몇 문장만 읽어도 몇 가지 보편적인 주제들이 명료해진다. 바시스타는 우주가 영원하지 않고 흐른다고 생각했다. 그는 죽음과 삶이 연결되어 있음을 관찰했다. 그는 물질계가 한 모금의 공기와 같다는 비유를 들어 진실 파악의 수단으로 주관적 인식을 사용한다.

계속 읽어 나가다 보면 철저한 확신으로 정교하게 다듬어진 이런 주제들이 수백 번 넘게 이어지면서 독자를 매료한다. 문장들은 불가사의하고 때로는 상상도 잘 안 되지만 그것이 바로 포인트다. 이 책은 다이아몬드처럼 농밀한 아이디어들 속으로 압축된 삶을 이야기한다.

- 마음은 무엇을 생각하든 오직 그것만을 본다.
- 사람들이 운명이라든가 신의 뜻이라고 생각하는 것은 과거의 행위가 바로 그 자체에 작용하는 것일 뿐이다.
- 공기의 속성이 움직임이듯이 의식의 속성은 드러남이다.

그의 글을 잘 음미하면 어떤 종류의 삼매로 쉽게 인도되고, 그 속에서 눈에 보이는 세계가 깃털처럼 날아가 버린다. 그것은 독자를 고무하거나 고양시키지 않는다. 바시스타는 위안을 주지 않는다. 그는 본질 아닌 어떤 것에도 관심이 없으니, 진실을 파악한다는 주제에 대해서는 최고의 스승인 셈이다. 진실에 이르는 것이 이 책의 목적이기도 하므로, 비현실성에서 깨어나기를 원하는 사람이 어떻게 살아야 하는지에 대한 바시스타의 조언을 여기에 소개한다. 실체를 발견하는 데 필요한 네 가지 요소를 그는 이렇게 설명한다.

- 평온
- 의문
- 자기 인식
- 힘

이 네 단어는 평범하고 어느 정도는 진부하다. 그는 무슨 뜻으로 이들을 거론했으며, 본질을 이해했던 이 현인은 진정으로 과거의 어느 누구보다도 뛰어난 사람일까?

평온 : 이것은 마음이 평화로운 것을 말한다. 만족스러운 사람은 의혹과 두려움이 없다. 의혹은 삶의 신비에 대한 해답이 존재하지 않는다든가, 모든 해답이 믿을 수 없는 것으로 판명될 것임을 끊임없이 상기시킨다. 두려움은 상처받을 수 있음을 끊임없이 상기시킨다. 마음속에 이런 생각들이 있는 한 자신 속에서 편안하게 휴식할 수 없다. 그러므로 의혹과 두려움이 없는 차원에서 평온을 얻어야 한다.

의문 : 진실에 도달하기 위해 진실 아닌 것을 그것이 사라질 때까지 묻고 또 물어야 한다. 이 과정은 일종의 껍질 제거 작업이다. 당신은 확실하고 믿음직해 보이는 어떤 것을 본다. 그리고 그것이 당신의 믿음을

저버린다면 "아니야, 이건 그게 아니야" 하면서 던져버린다. 당신의 신뢰를 테스트하는 그 다음 것도 신뢰할 수 없다고 입증되면 역시 물리친다. 완전히 신뢰할 수 있는 어떤 것, 진실임이 분명한 것에 도달할 때까지 층층이 의문을 제기한다.

자기 인식 : 이것은 당신의 의문이 외부의 물질계가 아닌 당신 자신에 대한 것이어야 함을 말해준다. 내면으로의 전향은 한 번에 이루어지지 않는다. 모든 문제에는 내부적이거나 외부적인 두 가지 해결책이 있다. 밖으로 향하려는 모든 핑계와 구실을 해결할 때만 왜 안으로 향해야 하는지 알게 될 것이다.

힘 : 당신은 내부를 바라보기 때문에 외부의 아무도 당신을 도울 수 없다. 이것은 강한 자만이 받아들일 수 있는 고립과 고독을 암시한다. 강인함은 주어지지 않는다. 다시 말하면, 강자는 약자와 태생부터가 다르다는 뜻이 아니다. 내면적 강인함은 경험을 통해 자라난다. 내면으로 향하는 첫 번째 단계에서 당신은 진실에 도달할 수 있다는 어떤 희망을 보고 약간의 힘을 얻어 더 나아간다. 그리하여 결단과 확신이 자라난다. 당신은 스스로 찾아낸 것을 그것이 안전하다고 생각될 때까지 테스트한다. 경험을 통해서 강인함이 생겨난다는 것을 점차 알게 된다. 이런 탐구 그 자체가 당신을 강하게 만든다.

바시스타는 일상적인 것들에 대해서는 거의 아무것도 말하지 않았다. 진실에 도달하기 위해 특정한 방식의 삶을 시작할 필요도 없고 특정한 방식의 삶을 포기할 필요도 없다. 바시스타의 관점은 전면적인 수용이다. 그는 삶이 흘러가도록 내버려둔다. 그는 이렇게 말한다. "어떤 대상을 진실이라고 생각하는 한 속박이 이어진다. 그런 개념이 사라지면 속박도 사라진다." 달리 말하면, 진실이 아닌 것은 저 스스로 사라진다. 그렇게 될 때까지 당신은 카르마에 따라서 풍요롭거나 빈곤할 수 있고, 행복하거나 불행할 수 있으며, 확신에 차 있거나 의혹으로 괴로울 수 있다.

바시스타는 '진실하지 않은 것은 존재하지 않고, 진실한 것은 영원히 존재할 것'이므로 무한한 관용을 느낀다. '의식은 모든 곳에 두루 충만하고, 순수하며, 고요하고, 전능하기' 때문에 그는 무한히 평화롭다. 그러나 그가 독특한 것은 이런 깊은 관념들 때문이 아니다. 그의 특수한 재능은 진리의 핵심을 혓바닥 위의 소금처럼 확실하게 보여주는 데 있다. "우주는 하나의 기나긴 꿈이다. 다른 사람들이 존재한다는 환상과 더불어 자기 의식은 꿈속에서의 모든 것처럼 진실하지 않다."

나는 바시스타를 생각하면, 오래되어 가지를 넓게 뻗은 너도밤나무 아래 너무 많은 음식과 만족과 유희로 소풍 나온 사람들 모두가 잠들어 있는 광경이 떠오른다. 오직 한 사람만이 깨어서 다른 사람들이 잠에서 깨어나기를 기다리며 앉아 있다. 나머지는 모두 잠들어 있다. 진리의 이런 핵심에는 도망칠 곳이 없다. 바시스타는 자신이 혼자임을 알지만 비관론자는 아니다. 외롭게 깨어 있다고 해서 타인들에 대한 그의 사랑이 식은 것은 아니다. 본질은 사랑이다. 여기서 말하는 것은 감정을 표현하는 사랑이나 어떤 사람에게 집착하는 사랑이 아닌, 존재에 대한 전적인 사랑이다. 감정적인 사랑은 한계가 있고, 의심하며, 두려움으로 가득하고, 결코 완전해질 수 없는 꿈을 좇는다.

순수한 본질 속에서 바시스타는 자신이 우주적 행복의 비밀을 찾아

냈음을 알았다. 그 비밀은 세 부분으로 이루어졌다. 모든 한계로부터의 자유, 창조에 대한 완전한 지식, 불멸성이다. 바시스타는 이 셋을 모두 발견했다. 그와 같은 상태가 가능하다는 것은 사랑의 실존을 의미한다. 왜냐하면 그 이상 더 바랄 것이 없기 때문이다. 이 세 가지가 달성되는 그 순간까지의 다른 모든 깨달음은 허위다. 전全 우주는 꿈의 상태로 존재하면서 범우주적 망상을 좇는다.

이제 그 망상이 당신 앞에 모두 드러났다. 그것은 분리, 분열, 전체성의 상실로 이루어졌다. 그런 망상에 가담하기를 거부하는 마지막 '아니다!' 가 필요하다. 바시스타는 그것을 크고 분명하게 말했다. 그는 고난에 처한 나를 상상할 때 찾게 되는 스승이다. 그의 글을 읽으면서 나는 그의 차원으로 고양되는 자신을 느낀다. 나의 그런 상태는 완전하지도 영원하지도 않지만, 그의 글은 충분한 타당성으로 나를 안심시킨다. 나는 이따금 CNN에서 TV 화면 아래쪽에 끝없이 흐르는 위기에 대한 보도를 멈추고 사람들이 무엇이 진실인가를 상기할 수 있도록 다음과 같은 글을 내보냈으면 하고 생각할 때가 있다.

- 마음속에 있는 것은 무엇이든 구름 속의 도시와 같다.
- 눈에 보이는 이 세상은 생각들이 구체화된 것일 뿐이다.
- 무한한 의식으로부터 우리는 자신의 상상 속에서 서로를 창조했다.
- '너' 와 '나' 가 있는 한 해방은 없다. 사랑하는 사람들아, 우리는 모두 개인의 형상을 한 우주의식이다.

거칠고 험한 세상에서 이런 고귀하고 감상적인 문구가 받아들여지기는 어렵겠다. 하지만 바시스타가 원한 기본적인 것은 본질에 입각해서 사는 것이고, 그것은 실천할 수 있다. 앞에서 말한 니사르가다타 마하라지는 그런 인생을 살았다. 소년 시절에 그는 한 쌍의 황소와 함께 쟁기질을 하면서 농장에서 자랐다. 그러다가 영성에 관심을 갖게 되었고 어떤 스승을 찾아가서 한 마디 조언을 들었다. "너는 태어나지도 죽지도 않은 '나는 ~이다'이다. 이것을 기억하라! 그리고 네 마음이 이런 진리에서 벗어나면 다시 되돌려라." 젊은 마하라지는 스승을 떠났고, 더이상 다른 스승을 찾을 필요가 없었으며, 그 단순한 가르침으로 자신의 본질을 발견했다.

가장 고양된 의식 상태는 우주적인 인생을 사는 일이 실제로 얼마나 평범한 것인지를 깨달을 때 찾아온다. 우리는 모두 항시 그렇게 살고 있다. 다만 바시스타가 어떻게 있는 그대로 보고 모든 곳에서 무한을 발견하는지를 알아야 한다. 그의 가르침은 당신이 잠드는 것 외에 다른 어떤 것을 원할 때 머리맡에 두어야 하는 그런 가르침이다.

고통받는 사람에겐 밤이 한 세기와 같다. 흥청대는 사람에게는 밤이 한순간처럼 지나간다. 꿈속에서는 한순간이 한 세기와 다르지 않다. 그러나 모든 한계를 극복한 의식의 현인에게는 밤도 낮도 없다. '나'와 '세상'의 개념에서 벗어난 사람은 해방을 발견한다.

❧ 연습 1 자신의 현실을 바꾸어 열다섯 번째 비밀에 적응하기

열다섯 번째 비밀은 합일에 대한 것이다. 젊은 시절에 나는 힘이 닿는 데까지 깊은 합일에 도달하려는 욕망으로 불탔다. 하지만 나이가 들면서 합일은, 게임에서 이기거나 완벽한 아내 찾기, 자기 일에서 최고가 되기와 같은 방식으로 설정할 수 있는 과업이 아님을 알게 되었다. 합일은 차라리 음악과 같다. 바흐는 유치원의 음악 시간에 나타나 어린이들이 모두 자신과 같기를 바라는 마음으로 그들을 북돋을 수도 있다. 실제로는 아주 적은 수의 어린이들이 바흐와 같은 음악적 천재로 자라날 것이다. 그러나 그들이 꼭 그래야 할 필요는 없다. 당신이 어느 누구와도 같지 않듯이 음악은 그 자체로 즐거운 작업이다. 작곡의 매 순간은 그 자체가 기쁨을 선사하는 것이며, 정상을 향해 산을 오르는 한 걸음 한 걸음과는 다르다.

영성은 바시스타가 가르친 마음속의 네 가지 요소와 함께 추구한다면 매 순간 – 또는 적어도 매일 – 기쁨을 선사할 수 있다. 그것들을 이번에는 우리들의 인생에 적용할 수 있도록 다시 한번 살펴보자.

평온 : 매일 평온한 시간을 구하라. 당신은 우주 법칙 안에서 안전하게 보살펴지기 때문에 그럴 권리가 있다. 삶에서의 당신의 몫이 아니라 삶의 흐름 속에서 지금 여기 존재함에 만족하라. 창조의 영광은 바로 당신의 세포들 안에 있고, 당신은 천사와 별, 그리고 신과 똑같은 마음의 소재로 이루어졌다.

의문 : 자신이 누구인가를 묻지 않고 지나가는 날이 없게 하라. 이해는 하나의 기술이며 다른 모든 기술과 마찬가지로 삶에 잘 이용해야 한다. 자신이 누구인가를 이해한다는 것은 반복해서 질문한다는 것이다. 나는 누구인가? 물을 때마다 새로운 요소가 당신의 의식 속으로 들어온다. 하루하루가 당신의 의식이 확장될 수 있는 가능성으로 채워진다. 그날그날 얻는 것은 사소해 보일지라도 전체적으로 축적된 것은 그렇

지 않을 것이다. 당신이 누구인지를 아는 데 여러 해가 걸릴지도 모르고, 단 하루 만에 묻기를 포기할 수도 있다. 오늘이 그날이면 안 된다. 자기 인식 – 당신이 세상 안에 있는 것이 아니라 세상이 당신 안에 있다는 것을 명심하라. 존재에 대해 알아야 하는 것들은 당신 바깥쪽의 어디에도 없다. 당신에게 어떤 일이 일어날 때 그 경험을 당신의 내면에서 이해하라. 창조는 당신이 공동 창조자로서 어떤 역할을 하는지에 대한 단서를 끊임없이 제공한다. 그것들을 잘 분별하여 흡수하라. 당신의 몸이 음식물의 신진대사를 진행하듯이, 당신의 혼은 체험의 신진대사를 진행한다.

힘 : 영적인 길을 가는 것이 세상에서 가장 쉬운(또는 가장 어려운) 일이라고 말할 수 있는 사람은 아무도 없을 것이다. 어린아이의 출생은 노인의 사망과 직결되어 있다. 태어남과 죽음이 하나라면 슬픔 뒤에 기쁨이 오는 것도 당연한 이치다. 오늘 당장 이것이나 저것을 기대하지 마라. 당신의 길에서 무슨 일을 만나든 당신의 강인함을 이용하라. 가능한 한 영성에 열정적으로 전념하라. 강인함은 열정을 위한 토대이고, 삶이 어떻게 전개되더라도 당신은 존재하면서 번영하게 되어 있다. 이것을 알고 오늘도 힘차게 살라.

두 번째 탄생

어떤 점에서 삶에는 더 이상 비밀이 없다. 당신은 하나의 현실만 있는 것처럼 살아가고, 넉넉하게 보답받는다. 이원성二元性에서 비롯한 두려움은 사라지고 확실한 만족이 그 자리를 대신한다. 의식은 그 자체를 충분히 의식하게 되었다. 이 정도의 자유를 얻게 될 때 새로운 삶이 시작되는데, 깨달음을 '두 번째 탄생'이라고 하는 이유가 바로 이것이다.

인도에서 성장하는 동안, 나는 깨달은 사람을 만난 적이 없다. 우리 가족은 신앙심이 아주 깊었는데, 어머니 쪽이 특히 더했다. 그러나 내가 태어날 때는 영국이 갑자기 철수하고 우리 스스로 출산의 진통을 겪어야 했기 때문에 나라 전체가 정치적 재탄생의 소용돌이에 빠져 있었다. 아주 무서운 나날들이었다. 폭동과 대학살이 자행되고, 종교적 갈등으로 인한 폭력이 북인도 전체를 휩쓸었다.

1948년 1월 30일, 종교적 광신자의 손에 마하트마 간디가 피살되었을 때 그 살인자는 자신도 또 다른 희생자임을 자처했다. 바로 카스트 제도다. 브라만 계급의 전통 복장에서는 두 가닥의 실을 꼬아 어깨에 걸친다. 카스트 제도는 나쁜 점이 많지만, 내 생각에 두 가닥의 실은

'깨달음의 가능성'이라는 깊은 진리를 상징한다. 인도인이면 누구나 두 가닥의 실이 두 번째 탄생을 약속하는 것임을 안다. 그것은 기억할 수 없는 먼 과거로부터의 유산이다. 오늘날은 인도에서조차도 깨달음이 더 이상 삶의 목적이 아니다. 어떤 스승이든 할 수 있는 최선의 일이 있다면 그 문을 다시 여는 것이다. 그는 오래된 세 가지 질문에 답할 수 있을 것이다.

- 나는 누구인가? 인간의 신경계를 통해 작용하는 우주 전체다.
- 나는 어디서 왔는가? 태어난 적 없고 결코 죽지 않는 근원에서 왔다.
- 나는 왜 여기에 있는가? 매 순간 세상을 창조하기 위해서.

혼자서 이런 깨우침을 얻는다는 것은 또다시 길고 어두운 산도產道 속을 통과하는 것과 같다. 당신은 자신이 몰랐던 세상에 있음을 알게 될 때 놀라움과 충격, 고통으로 소리를 지를 수도 있다. 일단 이런 두 번째 탄생을 받아들이면 당신은 여러 가지를 느끼고 생각하겠지만, 이제 그것들은 고요한 인식을 - 존재의 바다에서 희미하게 오르내리는 잔물결을 - 배경으로 한 부드러운 자극이 된다.

깨달음은 인도나 어떤 특정 문화의 전유물이 결코 아니다. 두 번째 탄생은 내면의 정적 속에서 삶을 원래 있던 그대로 바라볼 때 찾아온다. 그렇게 하는 만큼 그 사람은 깨닫는다. 우주는 정적 속에서 시간과 공간을 창조한다. 당신은 그리로 가서 어떤 단어나 어떤 얼굴에 대한 기억, 장미 향기 같은 것을 가져온다. 지금 바로 이 순간에도 세상은 무한히 다양한 모습으로 피어나고 있으며, 자신이 지금 막 이룩한 기적에 놀라서 침묵할 것이다.

당신의 삶 자체가 가장 훌륭한 스승이다

지은 지 삼십 년이 다 되어가는 우리 집은 구석구석 빈틈이 많다. 베란다의 타일은 세월을 이기지 못해 하나둘 이탈해가고, 담벼락을 이루는 벽돌들은 짱짱하던 제 몸을 끊임없이 돌가루로 만들어 자연으로 돌려보낸다. 옥상은 더욱 가관이다. 기본적인 방수 페인트조차 칠해져 있지 않으니, 아무런 거리낌도 없이 태양과 바람은 손을 맞잡고 인간이 이룩한 인공가옥에 균열을 일으키고 바람구멍을 내어 '원시반본 原始返本' 한다.

그 기세에 최근엔 식물들도 합세했다. 오랜만에 옥상에 올라가보니, 갈라지고 허물어진 콘크리트 구조물 곳곳에 흔히 '잡초' 라고 부르는 이름 모를 풀들이 무리지어 자라고 있다. 이 녀석들은 아마 뿌리의 억센 힘으로 내 집을 조각조각 으스러뜨릴 것이다. 그런데 이것들은 대체 어디에서 왔을까? 사람들이 흔히 생각하듯이 바람을 타고 날아왔을까? 아니면 어느 백과사전에서 본 것처럼, 새의 먹이가 되었다가 배설물로 바뀌어 이 옥상에 착륙한 것일까? 식물학자가 이 광경을 봤다면 뭐라고 소상하게 설명해줄 수 있을 것이다. 이 풀의 이름은 무엇이고, 어떤 특징이 있으며, 어떤 경로로 콘크리트 위에서 생을 시작하게 되었는지 등등. 하지만 이 풀이 왜 존재하는지에 대해 묻는다면 어떤 대답을 할까? 아마 쉽게 답할 수 없을 것이다. 사람에 대해서도 마찬가지다.

인간은 자기들이 꽤나 많은 것을 알고 있다고 착각하는 경향이 있다. 특히, 사람에 대해서라면 거의 모르는 게 없다고들 생각한다. 하지만 우리는 우주의 나이와, 태양계의 운행 시스템과, 비행기가 하늘을 나는 원리와, 인체가 어떤 호르몬과 어떤 기전으로 생존해 가는지는 알지만 정작 이 생명의 근원이 무엇인지는 하나도 모른다. 예컨대 태양의 온도가 얼마나 뜨거운지는 추리해내지만, 태양이 왜 저렇게 타오르고 있는지는 모른다. 지구와 달이 얼마나 떨어져 있는지는 알지만, 그 사이에 왜 인력이 존재하는지는 모른다. 또, 우주의 나이는 짐작하면서도 이런 터무니없는 질문은 던져볼 엄두도 내지 않는다. "우주는 왜 존재하는가?"

맞다. 이 질문은 좀 어처구니가 없다. 우리는 '어떻게'에 대해서는 질문할 수 있지만, '왜'에 대해서는 질문할 수 없다고 배웠다. 학교 교육은 우리의 '어처구니없는-근원적인' 질문을 '질문과 답이 분명한-표면적인' 질문으로 바꾸는 과정이었다. 하지만 이 책은 우리가 잃어버렸던 진정한 의문들을 되돌려준다. 사실 "우주가 왜 존재하는가?"라는 질문은 "나는 누구인가?" 또는 "왜 사는가?"라는 질문과 동전의 양면처럼 따로 뗄 수 없이 등을 맞대고 있다. 그것들은 근원적인 진리가 늘 그렇듯, 하나가 풀리면 나머지도 덩달아 풀려버린다. 이 책의 원제가 〈The Book of Secrets〉, 직역하면 '비밀의 책'이 된 까닭이기도

하다.

그러면 그 비밀을 어떻게 찾아 나서면 좋을까? 이 책에 따르면 여러 가지로 답할 수 있다. 그 중 첫 번째는, 비밀은 당신이 찾고자 하는 바로 그 순간 모습을 드러낸다는 것이다. 비밀은 오히려 우리가 어서 알아봐 주기를 바라며, 지금도 바로 눈앞에서 애타게 손짓하고 있기 때문이다. 아니, 그 정도가 아니다. 그것은 끊임없이 우리에게 말을 걸어온다. 어느 날은 허무감으로 말을 걸고, 어느 날은 막막함으로 말을 걸며, 어느 날은 노여움으로 말을 건다. 사실 인생이 고해인 까닭은 우리가 삶에 중독되지 않고 거기서 '한 소식'을 길어 올릴 수 있도록 우리의 이성을 자극하고 일깨우기 위해서다. 어찌 보면 진리는 최선을 다해 끊임없이 말을 거는데, 우리가 계속 딴청을 피우고 있는 꼴이다.

저자는 힘주어 말하고 있다. 답은 당신 안에 있으니 찾으려고 한다면 언제든지 찾을 수 있다. 당신은 삶의 여러 가지 문제로 고통을 겪고 있지만 스스로가 끝내고자 한다면 언제든 그 문제를 끝내고 고통을 해결할 수 있다. 스스로가 문제를 만들었다는 것만 인지한다면 스스로가 끝내는 것도 쉬운 문제다. 하지만 이 책은 거기서 머물지 않는다. 많은 영적(인 진리를 가장한) 처세서들이 돈이나 명예 따위를 어떻게 얻을지에만 머물고 있는 데 반해, 이 책은 삶의 목적에 대해 정면으로 말한다. 만약 이 책이 처세서에 머문다면 '악도 당신의 적이 아니다'라는 저자의 선언은 선뜻 이해하기 힘들 것이다. 세상에서 말하길 '돈은 좋은 것'이고 '고통은 나쁜 것'이다. 그러나 저자에 따르면 선과 악은 어느 것이 좋고 어느 것이 나쁘다고 말할 수 없다. 심지어는 우리가 증오하고 죄악시하는 몸의 질병(특히 암을 연상해보라)마저도 우리 몸에 메시지를 보내기 위한 하나의 방편일 뿐, 그 자체가 나쁜 것은 아니라고 말한다. 우리의 의식은 '좋거나 나쁜 것', '길거나 짧은 것', '어둡거나 밝은 것', '높거나 낮은 것' 등 이원적인 대립을 통해 생각을 만들고 나아가 창조적인 행위를 한다. 만약 이 이원적인 개념이 없다면, 우리 의식은 아무 좌표도 없게 되며 따라서 존재하지 않는 것이 되어버린다. 여기에 이 책이 가르쳐주는 두 번째 비밀이 있다.

우리는 애당초 유일한 하나였다(편의상 과거 시제를 사용하지만 이것은 영원히 지속되는 '현재진행형'의 진리다). 유일한 하나는, 하나이기 때문에 존재하지 않는 것이나 다름없는 하나다. 그것은 유일한 하나이기 때문에 끝도 시작도 없고, 중심도 변두리도 없이 무한하며, 동시에 스스로 존재하기 때문에 자기를 인식할 수 없다. 그러자 이 위대한 하나는 스스로를 인식하고자 차원을 낮추어 이원성을 낳았다. 낮은 것이 내려가 땅이 되자, 나머지는 하늘이 되었다. 이때부터 밤과 낮, 어두움과 밝음, 길고 짧음, 슬픔과 기쁨이 생겼다. 그런데 흥미롭게도, 인간은 다층적인 존재성을 가지게 되었다. 이원성으로 분리되기 전의 '유일한 하나'로서의 의식을 가졌으면서도, 이원성으로 분리된 물질의 몸을 가지게 되었다. 그래서 인간은 물질성과 정신성을 동시에 갖춘 신의 현현이다.

저자는 그런 이유로 비밀을 바깥 어디에서 찾고자 하면 할수록 멀어진다고 말한다. 디팩 초프라 박사는 세상과 나를 분리하지 말라고 말한다. 알고 보면 나는 세상의 속성인 동시에 세상을 창조한 조물주다. 그는 이 책에서 세상 모든 것이 내 안에 있으니 비밀조차 내 안에 있다고 말한다. 지금 내 안에서 뛰고 있는 심장의 박동 소리는 우주의 박동과 일치하며, 내가 숨을 쉴 때마다 우주도 함께 숨을 쉰다. 또 내가 눈을 깜빡이는 것은 그대로 우주가 눈을 깜빡이는 것이다. 모든 것을 상상하고, 모든 것을 담을 수 있는 나의 의식은 우주의 모든 것을 창조한 창조주의 의식처럼 무한하다. 그러하니 내가 아닌 어떤 것을 통해 신성을 일깨운단 말인가? 신성에 이르는 가장 빠른 길은 당신 자신을 탐구하는 것이다.

디팩 초프라 박사는 〈사람은 늙지 않는다〉라는 기념비적인 작품을 발표한 이래로 많은 책을 써왔다. 오랜 세월 애독자로 그의 책을 만나면서 엄청난 위로를 받았던 적도 있고 정신적으로 대단히 고무된 적도 있었지만, 드물게는 실망스러운 처세서의 수준에서 진리를 얄팍하게 우려먹는다는 느낌이 든 적도 있었다. 하지만 이 책에서는 그가 이전에 발표한 모든 책의 수준을 단숨에 뛰어넘는 활력과 대담한 지혜를 느낄 수 있다.

그는 매우 용감하게 삶의 비밀을 향해 접근한다. 그것은 철학자 비트겐슈타인이 이렇게 경고한 영역이다. "말할 수 없는 것에 대해서는 침묵해야 한다." 우리의 언어는 시공간적인 한계를 가지고 있는데, 생명의 근원적인 자리는 그런 물질적인 상상력으로 시뮬레이션 할 수 있는 영역이 아니기 때문이다. 말할 수 없는 것에 대해 말하려는 시도는 필연적으로 실패하게 되어 있다. 그래서 진리에 대한 언술은 절반만 옳고 절반은 그르거나, 이 맥락 안에서는 진실이지만 맥락을 조금만 잘못 이해해도 언어도단이 되는 운명을 가진다. 아마 비트겐슈타인도 그래서 그런 경고를 남겼을 것이다.

하지만 그런 위험성에도 불구하고 이 책의 시도는 꽤나 성공적이다. 정신세계와 관련한 많은 텍스트들이, 대단한 명성에도 불구하고 막상

들춰보면 안이한 신경안정제의 범주나 약간 고차원적인 신비주의적 장광설을 못 벗어나는 것에 반해, 이 책은 정말로 영적인 차원이라고 부를 수 있는 지점까지 독자의 의식을 이끈다. 나는 이 책을 번역하면서, 채 설명할 수 없었던 나의 체험과 생각들이 저절로 명료한 언어로 탈바꿈되는 즐거움을 맛보았다. 물론 여기에는 이 책을 번역하는 시기에 인연을 맺게 된 전주에 사는 두 스승의 은혜도 빼놓을 수 없다. 강고웅 선생님과 이미경 선생님은 너무나도 적절한 시기에 다가와 나의 생각을 틔워주신 분들이다. 그것이 이 책을 이해하고 옮기는 데에도 큰 도움이 되었음은 물론이다. 또한 이 책은 내가 태어나 존재하고 있다는 사실을 새삼스러운 감격으로 실감하게 해주기도 했다. 몸을 주신 부모님과 정신을 틔워주신 두 스승에게 이 자리를 빌어 큰 절을 올리고 싶다.

사실 인생은 그 자체가 완벽한 학교라서 더 이상의 텍스트가 필요 없다. 이를테면, 내가 거주하는 이 단단한 콘크리트의 철옹성이 이리저리 으스러지고 균열이 가면서 자연으로 돌아가는 과정을 지켜보는 것도 나에게는 큰 공부거리다. 왜 만물은 뒤섞이는 방향으로, 즉 무질서화하는 방향으로 진화하는가? '스스로 그러하게 만드는' 자연의 마음은 무엇인가?

이 책을 읽는 독자 여러분께서도 다른 데서가 아니라 모쪼록 삶에서 공부의 재료와 연료를 발견하시기를 빈다. 그것이 우리 인생에 갈등과 모순, 부조리가 존재하는 진짜 이유이기도 하다. 삶에서 출발한 공부거리를 옆구리에 끼고 읽을 때, 이 책은 더욱 생생한 호소력을 발휘할 것이다. 당신이 배우고자 하기만 하면 인생은 가장 훌륭한 스승이 되어줄 것이다. 이것 역시 이 책이 가르쳐주는 지혜의 한 토막이다.

디팩 초프라의 완전한 삶

초판 1쇄 발행 2008년(단기 4341년) 8월 20일
초판 9쇄 발행 2023년(단기 4356년) 9월 26일

지은이 · 디팩 초프라
옮긴이 · 구승준
펴낸이 · 심남숙
펴낸곳 · (주)한문화멀티미디어
등록 · 1990. 11. 28. 제21-209호
주소 · 서울시 광진구 능동로 43길 3-5 동인빌딩 3층 (04915)
전화 · 영업부 2016-3500 편집부 2016-3507
홈페이지 http://www.hanmunhwa.com

운영이사 · 이미향 | 편집 · 강정화 최연실
기획홍보 · 진정근 | 디자인 제작 · 이정희
경영 · 강윤정 조동희 | 회계 · 김옥희 | 영업 · 이광우

만든 사람들
책임편집 · 강정화 | 디자인 · 인수정

ISBN 978-89-5699-284-6 03110

잘못된 책은 본사나 서점에서 바꾸어드립니다.
저자와의 협의에 따라 인지를 생략합니다.
본사의 허락 없이 임의로 내용의 일부를 인용하거나 전재, 복사하는 행위를 금합니다.